语文记忆

尹军华 严晓岚 简燕霞 丁向华 编

南方日报出版社
NANFANG DAILY PRESS
中国·广州

图书在版编目（CIP）数据

语文记忆 / 尹军华，严晓岚等主编. — 广州 : 南方日报出版社，2016.9
ISBN 978-7-5491-1365-1

Ⅰ. ①语… Ⅱ. ①尹… ②严… Ⅲ. ①国学－中小学－课外读物 Ⅳ. ①G634.303

中国版本图书馆 CIP 数据核字(2016)第 025648 号

YUWEN JIYI
语文记忆

主　　编：尹军华　严晓岚　简燕霞　丁向华
出版发行：南方日报出版社
地　　址：广州市广州大道中 289 号
责任编辑：刘志一　郑　颖
装帧设计：肖晓文
责任技编：王　兰
责任校对：阮昌汉
经　　销：全国新华书店
印　　刷：广州市怡升印刷有限公司
开　　本：787mm×1092mm　1/16
印　　张：21.5
字　　数：280 千字
版　　次：2016 年 9 月第 1 版
印　　次：2016 年 9 月第 1 次印刷
定　　价：39.80 元

投稿热线：（020）87373998-0503　读者热线：（020）87373998-0502
网址：http://www.nanfangdaily.com.cn/press　http://www.southcn.com/ebook

序·铸我魂魄

◎尹军华

读“经”的时代已来临！

为编此书，自起意念，定构想，筛选文，设编排，冠注音，辅释义，至修成册，前前后后，犹犹豫豫，选来删去，左缝右补，历时三年有余！

一、定选从古至今经典之国文。炎黄子孙，弘扬民族传统优秀文化，责无旁贷。当今国人读书泛杂，唯具有核心价值观的书籍精读太少，致使精神涣散，失了“主见”。诵读经典，植根精髓，可为人生打下坚实的人文底基，受益终生！

二、定把“小学、初中、高中”连为一体，构成“语文图式”。当今语文教育的一大弊端，就是学生在各阶段学语文只顾忙碌于“当下”，学了“初中”丢了“小学”，学了“高中”丢了“初中”，未能一以贯之铸成“互联网”，往往高三才毕业，脑中了无“痕迹”，似乎什么也没学。所以，语文学习一定要对经典美文学而时习，日日诵读，熟烂于心，化为血液。

三、定将课内课外有机结合，相得益彰。课内之文，是名家所见共举入选的，自为精品，是学生的“主食”，学生自然须狠下功夫，食而化之。同时，适当地增添课外之文，一是更显丰富，二是抬了高度，这为优秀学生提供了“用武之地”。学有余力，则以探广求深，语文英才或由此而出！

四、定按“小学—初中—高中”“课内—课外”大结构而列，从易及难，由浅入深，渐浸渐润，登堂入室。语文学习，本不可人为地划分界限，这里的易难和浅深都是相对的，只是从篇幅长短和字词理解程度来界定。其实，经典往往是不分年龄学习的，我们的古人从小就读《四书》《五经》。其实，小学生若能读读高年级的文章，大有裨益。

五、定为“宁少勿滥”，不图多只为精，竭力打造一张中华优秀文化名片，不给学生徒增压力和困扰。书海茫茫，人生有限，十二年的语文精读需要“量身定做”，需要“定量”！

名之为《语文记忆》有以下含义：一、语文是母语是国文，语文之河源远流长，吹尽狂沙始到金，唯有经典方能定格于历史的记忆之中；二、语文学习是离不开记忆的，语文水平是“涵泳”出来的，语文能力是“读背”出来的，只有反反复复地对经典美文诵读成忆，才能真正学好语文，自古及今，文人墨客概莫能外。

一书在手，至少十二年可受用，甚至终生消享；一书在手，随时随地，早读晚读，不必东找西找！

为学修行，崇仁尚礼，追善求美，笃志立人，愿此书惠泽莘莘学子，也愿此书走进寻常百姓家，成为一部中国人自己的书！

让我们坚定地捧起这本书吧！

2015年11月6日

目录
Contents

第一部分 诗歌选读

【小学篇录】

【初中篇录】

【高中篇录】

【扩充篇录】

第二部分　古文选读

【小学篇录】

【初中篇录】

【高中篇录】

【扩充篇录】

第三部分　先秦国学经典选读

1

第一部分 诗歌选读

语文记忆

小学篇录

天地恒常

有生必有死，何人得灵长。当其未死时，切勿加杀伤。
自生复自死，天地之恒常。万物尽天年，盛世之嘉祥。

惜字

字为至宝，远胜金珠。人由字智，否则愚痴。
世若无字，一事莫成。人与禽兽，所异唯名。

惜谷

田中五谷，以养生灵。珍惜粮食，即是善心。
修善养德，殄（tiǎn）谷遭抨。惜谷获福，善始善终。

惜草木

道旁杨柳枝，青春不可攀。回看攀折处，伤痕如泪淋。
古人爱生物，仁德至今传。草木未摇落，斧刀不入山。

昨日歌

昨日兮昨日，昨日何其好！
昨日过去了，今日徒烦恼。
世人但知悔昨日，不觉今日又过了。
水去汩（gǔ）汩流，花落日日少。
万事立业在今日，莫待明朝悔今朝。

今日歌

今日复今日，今日何其少！
今日又不为，此事何时了？
人生百年几今日，今日不为真可惜！
若言姑待明朝至，明朝又有明朝事。
为君聊赋今日诗，努力请从今日始。

明日歌

明日复明日，明日何其多！
我生待明日，万事成蹉（cuō）跎（tuó）。
世人若被明日累，春去秋来老将至。
朝看水东流，暮看日西坠。
百年明日能几何？请君听我明日歌！

击壤（rǎng）歌

日出而作，日入而息。凿井而饮，耕田而食。帝力于我何有哉！

悲歌　汉民歌

悲歌可以当泣，远望可以当归。思念故乡，郁郁累累。
欲归家无人，欲渡河无船。心思不能言，肠中车轮转。

江南　乐府民歌

江南可采莲，莲叶何田田。
鱼戏莲叶间，鱼戏莲叶东，
鱼戏莲叶西，鱼戏莲叶南，鱼戏莲叶北。

敕（chì）勒（lè）歌　北朝民歌

敕勒川，阴山下。天似穹（qióng）庐，笼盖四野。
天苍苍，野茫茫，风吹草低见[现]牛羊。

大风歌　刘邦（西汉）

大风起兮云飞扬，威加海内兮归故乡，安得猛士兮守四方。

七步诗　曹植（三国·魏）

煮豆持作羹（gēng），漉（lù）菽（shū）以为汁。
萁在釜（fǔ）下燃，豆在釜中泣。
本是同根生，相煎（jiān）何太急？

月重轮行　曹叡（ruì）（三国·魏）

天地无穷，人命有终。立功扬名，行之在躬。圣贤度量，得为道中。

咏寒松　范云（南北朝）

修条拂层汉，密叶障天浔（xún）。
凌风知劲节，负雪见贞心。

咏鹅　骆宾王（唐）

鹅，鹅，鹅，曲项向天歌。
白毛浮绿水，红掌拨清波。

风　李峤（qiáo）（唐）

解落三秋叶，能开二月花。
过江千尺浪，入竹万竿斜。

送别　无名氏（唐）

杨柳青青着地垂，杨花漫漫搅天飞。
柳条折尽花飞尽，借问行人归不归？

咏柳　贺知章（唐）

碧玉妆成一树高，万条垂下绿丝绦（tāo）。
不知细叶谁裁出，二月春风似剪刀。

回乡偶书　贺知章（唐）

少小离家老大回，乡音无改鬓（bìn）毛衰。
儿童相见不相识，笑问客从何处来。

凉州词（黄河远上白云间）　王之涣（唐）

黄河远上白云间，一片孤城万仞山。
羌笛何须怨杨柳，春风不度玉门关。

登鹳（guàn）雀楼　王之涣（唐）

白日依山尽，黄河入海流。
欲穷千里目，更上一层楼。

春晓　孟浩然（唐）

春眠不觉晓，处处闻啼鸟。
夜来风雨声，花落知多少。

宿建德江　孟浩然（唐）

移舟泊烟渚（zhǔ），日暮客愁新。
野旷天低树，江清月近人。

凉州词（葡萄美酒夜光杯）　王翰（hàn）（唐）

葡萄美酒夜光杯，欲饮琵琶马上催。
醉卧沙场君莫笑，古来征战几人回？

出塞　王昌龄（唐）

秦时明月汉时关，万里长征人未还。
但使龙城飞将在，不教胡马度阴山。

芙蓉楼送辛渐　王昌龄（唐）

寒雨连江夜入吴，平明送客楚山孤。
洛阳亲友如相问，一片冰心在玉壶。

从军行（其一）　王昌龄（唐）

烽火城西百尺楼，黄昏独上海风秋。
更吹羌笛关山月，无那金闺万里愁。

从军行（之四） 王昌龄（唐）

青海长云暗雪山，孤城遥望玉门关。
黄沙百战穿金甲，不破楼兰终不还。

终南望余雪 祖咏（唐）

终南阴岭秀，积雪浮云端。
林表明霁（jì）色，城中增暮寒。

鸟鸣涧 王维（唐）

人闲桂花落，夜静春山空。
月出惊山鸟，时鸣春涧中。

鹿柴（zhài） 王维（唐）

空山不见人，但闻人语响。
返景[影]入深林，复照青苔上。

送元二使安西 王维（唐）

渭城朝雨浥（yì）轻尘，客舍青青柳色新。
劝君更尽一杯酒，西出阳关无故人。

九月九日忆山东兄弟 王维（唐）

独在异乡为异客，每逢佳节倍思亲。
遥知兄弟登高处，遍插茱（zhū）萸（yú）少一人。

辛夷坞 王维（唐）

木末芙蓉花，山中发红萼（è）。
涧（jiàn）户寂无人，纷纷开且落。

送沈子福归江东 王维（唐）

杨柳渡头行客稀，罟（gǔ）师荡桨向临圻（qí）。
惟有相思似春色，江南江北送君归。

静夜思 李白（唐）

床前明月光，疑是地上霜。
举头望明月，低头思故乡。

秋浦（pǔ）歌 李白（唐）

白发三千丈，缘愁似个长（cháng）。
不知明镜里，何处得秋霜。

古朗月行 李白（唐）

小时不识月，呼作白玉盘。
又疑瑶台镜，飞在青云端。

望庐山瀑布 李白（唐）

日照香炉生紫烟，遥看瀑布挂前川。
飞流直下三千尺，疑是银河落九天。

赠汪伦 李白（唐）

李白乘舟将欲行，忽闻岸上踏歌声。
桃花潭水深千尺，不及汪伦送我情。

黄鹤楼送孟浩然之广陵 李白（唐）

故人西辞黄鹤楼，烟花三月下扬州。
孤帆远影碧空尽，唯见长江天际流。

早发白帝城 李白（唐）

朝辞白帝彩云间，千里江陵一日还。
两岸猿声啼不住，轻舟已过万重山。

望天门山 李白（唐）

天门中断楚江开，碧水东流至此回。
两岸青山相对出，孤帆一片日边来。

独坐敬亭山 李白（唐）

众鸟高飞尽，孤云独去闲。
相看两不厌，只有敬亭山。

黄鹤楼闻笛 李白（唐）

一为迁客去长沙，西望长安不见家。
黄鹤楼中闻吹笛，江城五月落梅花。

越中览古　李白（唐）

越王勾践破吴归，战士还家尽锦衣。
宫女如花满春殿，只今惟有鹧（zhè）鸪（gū）飞。

哭晁（cháo）卿衡　李白（唐）

日本晁卿辞帝都，征帆一片绕蓬壶。
明月不归沉碧海，白云愁色满苍梧。

越女词五首（其三）　李白（唐）

耶溪采莲女，见客棹（zhào）歌回。
笑入荷花去，佯（yáng）羞不出来。

别董大　高适（唐）

千里黄云白日曛（xūn），北风吹雁雪纷纷。
莫愁前路无知己，天下谁人不识君。

逢雪宿芙蓉山主人　刘长卿（唐）

日暮苍山远，天寒白屋贫。
柴门闻犬吠（fèi），风雪夜归人。

劝学　颜真卿（唐）

三更灯火五更鸡，正是男儿读书时。
黑发不知勤学早，白首方悔读书迟。

春思 贾至（唐）

草色青青柳色黄，桃花历乱李花香。
东风不为吹愁去，春日偏能惹恨长。

绝句（其一） 杜甫（唐）

迟日江山丽，春风花草香。
泥融飞燕子，沙暖睡鸳鸯。

绝句（其三） 杜甫（唐）

两个黄鹂鸣翠柳，一行白鹭上青天。
窗含西岭千秋雪，门泊东吴万里船。

江畔独步寻花（黄师塔前江水东） 杜甫（唐）

黄师塔前江水东，春光懒困倚微风。
桃花一簇（cù）开无主，可爱深红爱浅红。

江畔独步寻花（黄四娘家花满蹊） 杜甫（唐）

黄四娘家花满蹊，千朵万朵压枝低。
留连戏喋时时舞，自在娇莺恰恰啼。

春夜喜雨 杜甫（唐）

好雨知时节，当春乃发生。
随风潜入夜，润物细无声。
野径云俱黑，江船火独明。
晓看红湿处，花重锦官城。

闻官军收河南河北 杜甫（唐）

剑外忽传收蓟（jì）北，初闻涕泪满衣裳。
却看妻子愁何在，漫卷（juǎn）诗书喜欲狂。
白日放歌须纵酒，青春作伴好还乡。
即从巴峡穿巫峡，便下襄（xiāng）阳向洛阳。

枫桥夜泊 张继（唐）

月落乌啼霜满天，江枫渔火对愁眠。
姑苏城外寒山寺，夜半钟声到客船。

子规 顾况（唐）

杜宇冤亡积有时，年年啼（tí）血动人悲。
若教恨魄皆能化，何树何山著（zhuó）子规。

渔歌子（西塞山前白鹭飞） 张志和（唐）

西塞山前白鹭飞，桃花流水鳜（guì）鱼肥。
青箬（ruò）笠，绿蓑衣，斜风细雨不须归。

塞下曲（月黑雁飞高） 卢纶（lún）（唐）

月黑雁飞高，单（chán）于夜遁（dùn）逃。
欲将轻骑（jì）逐，大雪满弓刀。

游子吟 孟郊（唐）

慈母手中线，游子身上衣。
临行密密缝，意恐迟迟归。
谁言寸草心，报得三春晖（huī）。

秋思 张籍（唐）

洛阳城里见秋风，欲作家书意万重。
复恐匆匆说不尽，行人临发又开封。

葡萄 韩愈（唐）

新茎未遍半犹枯，高架支离倒复扶。
若欲满盘堆马乳，莫辞添竹引龙须。

望洞庭 刘禹锡（唐）

湖光秋月两相和，潭面无风镜未磨。
遥望洞庭山水翠，白银盘里一青螺。

浪淘沙（其一） 刘禹锡（唐）

九曲黄河万里沙，浪淘风簸（bǒ）自天涯。
如今直上银河去，同到牵牛织女家。

乌衣巷 刘禹锡（唐）

朱雀桥边野草花，乌衣巷口夕阳斜。
旧时王谢堂前燕，飞入寻常百姓家。

竹枝词 刘禹锡（唐）

杨柳青青江水平，闻郎岸上踏歌声。
东边日出西边雨，道是无晴却有晴。

浪淘沙（其二） 刘禹锡（唐）

莫道谗言如浪深，莫言迁客似沙沉。
千淘万漉（lù）虽辛苦，吹尽狂沙始到金。

赏牡丹 刘禹锡（唐）

庭前芍（sháo）药妖无格，池上芙蕖净少情。
唯有牡丹真国色，花开时节动京城。

石头城 刘禹锡（唐）

山围故国周遭在，潮打空城寂寞回。
淮水东边旧时月，夜深还过女墙来。

赋得古原草送别 白居易（唐）

离离原上草，一岁一枯荣。
野火烧不尽，春风吹又生。
远芳侵古道，晴翠接荒城。
又送王孙去，萋（qī）萋满别情。

池上 白居易（唐）

小娃撑小艇，偷采白莲回。
不解藏踪迹，浮萍一道开。

忆江南 白居易（唐）

江南好，风景旧曾谙（ān）。
日出江花红胜火，春来江水绿如蓝。
能不忆江南？

暮江吟　白居易（唐）

一道残阳铺水中，半江瑟瑟半江红。
可怜九月初三夜，露似真珠月似弓。

花非花　白居易（唐）

花非花，雾非雾。夜半来，天明去。
来如春梦几多时，去似朝云无觅处。

问刘十九　白居易（唐）

绿蚁新醅（pēi）酒，红泥小火炉。
晚来天欲雪，能饮一杯无？

悯农（春种一粒粟）（其一）　李绅（唐）

春种一粒粟，秋收万颗子。
四海无闲田，农夫犹饿死！

悯农（锄禾日当午）（其二）　李绅（唐）

锄禾日当午，汗滴禾下土。
谁知盘中餐，粒粒皆辛苦。

江雪　柳宗元（唐）

千山鸟飞绝，万径（jìng）人踪灭。
孤舟蓑（suō）笠翁，独钓寒江雪。

与浩初上人同看山寄京华亲故　柳宗元（唐）

海畔尖山似剑铓（máng），秋来处处割愁肠。
若为化得身千亿，散上峰头望故乡。

寻隐者不遇　贾岛（唐）

松下问童子，言师采药去。
只在此山中，云深不知处。

闻乐天左降江州司马　元稹（zhěn）（唐）

残灯无焰影幢（chuáng）幢，此夕闻君谪九江。
垂死病中惊坐起，暗风吹雨入寒窗。

酬乐天频梦微之　元稹（唐）

山水万重书断绝，念君怜我梦相闻。
我今因病魂颠倒，唯梦闲人不梦君！

菊花　元稹（唐）

秋丛绕舍似陶家，遍绕篱边日渐斜。
不是花中偏爱菊，此花开尽更无花。

小儿垂钓　胡令能（唐）

蓬头稚子学垂纶，侧坐莓苔草映身。
路人借问遥招手，怕得鱼惊不应人。

牧童 吕岩（唐）

草铺横野六七里，笛弄晚风三四声。
归来饱饭黄昏后，不脱蓑衣卧月明。

金缕衣 杜秋娘（唐）

劝君莫惜金缕衣，劝君惜取少年时。
花开堪折直须折，莫待无花空折枝。

山行 杜牧（唐）

远上寒山石径斜，白云生处有人家。
停车坐[因为]爱枫林晚，霜叶红于二月花。

清明 杜牧（唐）

清明时节雨纷纷，路上行人欲断魂。
借问酒家何处有，牧童遥指杏花村。

江南春 杜牧（唐）

千里莺啼绿映红，水村山郭酒旗风。
南朝四百八十寺，多少楼台烟雨中。

赠别 杜牧（唐）

娉（pīng）娉袅袅十三余，豆蔻梢头二月初。
春风十里扬州路，卷上珠帘总不如。

秋夕 杜牧（唐）

银烛秋光冷画屏，轻罗小扇扑流萤。
天阶夜色凉如水，坐看牵牛织女星。

寄扬州韩绰判官 杜牧（唐）

青山隐隐水迢（tiáo）迢，秋尽江南草木凋。
二十四桥明月夜，玉人何处教吹箫。

过华清宫 杜牧（唐）

长安回望绣成堆，山顶千门次第开。
一骑（jì）红尘妃子笑，无人知是荔枝来。

题乌江亭 杜牧（唐）

胜败兵家事不期，包羞忍耻是男儿。
江东子弟多才俊，卷土重来未可知。

乐游原 李商隐（唐）

向晚意不适，驱车登古原。
夕阳无限好，只是近黄昏。

嫦娥 李商隐（唐）

云母屏风烛影深，长河渐落晓星沉。
嫦娥应悔偷灵药，碧海青天夜夜心。

贾生　李商隐（唐）

宣室求贤访逐臣，贾生才调更无伦。
可怜夜半虚前席，不问苍生问鬼神。

柳　李商隐（唐）

曾逐东风拂舞筵（yán），乐游春苑断肠天。
如何肯到清秋日，已带斜阳又带蝉！

题菊花　黄巢（唐）

飒（sà）飒西风满院栽，蕊寒香冷蝶难来。
他年我若为青帝，报与桃花一处开。

蜂　罗隐（唐）

不论平地与山尖，无限风光尽被占。
采得百花成蜜后，为谁辛苦为谁甜。

乞巧　林杰（唐）

七夕今宵看碧霄，牵牛织女渡河桥。
家家乞巧望秋月，穿尽红丝几万条。

泾（jīng）溪　杜荀鹤（唐）

泾溪石险人兢（jīng）慎，终岁不闻倾覆人。
却是平流无石处，时时闻说有沉沦。

题弟侄书堂 杜荀鹤（唐）

窗竹影摇书案上，野泉声入砚（yàn）池中。
少年辛苦终身事，莫向光阴惰寸功。

小松 杜荀鹤（唐）

自小刺头深草里，而今渐觉出蓬蒿（hāo）。
时人不识凌云木，直待凌云始道高。

江上渔者 范仲淹（北宋）

江上往来人，但爱鲈（lú）鱼美。
君看一叶舟，出没风波里。

一望二三里 邵（shào）雍（北宋）

一望二三里，烟村四五家，
亭台六七座，八九十枝花。

元日（爆竹声中一岁除） 王安石（北宋）

爆竹声中一岁除，春风送暖入屠苏。
千门万户曈（tóng）曈日，总把新桃换旧符。

泊船瓜洲 王安石（北宋）

京口瓜洲一水间，钟山只隔数重山。
春风又绿江南岸，明月何时照我还？

书湖阴先生壁　王安石（北宋）

茅檐常扫净无苔，花木成畦（qí）手自栽。
一水护田将绿绕，两山排闼（tà）送青来。

梅花　王安石（北宋）

墙角数枝梅，凌寒独自开。
遥知不是雪，为有暗香来。

卜（bǔ）算子·送鲍（bào）浩然之浙东　王观（北宋）

水是眼波横，山是眉峰聚。欲问行人去那边？眉眼盈盈处。　才始[方才]送春归，又送君归去。若到江南赶上春，千万和春住。

六月二十七日望湖楼醉书　苏轼（北宋）

黑云翻墨未遮山，白雨跳珠乱入船。
卷地风来忽吹散，望湖楼下水如天。

饮湖上初晴后雨　苏轼（北宋）

水光潋（liàn）滟晴方好，山色空蒙雨亦奇。
欲把西湖比西子，淡妆浓抹总相宜。

惠崇《春江晓景》　苏轼（北宋）

竹外桃花三两枝，春江水暖鸭先知。
蒌蒿（hāo）满地芦芽短，正是河豚欲上时。

题西林壁　苏轼（北宋）

横看成岭侧成峰，远近高低各不同。
不识庐山真面目，只缘身在此山中。

赠刘景文　苏轼（北宋）

荷尽已无擎（qíng）雨盖，菊残犹有傲霜枝。
一年好景君须记，最是橙黄橘（jú）绿时。

春宵　苏轼（北宋）

春宵一刻值千金，花有清香月有阴。
歌管楼台声细细，秋千院落夜沉沉。

夏日绝句（生当作人杰）　李清照（南宋）

生当作人杰，死亦为鬼雄。
至今思项羽，不肯过江东。

举手　士珪（guī）（南宋）

举手攀南斗，翻身倚北辰。
出头天外看，谁是我般人。

游山西村　陆游（南宋）

莫笑农家腊酒浑，丰年留客足鸡豚（tún猪）。
山重水复疑无路，柳暗花明又一村。
箫鼓追随春社近，衣冠简朴古风存。
从今若许闲乘月，拄杖无时夜叩门。

示儿 陆游（南宋）

死去元知万事空，但悲不见九州同。
王师北定中原日，家祭无忘告乃翁。

秋夜将晓出篱门迎凉有感 陆游（南宋）

三万里河东入海，五千仞（rèn）岳上摩天。
遗民泪尽胡尘里，南望王师又一年。

冬夜读书示子聿（yù） 陆游（南宋）

古人学问无遗力，少壮工夫老始成。
纸上得来终觉浅，绝知此事要躬行。

四时田园杂兴（一） 范成大（南宋）

昼出耘田夜绩麻，村庄儿女各当家。
童孙未解供耕织，也傍桑阴学种瓜。

四时田园杂兴（二） 范成大（南宋）

梅子金黄杏子肥，麦花雪白菜花稀。
日长篱落无人过，唯有蜻蜓蛱（jiá）蝶飞。

小池 杨万里（南宋）

泉眼无声惜细流，树阴照水爱晴柔。
小荷才露尖尖角，早有蜻蜓立上头。

晓出净慈寺送林子方 杨万里（南宋）

毕竟西湖六月中，风光不与四时同。
接天莲叶无穷碧，映日荷花别样红。

舟过安仁 杨万里（南宋）

一叶渔船两小童，收篙停棹（zhào）坐船中。
怪生无雨都张伞，不是遮头是使风。

宿新市徐公店 杨万里（南宋）

篱落疏疏一径深，树头花落未成阴。
儿童急走追黄蝶，飞入菜花无处寻。

春日 朱熹（xī）（南宋）

胜日寻芳泗水滨，无边光景一时新。
等闲识得东风面，万紫千红总是春。

清平乐·村居 辛弃疾（南宋）

茅檐低小，溪上青青草。醉里吴音[吴地的方言]相媚好[互相逗趣、取乐]，白发谁家翁媪（ǎo老妇）？ 大儿锄豆溪东，中儿正织鸡笼。最喜小儿亡赖[顽皮]，溪头卧剥（bāo）莲蓬。

题临安邸（dǐ） 林升（南宋）

山外青山楼外楼，西湖歌舞几时休。
暖风熏得游人醉，直把杭州作汴（biàn）州。

游园不值　叶绍翁（南宋）

应怜屐（jī）齿印苍苔，小扣柴扉久不开。
春色满园关不住，一支红杏出墙来。

夜书所见　叶绍翁（南宋）

萧萧梧叶送寒声，江上秋风动客情。
知有儿童挑促织，夜深篱落一灯明。

乡村四月　翁卷（juǎn）（南宋）

绿遍山原白满川，子规声里雨如烟。
乡村四月闲人少，才了蚕桑又插田。

雪梅　卢梅坡（南宋）

梅雪争春未肯降，骚人阁笔费评章。
梅须逊（xùn）雪三分白，雪却输梅一段香。

绝句　僧志南（南宋）

古木阴中系短篷，杖藜（lí）扶我过桥东。
沾衣欲湿杏花雨，吹面不寒杨柳风。

寒菊　郑思肖（南宋）

花开不并百花丛，独立疏篱趣无穷。
宁可枝头抱香死，何曾吹落北风中。

墨梅　王冕（元）

我家洗砚（yàn）池头树，朵朵花开淡墨痕。
不要人夸颜色好，只留清气满乾坤。

石灰吟　于谦（明）

千锤万凿出深山，烈火焚烧若等闲。
粉骨碎身全不怕，要留清白在人间。

咏牡丹　俞大猷（yóu）（明）

闲花眼底千千种，此种人间擅最奇。
国色天香人咏尽，丹心独抱更谁知？

菊花诗　冯梦龙（明）

不共春风斗百芳，自甘篱落傲秋霜。
园林一片萧疏景，几朵依稀散晚秋。

长相思　纳兰性德（清）

山一程，水一程。身向榆关那畔[边]行，夜深千帐灯。　　风一更，雪一更。聒（guō风雪声）碎乡心梦不成，故园无此声。

竹石　郑板桥（清）

咬定青山不放松，立根原在破岩中。
千磨万击还坚劲，任尔东西南北风。

竹 郑板桥（清）

一节复一节，千枝攒（cuán）万叶；
我自不开花，免撩（liáo）蜂与蝶。

所见 袁枚（清）

牧童骑黄牛，歌声振林越。
意欲捕鸣蝉，忽然闭口立。

己亥（hài）杂诗 龚自珍（清）

九州生气恃风雷，万马齐喑（yīn哑）究可哀。
我劝天公重抖擞 ，不拘一格降人才。

村居 高鼎（清）

草长莺飞二月天，拂堤杨柳醉春烟。
儿童散学归来早，忙趁东风放纸鸢（yuān）。

狱中题壁 谭嗣（sì）同（清）

望门投止思张俭，忍死须臾（yú）待杜根。
我自横刀向天笑，去留肝胆两昆仑。

初中篇录

观沧海　曹操（三国·魏）

东临[登上]碣（jié）石，以观沧海。水何[多么]澹（dàn水波摇动）澹，山岛竦（sǒng耸）峙（zhì挺立）。树木丛生，百草丰茂。秋风萧瑟，洪波涌起。日月之行，若[好像]出其中；星汉[银河]灿烂，若出其里。幸[庆幸]甚至[极点]哉，歌[诗]以咏[吟]志。

次[停泊]北固山下　王湾（唐）

客路青山下，行舟绿水前。潮平两岸阔，风正一帆悬。
海日生残夜，江春入旧年。乡书何处达？归雁洛阳边。

钱塘湖春行　白居易（唐）

孤山寺北贾亭西，水面初平云脚低。
几处早莺争暖树，谁家新燕啄春泥。
乱花渐欲迷人眼，浅草才能没马蹄。
最爱湖东行不足，绿杨阴里白沙堤（dī）。

天净沙·秋思　马致远（元）

枯藤老树昏鸦，小桥流水人家，古道西风瘦马。夕阳西下，断肠人[旅人]在天涯。

龟虽寿　曹操（三国·魏）

神龟虽寿，犹有竟时。螣（téng）蛇乘雾，终为土灰。老骥（jì良马）伏枥[马槽]，志在千里；烈士[壮志凌云的人]暮年，壮心不已。盈缩之期，不但在天；养[调养]怡[和乐]之福，可得永年。幸甚至哉，歌以咏志。

过[造访]故人庄　孟浩然（唐）

故人具鸡黍，邀我至田家。
绿树村边合，青山郭外斜。
开轩面场圃，把酒话桑麻。
待到重阳日，还来就[靠近]菊花。

题破山寺后禅院　常建（唐）

清晨入古寺，初日照高林。
曲径通幽处，禅房花木深。
山光悦鸟性，潭影空人心。
万籁此都寂，但余钟磬（qìng）声。

闻王昌龄左迁龙标遥有此寄　李白（唐）

杨花落尽子规啼，闻道龙标过五溪。
我寄愁心与明月，随风直到夜郎西。

夜雨寄北　李商隐（唐）

君问归期未有期，巴山夜雨涨秋池。
何当共剪西窗烛，却话巴山夜雨时。

泊秦淮　杜牧（唐）

烟笼寒水月笼沙，夜泊秦淮近酒家。
商女不知亡国恨，隔江犹唱后庭花。

过松源晨炊漆公店　杨万里（南宋）

莫言下岭便无难，赚得行人空喜欢。
正入万山圈子里，一山放过一山拦。

观书有感　朱熹（南宋）

半亩方塘一鉴开，天光云影共徘徊。
问渠那得清如许？为有源头活水来。

浣溪沙（一曲新词酒一杯）　晏殊（北宋）

一曲新词酒一杯，去年天气旧亭台，夕阳西下几时回？无可奈何花落去，似曾相识燕归来，小园香径独徘徊。

如梦令（常记溪亭日暮）　李清照（南宋）

常记溪亭日暮，沉醉不知归路。兴尽晚回舟，误入藕花深处。争渡，争渡，惊起一滩鸥鹭。

木兰诗　《乐府诗集》

唧（jī）唧复唧唧，木兰当（dāng）户织。不闻机杼（zhù）声，惟闻女叹息。问女何所思，问女何所忆[思念]。女亦无所思，女亦无所忆。昨夜见军帖（tiě文告），可（kè）汗（hán）大点兵。军书十二卷，卷卷有爷[父亲]名。阿爷无大儿，木兰无长兄。愿为（wèi）市[买]鞍（ān）马，从此替爷征。

东市买骏马，西市买鞍鞯（jiān），南市买辔（pèi）头，北市买长鞭。旦辞爷娘去，暮宿黄河边。不闻爷娘唤女声，但闻黄河流水鸣溅溅（jiān）。旦辞黄河去，暮至黑山头。不闻爷娘唤女声，但闻燕山胡骑（jì）鸣啾啾（jiū）。

万里赴戎（róng）机[战争]，关山度若飞。朔（shuò北方）气传金柝

（tuò），寒光照铁衣。将军百战死，壮士十年归。归来见天子，天子坐明堂。策勋十二转（zhuǎn），赏赐百千强（qiáng）。可汗问所欲，木兰不用尚书郎，愿驰千里足，送儿还故乡。

爷娘闻女来，出郭相扶将（jiāng）；阿姊（zǐ）闻妹来，当户理红妆；小弟闻姊来，磨刀霍霍（huò）向猪羊。开我东阁门，坐我西阁床。脱我战时袍，著（zhuó穿）我旧时裳（cháng）。当窗理云鬓（bìn），对镜帖（tiē贴）花黄。出门看火[伙]伴，火伴皆惊忙：同行十二年，不知木兰是女郎。

雄兔脚扑朔[动弹]，雌兔眼迷离；双兔傍（bàng）地走，安能辨我是雄雌？

山中杂诗　吴均（南朝·梁）

山际见来烟，竹中窥（kuī）落日。
鸟向檐上飞，云从窗里出。

竹里馆　王维（唐）

独坐幽篁里，弹琴复长啸。
深林人不知，明月来相照。

峨眉山月歌　李白（唐）

峨眉山月半轮秋，影入平羌江水流。
夜发清溪向三峡，思君不见下渝州。

春夜洛城闻笛　李白（唐）

谁家玉笛暗飞声，散入春风满洛城。
此夜曲中闻折柳，何人不起故园情。

逢入京使　岑（cén）参（shēn）（唐）

故园东望路漫漫，双袖龙钟泪不干。
马上相逢无纸笔，凭君传语报平安。

滁（chú）州西涧（jiàn）　韦应物（唐）

独怜幽草涧边生，上有黄鹂深树鸣。
春潮带雨晚来急，野渡无人舟自横。

江南逢李龟年　杜甫（唐）

岐王宅里寻常见，崔九堂前几度闻。
正是江南好风景，落花时节又逢君。

送灵澈上人　刘长卿（唐）

苍苍竹林寺，杳（yǎo）杳钟声晚。
荷（hè）笠带斜阳，青山独归远。

约客　赵师秀（南宋）

黄梅时节家家雨，青草池塘处处蛙。
有约不来过夜半，闲敲棋子落灯花。

论诗　赵翼（清）

李杜诗篇万口传，至今已觉不新鲜。
江山代有才人出，各领风骚数百年。

望岳　杜甫（唐）

岱宗[泰山]夫如何？齐鲁青未了。
造化钟[集中]神秀，阴阳割昏晓。
荡胸生曾[层]云，决眦（zì眼角）入归鸟。
会当凌[跃]绝顶，一览众山小。

春望　杜甫（唐）

国破山河在，城春草木深。
感时花溅泪，恨[怅恨]别[离别]鸟惊心。
烽火连三月，家书抵[值]万金。
白头搔更短，浑[简直]欲不胜簪（zān）。

石壕吏　杜甫（唐）

暮投[投宿]石壕村，有吏夜捉人。老翁逾（yú越）墙走，老妇出门看。吏呼一何[多么]怒！妇啼一何苦！听妇前致词：三男邺城戍。一男附书至，二男新战死。存者且偷生[苟且活着]，死者长已矣！室中更无人，惟有乳下孙。有孙母未去，出入无完裙[衣服]。老妪（yù妇）力虽衰，请[请让我]从吏夜归。急应河阳役，犹[还]得备晨炊。夜久语声绝，如闻泣幽咽。天明登前[前行]途，独与老翁别。

归园田居（种豆南山下）（其三）　陶渊明（东晋）

种豆南山下，草盛豆苗稀。
晨兴理荒秽，带月荷（hè扛）锄归。
道狭草木长，夕露沾我衣。
衣沾不足惜，但使愿无违。

使[出使]至塞上　王维（唐）

单车欲问边，属国过居延。
征[飘飞]蓬出汉塞，归雁入胡天。
大漠孤烟直，长河落日圆。
萧关逢候骑，都护[长官]在燕然。

渡荆门送别　李白（唐）

渡远[远自]荆门外，来从楚国游。
山随平野尽，江入大荒[原野]流。
月下[移下]飞天镜，云生结海楼。
仍怜[怜爱]故乡水，万里送行舟。

登岳阳楼　陈与义（北宋）

洞庭之东江水西，帘旌不动夕阳迟[缓]。
登临吴蜀横分地，徙倚[流连]湖山欲暮时。
万里来游还望远，三年多难更凭危[高]。
白头吊[哀吊]古风霜里，老木沧波无限悲。

长歌行（青青园中葵）　汉乐府

青青园中葵，朝露待日晞（xī晒干）。阳春布[布施]德泽[恩惠]，万物生光辉。常恐秋节至，焜（kūn）黄[枯黄]华叶衰。百川东到海，何时复西归？少壮不努力，老大徒伤悲。

野望　王绩（唐）

东皋薄[迫近]暮望，徙倚[徘徊]欲何依。树树皆秋色，山山唯落晖。
牧人驱犊返，猎马带禽[鸟兽]归。相顾无相识，长歌怀采薇[隐居]。

早寒江上有怀　孟浩然（唐）

木落雁南度，北风江上寒。我家襄（xiāng）水曲，遥隔楚云端。
乡泪客中尽，孤帆天际看。迷津[渡口]欲有问，平海[江]夕漫漫。

望洞庭赠张丞相　孟浩然（唐）

八月湖水平，涵虚混太清。
气蒸云梦泽，波撼岳阳城。
欲济无舟楫，端居耻圣明。
坐观垂钓者，徒有羡鱼情。

黄鹤楼　崔颢（hào）（唐）

昔人已乘黄鹤去，此地空余黄鹤楼。
黄鹤一去不复返，白云千载空悠悠。
晴川历历汉阳树，芳草萋萋鹦鹉洲。
日暮乡关何处是？烟波江上使人愁。

送友人（青山横北郭）　李白（唐）

青山横北郭[外城]，白水绕东城。此地一为别，孤蓬万里征。
浮云游子意，落日故人情。挥手自兹[此]去，萧萧班[离群]马鸣。

秋词　刘禹锡（唐）

自古逢秋悲寂寥，我言秋日胜春朝[春初]。
晴空一鹤排[冲破]云上，便引诗情到碧霄。

鲁山山行　梅尧臣（北宋）

适[恰好]与野情惬，千山高复低。好峰随处改，幽径独行迷。
霜落熊升[爬]树，林空鹿饮溪。人家在何许[何处]，云外一声鸡。

浣溪沙（山下兰芽短浸溪）　苏轼（北宋）

游蕲（qí）水清泉寺，寺临兰溪，溪水西流。

山下兰芽短浸溪，松间沙路净无泥。潇潇暮雨子规啼。　谁道人生无再少？门前流水尚能西！休将白发唱黄鸡[黄鸡报晓时光流逝]。

十一月四日风雨大作　陆游（南宋）

僵卧孤村不自哀，尚[还]思为国戍[守]轮台。
夜阑（lán尽）卧听风吹雨，铁马冰河入梦来。

酬乐天扬州初逢席上见赠　刘禹锡（唐）

巴山楚水凄凉地，二十三年弃置身。
怀旧空吟闻笛赋，到乡翻[倒]似烂柯人。
沉舟侧畔[旁边]千帆过，病树前头万木春。
今日听君歌一曲，暂凭杯酒长精神。

赤壁　杜牧（唐）

折戟（jǐ）沉沙铁未销，自将磨洗认前朝。
东风不与周郎便，铜雀春深锁二乔。

过零丁洋　文天祥（南宋）

辛苦遭逢起一经，干戈寥落四周星[四年]。
山河破碎风飘絮，身世浮沉雨打萍。
惶恐滩头说惶恐，零丁洋里叹零丁。
人生自古谁无死？留取丹心照汗青[史册]。

水调歌头（明月几时有）　苏轼（北宋）

丙辰中秋，欢饮达旦，大醉，作此篇，兼怀子由。

明月几时有？把酒问青天。不知天上宫阙（què宫殿），今夕是何年。我欲乘风归去，又恐琼楼玉宇，高处不胜寒。起舞弄清影，何似在人间。

转朱阁，低绮（qǐ）户，照无眠。不应有恨[怨恨]，何事长向别时圆？人有悲欢离合，月有阴晴圆缺，此事古难全。但愿人长久，千里共婵娟[月]。

山坡羊·潼关怀古　张养浩（元）

峰峦如聚，波涛如怒，山河表里潼关路。望西都[长安]，意踌（chóu）躇（chú）。伤心秦汉经行处，宫阙[楼观]万间都做了土。兴，百姓苦；亡，百姓苦。

饮酒（结庐在人境）（其五）　陶渊明（东晋）

结庐在人境，而无车马喧[喧扰]。问君何能尔[如此]？心远地自偏。采菊东篱下，悠然见南山。山气日夕佳，飞鸟相与[一起]还。此中有真意，欲辨已忘言。

行路难（金樽清酒斗十千）（其一）　李白（唐）

金樽清酒斗十千，玉盘珍羞[馐]直[值]万钱。停杯投箸（zhù筷子）不能食，拔剑四顾心茫然。欲渡黄河冰塞川，将登太行雪满山。闲来垂钓碧溪上，忽复乘舟梦日边。行路难！行路难！多歧（qí）路，今安[哪里]在？长风破浪会有时，直挂云帆济沧海。

茅屋为秋风所破歌　杜甫（唐）

八月秋高风怒号，卷我屋上三重茅。茅飞渡江洒江郊，高者挂罥（juàn挂）长林梢，下者飘转沉塘坳（ào）。

南村群童欺我老无力，忍能对面为盗贼。公然抱茅入竹去，唇焦口燥呼不得，归来倚杖自叹息。

俄顷风定云墨色，秋天漠漠向昏黑。布衾（qīn被）多年冷似铁，骄儿恶卧踏里裂。床头屋漏无干处，雨脚如麻未断绝。自经丧乱少睡眠，长夜沾湿何由彻！

安得广厦千万间，大[全部]庇[遮蔽]天下寒士俱欢颜！风雨不动安如山。呜呼！何时眼前突兀（wù）[高耸]见此屋，吾庐[房子]独破受冻死亦足！

白雪歌送武判官归京　岑参（唐）

北风卷地白草折，胡天八月即飞雪。忽如一夜春风来，千树万树梨花开。散入珠帘湿罗幕，狐裘不暖锦衾（qīn被）薄。将军角弓不得控，都护铁衣冷难着。瀚（hàn）海阑干[纵横交错]百丈冰，愁云惨淡万里凝。中军置酒饮归客，胡琴琵琶与羌笛。纷纷暮雪下辕门，风掣（chè拉）红旗冻不翻。轮台东门送君去，去时雪满天山路。山回路转不见君，雪上空留马行处。

己亥杂诗（浩荡离愁白日斜） 龚自珍（清）

浩荡[无限]离愁白日斜，吟鞭东指即天涯。
落红[花]不是无情物，化作春泥更护花。

赠从弟 刘桢（东汉）

亭亭山上松，瑟瑟谷中风。风声一何[多么]盛，松枝一何劲！
冰霜正惨凄，终岁常端正。岂不罹（lí遭）凝寒，松柏本有性！

送杜少府之任蜀州 王勃（唐）

城阙[长安]辅三秦，风烟望五津[渡口]。与君离别意，同是宦游人。
海内存知己，天涯若比邻。无为[不要]在歧路，儿女共沾巾。

登幽州台歌 陈子昂（唐）

前不见古人[圣君]，后不见来者[贤君]。
念天地之悠悠，独怆（chuàng悲伤）然而涕[泪]下。

终南别业 王维（唐）

中岁[中年]颇好道[佛]，晚家南山陲。兴来每独往，胜事空自知。
行到水穷处，坐看云起时。偶然值林叟（sǒu老翁），谈笑无还期。

宣州谢朓（tiǎo）楼饯（jiàn）别校书叔云 李白（唐）

弃我去者，昨日之日不可留；乱我心者，今日之日多烦忧。长风万里送秋雁，对此可以酣高楼。蓬莱文章建安[建安文学]骨[风骨]，中间小谢又清发。俱怀逸兴壮思飞，欲上青天览明月。抽刀断水水更流，举杯消愁愁更愁。人生在世不称意，明朝散[披散]发[头发]弄扁（piān）舟。

早春呈水部张十八员外　韩愈（唐）

天街小雨润如酥（sū），草色遥看近却无。
最是一年春好处，绝胜[远胜]烟柳满皇都。

无题（相见时难别亦难）　李商隐（唐）

相见时难别亦难，东风无力百花残。
春蚕到死丝方尽，蜡炬成灰泪始干。
晓镜但[只]愁云鬓改，夜吟应觉月光寒。
蓬莱此去无多路，青鸟殷勤为探看。

相见欢（无言独上西楼）　李煜（南唐）

无言独上西楼，月如钩。寂寞梧桐深院锁清秋。　剪不断，理还乱，是离愁，别是一般滋味在心头。

登飞来峰　王安石（北宋）

飞来山上千寻[八尺为一寻]塔，闻说鸡鸣见日升。
不畏[怕]浮云遮望眼，自缘[因为]身在最高层。

苏幕遮　范仲淹（北宋）

碧云天，黄叶地，秋色连波，波上寒烟翠。山映斜阳天接水，芳草无情，更在斜阳外。　黯乡魂，追旅思[愁思]，夜夜除非，好梦留人睡。明月楼高休独倚，酒入愁肠，化作相思泪。

望江南 温庭筠（唐）

梳洗罢，独倚望江楼。过尽千帆皆不是，斜晖[阳光]脉脉水悠悠。肠断白蘋洲。

渔家傲·秋思 范仲淹（北宋）

塞下秋来风景异，衡阳雁去无留意。四面边声连角[号角]起，千嶂[山峰]里，长烟落日孤城闭。 浊酒一杯家万里，燕然[山]未勒[刻石]归无计，羌管悠悠霜满地。人不寐，将军白发征夫泪。

江城子·密州出猎 苏轼（北宋）

老夫[诗人]聊[姑且]发少年狂，左牵黄[黄狗]，右擎苍[苍鹰]，锦帽貂裘，千骑卷平冈。为报倾[全部]城随太守[作者]，亲射虎，看孙郎[孙权]。 酒酣胸胆尚[更]开张，鬓微霜，又何妨！持节[兵符]云中[郡名]，何日遣冯唐？会[将]挽雕弓如满月，西北望，射天狼[西夏]。

武陵春 李清照（南宋）

风住尘香花已尽，日晚倦梳头。物是人非事事休，欲语泪先流。 闻说双溪春尚好，也拟[打算]泛轻舟。只恐双溪舴（zé）艋（měng）舟，载不动许多愁。

破阵子·为陈同甫赋壮词以寄之 辛弃疾 （南宋）

醉里挑灯看剑，梦回吹角连营。八百里分麾（huī军旗）下炙（zhì烤肉），五十弦翻[演奏]塞外声，沙场秋点兵。 马作[像]的卢飞快，弓如霹雳弦惊。了却[了结]君王天下事，赢得生前身后名。可怜[惜]白发生！

观刈（yì割）麦　白居易（唐）

田家少闲月，五月人倍忙。夜来南风起，小麦覆陇（lǒng垄）黄。妇姑荷（hè挑）箪食，童稚携壶浆。相随饷（xiǎng送饭）田去，丁壮在南冈。足蒸暑土气，背灼炎天光。力尽不知热，但[只]惜[爱惜]夏日长。复有贫妇人，抱子在其旁。右手秉[拿]遗穗，左臂悬[挎]敝筐。听其相顾言，闻者为悲伤。家田输税尽，拾此充饥肠。今我何功德，曾不事农[农耕]桑[蚕桑]。吏禄三百石，岁晏[晚]有余粮。念此私自愧，尽日不能忘。

月夜　刘方平（唐）

更深月色半人家，北斗阑干[纵横交错]南斗斜。
今夜偏[才]知春气暖，虫声新[初]透绿窗纱。

商山早行　温庭筠（唐）

晨起动征铎，客行悲故乡。
鸡声茅店月，人迹板桥霜。
槲叶落山路，枳花明驿墙。
因思杜陵梦，凫雁满回塘。

卜算子·咏梅　陆游（南宋）

驿（yì）外断桥边，寂寞开无主。已是黄昏独自愁，更著[遭]风和雨。　　无意苦[尽力]争春，一任[任凭]群芳妒[嫉妒]。零落成泥碾（niǎn）作尘，只有香如故。

破阵子（燕子来时新社） 晏殊（北宋）

燕子来时新社，梨花落后清明。池上碧苔三四点，叶底黄鹂一两声，日长飞絮轻。 巧笑东邻女伴，采桑径里逢迎。疑怪[怪不得]昨宵春梦好，元[原]是今朝斗草[游戏]赢，笑从双脸生。

浣溪沙 苏轼（北宋）

簌（sù）簌衣巾落枣花，村南村北响缲（sāo缫）车。牛衣古柳卖黄瓜。 酒困路长惟欲睡，日高人渴漫[随意]思茶，敲门试问野人家。

醉花阴 李清照（南宋）

薄雾浓云愁永昼，瑞脑[龙脑香]消[喷]金兽[金兽香炉]。佳节又重阳，玉枕纱厨[纱帐]，半夜凉初透。 东篱把酒黄昏后，有暗香盈袖。莫道不消魂，帘卷西风，人比黄花瘦。

南乡子·登京口北固亭有怀 辛弃疾（南宋）

何处望神州？满眼风光北固楼。千古兴亡多少事？悠悠。不尽长江滚滚流。 年少万兜（dōu盔）鍪（móu盔）[千军万马]，坐断[占据]东南战未休。天下英雄谁敌手？曹刘。生子当如孙仲谋。

山坡羊·骊山怀古 张养浩（元）

骊山四顾，阿（ē）房（páng）一炬，当时奢侈今何处？只见草萧疏，水萦纡（yū弯曲）。至今遗恨迷烟树。列国周齐秦汉楚，赢，都变做了土；输，都变做了土。

朝天子·咏喇叭 王磐（pán）（明）

喇叭，唢呐，曲儿小腔儿大。官船往来乱如麻，全仗你抬声价。军听了军愁，民听了民怕，哪里去辨[分辨]甚么真共假？眼见的吹翻了这家，吹伤了那家，只吹的水尽[干]鹅飞罢！

关雎 《诗经》

关关雎（jū）鸠（jiū），在河之洲。窈窕淑女，君子好逑[配偶]。
参差荇菜，左右流之。窈窕淑女，寤（wù醒）寐[睡]求之。
求之不得，寤寐思服[想]。悠哉悠哉，辗转反侧。
参差荇菜，左右采之。窈窕淑女，琴瑟友[亲近]之。
参差荇菜，左右芼（mào择取）之。窈窕淑女，钟鼓乐之。

蒹（jiān）葭（jiā） 《诗经》

蒹葭苍苍，白露为霜。所谓伊人，在水一方[边]。
溯洄从[追求]之，道阻且长。溯游从之，宛在水中央。
蒹葭萋萋，白露未晞。所谓伊人，在水之湄（méi岸边）。
溯洄从之，道阻且跻（jī）。溯游从之，宛在水中坻（chí小岛）。
蒹葭采采[茂盛]，白露未已。所谓伊人，在水之涘（sì水边）。
溯洄从之，道阻且右[迂回曲折]。溯游从之，宛在水中沚（zhǐ小块陆地）。

从军行 杨炯（唐）

烽火照西京，心中自不平。牙璋[兵符]辞凤阙[皇宫]，铁骑绕龙城。
雪暗凋旗画，风多杂鼓声。宁为百夫长[下级军官]，胜作一书生。

月下独酌 李白（唐）

花间一壶酒，独酌无相亲。举杯邀明月，对影成三人。月既不解饮，影徒随我身。暂伴月将影，行乐须及春。我歌月徘徊，我舞影零乱。醒时相交欢，醉后各分散。永结无情[忘却世情]游[交游]，相期[约]邈（miǎo远）云汉[天河]。

羌村三首（群鸡正乱叫）（之三） 杜甫（唐）

群鸡正乱叫，客至鸡斗争。驱鸡上树木，始闻叩柴荆[门]。父老四五人，问我久远行。手中各有携，倾榼（kē酒器）浊复清。“莫辞[说]酒味薄，黍地无人耕。兵戈既未息，儿童尽东征。”请为父老歌，艰难愧深情。歌罢仰天叹，四座泪纵横。

登楼 杜甫（唐）

花近高楼伤客心，万方多难此登临。
锦江春色来天地，玉垒[山]浮云变古今。
北极朝廷终不改，西山寇盗莫相侵。
可怜[叹]后主还祠庙，日暮聊为《梁父吟》。

走马川行奉送封大夫出师西征 岑参（唐）

君不见走马川[车尔成河]行雪海边，平沙莽莽黄入天。轮台[地名]九月风夜吼，一川碎石大如斗，随风满地石乱走。匈奴草黄马正肥，金山[阿尔泰山]西见烟尘飞，汉家大将西出师。将军金甲夜不脱，半夜军行戈相拨，风头如刀面如割。马毛带雪汗气蒸，五花连钱[马身斑纹]旋作冰，幕中草檄（xí文书）砚水凝。虏骑闻之应胆慑，料知短兵不敢接，车师[在今吐鲁番]西门伫（zhù等候）献捷[捷报]。

左迁至蓝关示侄孙湘 杜甫（唐）

一封朝奏九重天[皇帝]，夕贬潮阳路八千。
欲为圣明除弊事，肯[岂肯]将衰朽惜残年。
云横秦岭家何在？雪拥蓝关马不前。
知汝远来应有意，好收吾骨瘴（zhàng）江边。

望月有感　白居易（唐）

自河南经乱，关内阻饥，兄弟离散，各在一处。因望月有感，聊书所怀，寄上浮梁大兄、於潜七兄、乌江十五兄，兼示符离及下邽（guī）弟妹。

时难年荒世业空，弟兄羁（jī停留）旅各西东。
田园寥落干戈后，骨肉流离道路中。
吊[慰问]影分为千里雁，辞根散作九秋蓬。
共看明月应垂泪，一夜乡心五处同。

雁门太守行　李贺（唐）

黑云压城城欲摧，甲光向日金鳞开。
角声满天秋色里，塞上燕[胭]脂[鲜血]凝夜紫。
半卷红旗临[抵达]易水，霜重鼓寒声不起。
报君黄金台上意，提携玉龙[剑]为君死。

卜算子·送鲍浩然之浙东　王观（北宋）

水是眼波横，山是眉峰聚。欲问行人去那边？眉眼盈盈处。　　才始[方才]送春归，又送君归去。若到江南赶上春，千万和春住。

别云间　夏完淳（明）

三年羁（jī）旅客，今日又南冠[囚犯]。无限山河泪，谁言天地宽。
已知泉路[死路]近，欲别故乡难。毅魄归来日，灵旗空际看。

高中篇录

氓（méng） 《诗经》

氓之蚩（chī憨厚）蚩，抱布贸丝。匪来贸丝，来即[就]我谋[商量]。送子涉淇，至于顿丘。匪我愆（qiān错过）期，子无良媒。将（qiāng请）子无怒，秋以为期。

乘彼垝（guǐ倒塌）垣（yuán墙），以望复关。不见复关，泣涕涟涟。既见复关，载（zài）笑载言。尔卜尔筮（shì），体无咎（jiù灾祸）言。以尔车来，以我贿[财物]迁。

桑之未落，其叶沃若。于（xū吁）嗟鸠兮，无食桑葚（shèn）！于嗟女兮，无与士耽[沉溺]！士之耽兮，犹可说[脱]也。女之耽兮，不可说也！

桑之落矣，其黄而陨。自我徂（cú往，到）尔，三岁食贫。淇水汤（shāng）汤，渐车帷裳。女也不爽[违背，差失]，士贰其行。士也罔[无]极[标准]，二三其德。

三岁为妇，靡（mǐ无）室劳矣。夙兴夜寐，靡（mǐ）有朝矣。言既遂矣，至于暴矣。兄弟不知，咥（xì）其笑矣。静言思之，躬自悼矣。

及尔偕老，老使我怨。淇则有岸，隰（xí）则有泮（pàn畔）。总角之宴，言笑晏晏[和悦]。信誓旦旦[诚恳]，不思其反。反是不思，亦已焉哉！

采薇 《诗经》

采薇采薇，薇亦作止。曰归曰归，岁亦莫（mù暮）止。靡室靡家，玁（xiǎn）狁（yǔn）[北方少数民族戎狄]之故。不遑（huáng空闲）启居，玁狁之故。

采薇采薇，薇亦柔止。曰归曰归，心亦忧止。忧心烈烈，载（zài）饥载渴。我戍（shù）未定，靡使归聘（pìn问候）。

采薇采薇，薇亦刚止。曰归曰归，岁亦阳止。王事靡盬（gǔ止息），不遑启处[休息]。忧心孔[很]疚，我行不来！

彼尔维何？维常之华。彼路斯何？君子之车。戎车既驾，四牡业业。岂敢定居？一月三捷。

驾彼四牡，四牡骙（kuí马强壮）骙。君子所依，小人所腓（féi隐蔽）。四牡翼翼[排列整齐]，象弭（mǐ弓两头的弯曲处）鱼服。岂不日戒？猃狁孔棘[危急]！

昔我往矣，杨柳依依。今我来思，雨雪霏（fēi）霏。行道迟迟，载渴载饥。我心伤悲，莫知我哀！

离骚（节选） 屈原（战国）

长太息以掩涕兮，哀民生之多艰。余虽好修姱（kuā美好）以鞿（jī）羁[约束]兮，謇（jiǎn正直敢言）朝谇（suì进谏）而夕替。既替余以蕙（huì）纕（xiāng）兮，又申[重复]之以揽茝（chǎi）。亦余心之所善兮，虽九死其犹未悔。怨灵修[君王]之浩荡[荒唐]兮，终不察夫民心。众女嫉余之蛾眉兮，谣诼（zhuó毁谤）谓余以善淫。固时俗之工[善于]巧[取巧]兮，偭（miǎn违背）规矩而改错[措]。背绳墨以追曲兮，竞[竟相]周容[苟合取容]以为度[法度]。忳（tún忧愁）郁邑[抑郁]余侘（chà）傺（chì）[失意]兮，吾独穷困乎此时也。宁溘（kè突然）死以流亡兮，余不忍为此态也！鸷（zhì）鸟之不群兮，自前世而固然。何方[方枘]圜（yuán圆凿）之能周[合]兮？夫孰异道而相安？屈心而抑志兮，忍尤[责怪]而攘[忍受]诟[咒骂]。伏[保持]清白以死直兮，固前圣之所厚[称道]。

悔相道之不察兮，延[久久]伫[立]乎吾将反。回朕[我]车以复路兮，及行迷之未远。步余马于兰皋兮，驰椒丘且焉止息。进不入以离[遭]尤[指责]兮，退将复修吾初服。制芰（jì）荷以为衣兮，集芙蓉以为裳。不吾知其亦已兮，苟余情其信芳。高余冠之岌岌[高高]兮，长余佩之陆离[长长]。芳与泽[光泽]其杂糅兮，唯昭质其犹未亏。忽反顾以游目兮，将往观乎四荒。佩缤纷其繁饰兮，芳菲菲其弥章。民生各有所乐[乐趣]兮，余独好修[美]以为常。虽体解吾犹未变兮，岂余心之可惩[受惩而变]？

孔雀东南飞（节选） 汉乐府

孔雀东南飞，五里一徘徊。

“十三能织素，十四学裁衣，十五弹箜（kōng）篌（hóu），十六诵诗书。十七为君妇，心中常苦悲。君既为府吏，守节情不移。贱妾留空房，相见常日稀。鸡鸣入机织，夜夜不得息。三日断五匹，大人故嫌迟。非为织作迟，君家妇难为！妾不堪驱使，徒留无所施。便可白公姥（mǔ），及时相遣归。”

鸡鸣外欲曙，新妇起严妆。著我绣夹裙，事事四五通。足下蹑（niè）丝履，头上玳（dài）瑁（mào）光。腰若流纨（wán）素，耳着明月珰（dāng）。指如削（xiāo）葱根，口如含朱丹。纤（xiān）纤作细步，精妙世无双。

新妇谓府吏：“感君区区怀！君既若见录，不久望君来。君当作磐（pán）石，妾当作蒲（pú）苇（wěi），蒲苇纫（rèn）如丝，磐石无转移。我有亲父兄，性行暴如雷，恐不任我意，逆以煎我怀。”举手长劳劳，二情同依依。

青雀白鹄舫（fǎng），四角龙子幡。婀娜随风转，金车玉作轮。踯（zhí）躅（zhú）青骢（cōng）马，流苏金镂鞍。赍（jī）钱三百万，皆用青丝穿。杂彩三百匹，交广市鲑（xié）珍。从人四五百，郁郁登郡门。

今日大风寒，寒风摧树木，严霜结庭兰。儿今日冥冥，令母在后单。故作不良计，勿复怨鬼神！命如南山石，四体康且直！

两家求合葬，合葬华山傍。东西植松柏，左右种梧桐。枝枝相覆盖，叶叶相交通。中有双飞鸟，自名为鸳鸯。仰头相向鸣，夜夜达五更。行人驻足听，寡妇起彷徨。多谢后世人，戒之慎勿忘！

涉江采芙蓉 《古诗十九首》

涉江采芙蓉，兰泽多芳草。采之欲遗（wèi）谁，所思在远道。
还顾望旧乡，长路漫浩浩。同心而离居，忧伤以终老。

短歌行　曹操（三国·魏）

对酒当歌，人生几何？譬（pì）如朝露，去日苦多。慨当以慷，忧思难忘。何以解忧？唯有杜康。青青子衿，悠悠我心。但[只]为君故，沉吟至今。呦（yōu）呦鹿鸣，食野之苹。我有嘉宾，鼓瑟吹笙。明明如月，何时可掇（duō拾取）？忧从中来，不可断绝。越陌度阡，枉[枉驾]用相存。契[聚合]阔[分离]谈讌[谈心宴饮]，心念旧恩。月明星稀，乌鹊南飞。绕树三匝，何枝可依？山不厌[满足]高，水不厌深。周公吐哺（bǔ喂食），天下归心。

归园田居　陶渊明（东晋）

少无适俗[世俗]韵[情调]，性本爱丘山。误落尘网[尘世]中，一去三十年。羁鸟恋旧林，池鱼思故渊。开荒南野际，守拙（zhuō）归园田。方宅十余亩，草屋八九间。榆柳荫后檐，桃李罗堂前。暧（ài暗淡）暧远人村，依依墟里[村落]烟。狗吠深巷中，鸡鸣桑树颠。户庭无尘杂，虚室有余闲。久在樊（fán栅栏）笼里，复得返自然。

蜀道难　李白（唐）

噫（yī）吁（xū）嚱（xī），危乎高哉！蜀道之难，难于上青天。蚕丛及鱼凫（fú），开国何[多么]茫然。尔[那]来[以来]四万八千岁，不与秦塞通人烟。西当[对]太白有鸟道，可以横绝峨眉巅。地崩山摧壮士死，然后天梯石栈（zhàn）相钩连。上有六龙回日之高标[标识]，下有冲波逆折之回[涡]川。黄鹤之飞尚不得过，猿猱欲度愁攀援。青泥何盘盘，百步九折萦岩峦。扪（mén）参（shēn星宿）历井[星宿]仰胁[屏]息[气]，以手抚膺（yīng胸）坐长叹。

问君[友人]西游何时还？畏途巉（chán）岩不可攀。但[但]见悲鸟号古木，雄飞雌从绕林间。又闻子规啼夜月，愁空山。蜀道之难，难于上青天，使人听此凋朱颜！连峰去[距离]天不盈尺，枯松倒挂倚绝壁。飞湍瀑流争喧豗（huī），砯（pīng）崖转[转动]石万壑雷。其险也如此，嗟尔远道之人胡为[为什么]乎来哉！

剑阁峥嵘而崔（cuī）嵬（wéi），一夫当关，万夫莫开。所守或匪[非]亲，化为狼与豺。朝避猛虎，夕避长蛇，磨牙吮（shǔn）血，杀人如麻。锦城虽云乐，不如早还家。蜀道之难，难于上青天，侧身西望长咨（zī叹息）嗟（jiē）！

秋兴八首（其一） 杜甫（唐）

玉露凋伤枫树林，巫山巫峡气萧森。
江间波浪兼天涌，塞上风云接地阴。
丛菊两开他日泪，孤舟一系故园心。
寒衣处处催刀尺，白帝城高急暮砧[捣衣石]。

咏怀古迹 杜甫（唐）

群山万壑赴荆门，生长明妃尚有村。
一去紫台连朔漠，独留青冢向黄昏。
画图省识春风面，环珮空归月夜魂。
千载琵琶作胡语，分明怨恨曲中论。

登高 杜甫（唐）

风急天高猿啸哀，渚清沙白鸟飞回。
无边落木萧萧下，不尽长江滚滚来。
万里悲秋常作客，百年多病独登台。
艰难苦恨繁霜鬓，潦倒新停浊酒杯。

琵琶行（并序） 白居易（唐）

元和十年，予左迁九江郡司马。明年秋，送客湓浦口，闻舟中夜弹琵琶者，听其音，铮铮然有京都声。问其人，本长安倡（chāng）女[歌女]，尝学琵琶于穆、曹二善才，年长色衰，委身为贾人妇。遂命酒，使快弹数曲。曲罢悯然，自叙少小时欢乐事，今漂沦憔悴，转徙于江湖间。予出官二年，恬然自安，感斯人言，是夕始觉有迁谪意，因为长句[七言诗]，歌以赠之。凡六百一十六言，命曰《琵琶行》。

浔阳江头夜送客，枫叶荻花秋瑟瑟。主人下马客在船，举酒欲饮无管弦。醉不成欢惨将别，别时茫茫江浸月。

忽闻水上琵琶声，主人忘归客不发。寻声暗问弹者谁，琵琶声停欲语迟。移船相近邀相见，添酒回灯重开宴。千呼万唤始出来，犹抱琵琶半遮面。转轴拨弦三两声，未成曲调先有情。弦弦掩抑声声思，似诉平生不得志。低眉信手[随手]续续弹，说尽心中无限事。轻拢慢捻（niǎn）抹复挑，初为霓裳后六幺（yāo）。大弦嘈嘈如急雨，小弦切切如私语。嘈嘈切切错杂弹，大珠小珠落玉盘。间关莺语花底滑，幽咽泉流冰下难[难通]。冰泉冷涩弦凝绝，凝绝不通声暂歇。别有幽愁暗恨生，此时无声胜有声。银瓶乍破水浆迸（bèng），铁骑突出刀枪鸣。曲终收拨当心画，四弦一声如裂帛。东船西舫悄无言，唯见江心秋月白。

沉吟放拨插弦中，整顿衣裳起敛（liǎn）容。自言本是京城女，家在虾（há）蟆陵下住。十三学得琵琶成，名属教坊第一部。曲罢曾教善才服，妆成每被秋娘妒。五陵年少争缠头，一曲红绡（xiāo）不知数。钿（diàn）头银篦（bì）[镶嵌着花钿的篦形发饰]击节碎，血色罗裙翻酒污。今年欢笑复明年，秋月春风等闲度。弟走从军阿姨死，暮去朝来颜色[容貌]故[衰老]。门前冷落鞍马稀，老大嫁作商人妇。商人重利轻别离，前月浮梁买茶去。去来江口守空船，绕船月明江水寒。夜深忽梦少年事，梦啼妆泪红阑干[纵横散乱]。

我闻琵琶已叹息，又闻此语重唧（jī）唧。同是天涯沦落人，相逢何必曾相识！我从去年辞帝京，谪居卧病浔阳城。浔阳地僻无音乐，终岁不闻丝竹声。住近湓江地低湿，黄芦苦竹绕宅生。其间旦暮闻何物？杜鹃啼血猿哀鸣。春江花朝秋月夜，往往取酒还独倾。岂无山歌与村笛，呕（ōu）哑（yā）嘲（zhāo）哳（zhā）难为听。今夜闻君琵琶语，如听仙乐耳暂明。莫辞更坐弹一曲，为君翻作琵琶行。

感我此言良久立，却[退回]坐促弦弦转急。凄凄不似向前声，满坐重闻皆掩泣。座中泣下谁最多？江州司马青衫湿。

锦瑟　李商隐（唐）

锦瑟无端五十弦，一弦一柱思华年。
庄生晓梦迷蝴蝶，望帝春心托杜鹃。
沧海月明珠有泪，蓝田日暖玉生烟。
此情可待成追忆，只是当时已惘然。

马嵬（wéi）（其二）　李商隐（唐）

海外徒[空]闻更九州，他生未卜此生休。
空闻虎旅传宵柝，无复鸡人[卫士]报晓筹。
此日六军同驻马，当时七夕笑牵牛。
如何四纪为天子，不及卢家有莫愁[女]！

望海潮　柳永（北宋）

东南形胜[地理位置重要]，三吴都会，钱塘自古繁华。烟柳画桥，风帘翠幕，参差十万人家。云树绕堤沙，怒涛卷霜雪，天堑[钱塘江]无涯。市[市场]列[陈列]珠玑，户盈罗绮，竞豪奢。　重湖叠巘（yǎn小山峰）清[清秀]嘉，有三秋桂子，十里荷花。羌管弄晴，菱歌泛夜，嬉嬉钓叟（sǒu老翁）莲娃。千骑拥高牙，乘醉听箫鼓，吟赏烟霞。异日图[描绘]将好景，归去凤池[朝廷]夸。

雨霖铃　柳永（北宋）

寒蝉凄切，对长亭晚，骤雨初歇。都（dū）门帐饮无绪，留恋处，兰舟催发。执手相看泪眼，竟无语凝噎（yē）。念去去千里烟波，暮霭（ǎi）沉沉楚天阔。　多情自古伤离别，更那堪[承受]冷落清秋节。今宵酒醒何处？杨柳岸、晓风残月。此去经年，应是良辰好景虚设。便纵有千种风情，更与何人说！

念奴娇·赤壁怀古　苏轼（北宋）

大江东去，浪淘尽，千古风流人物。故垒西边，人道是，三国周郎赤壁。乱石穿空，惊涛拍岸，卷起千堆雪。江山如画，一时多少豪杰。　遥想公瑾当年，小乔初嫁了（liǎo），雄姿英[英俊]发[勃发]。羽扇纶（guān）巾，谈笑间，樯橹灰飞烟灭。故国神游，多情应笑我，早生华[花白]发。人生如梦，一尊还酹（lèi）江月。

定风波　苏轼（北宋）

三月七日，沙湖道中遇雨，雨具先去，同行皆狼狈，余独不觉，已而遂晴，故作此。

莫听穿林打叶声，何妨吟啸（xiào）且徐行。竹杖芒鞋[草鞋]轻胜马，谁怕？一蓑烟雨任平生。　料（liào）峭（qiào）[微寒]春风吹酒醒，微冷，山头斜照却相迎。回首向来[刚才]萧瑟处，归去，也无风雨也无晴。

水龙吟·登建康赏心亭　辛弃疾（南宋）

楚天千里清秋，水随天去秋无际。遥岑（cén山）远目，献愁供恨，玉簪（zān）螺髻（jì）。落日楼头，断鸿声里，江南游子。把吴钩[宝刀]看了，栏杆拍遍，无人会，登临意。　休说鲈鱼堪[能]脍（kuài），尽西风，季鹰[张季鹰]归未？求田问舍，怕应羞见，刘郎[刘备]才气。可惜流年，忧愁风雨，树犹如此！倩（qiàn请托）何人唤取，红巾翠袖[女子]，揾（wèn擦拭）英雄泪！

永遇乐·京口北固亭怀古　辛弃疾（南宋）

千古江山，英雄无觅孙仲谋处。舞榭歌台，风流总被雨打风吹去。斜阳草树，寻常巷陌，人道寄奴[刘裕]曾住。想当年，金戈铁马，气吞万里如虎。　元嘉草草[轻率]，封狼居胥（xū），赢得仓皇北顾。四十三年，望中犹记，烽火扬州路。可堪回首，佛狸祠下，一片神鸦社鼓。凭谁问：廉颇老矣，尚能饭否？

醉花阴　李清照（南宋）

薄雾浓云愁永昼，瑞脑[龙脑香]销[喷]金兽[金兽香炉]。佳节又重阳，玉枕纱厨，半夜凉初透。　　东篱把酒黄昏后，有暗香盈袖。莫道不销魂，帘卷西风，人比黄花瘦。

声声慢（寻寻觅觅）　李清照（南宋）

寻寻觅觅，冷冷清清，凄凄惨惨戚戚。乍（zhà）暖还寒时候，最难将息[调养休息]。三杯两盏淡酒，怎敌他、晚来风急！雁过也，正伤心，却是旧时相识。　　满地黄花堆积，憔悴损，如今有谁堪[可]摘？守着窗儿，独自怎生得黑！梧桐更兼细雨，到黄昏、点点滴滴。这次第[光景]，怎一个愁字了得！

扩充篇录

桃夭 《诗经》

桃之夭夭，灼灼其华。之[这]子[女子]于归[出嫁]，宜[和顺]其室家。
桃之夭夭，有蕡（fén肥大）其实。之子于归，宜其家室。
桃之夭夭，其叶蓁（zhēn繁茂）蓁。之子于归，宜其家人。

木瓜 《诗经》

投我以木瓜，报之以琼琚（jū）[佩玉]。匪[非]报也，永以为好也！
投我以木桃，报之以琼瑶[美玉]。匪报也，永以为好也！
投我以木李，报之以琼玖（jiǔ）[宝玉]。匪报也，永以为好也！

无衣 《诗经》

岂曰无衣？与子同袍[长衣]。王于兴师，修我戈矛，与子同仇！
岂曰无衣？与子同泽[汗衫]。王于兴师，修我矛戟，与子偕作！
岂曰无衣？与子同裳[战裙]。王于兴师，修我甲兵，与子偕行！

子衿 《诗经》

青青子衿（jīn衣领），悠悠我心。纵我不往，子宁[难道]不嗣音？
青青子佩[绶带]，悠悠我思。纵我不往，子宁不来？
挑（táo）兮达（tà）兮[独自来回走动]，在城阙（què观楼）兮。一日不见，如三月兮。

静女 《诗经》

静女其姝（shū美丽），俟（sì等候）我于城隅。爱[隐藏]而不见（xiàn现），搔首踟（chí）蹰（chú）[徘徊]。

静女其娈（luán面目姣好），贻[赠送]我彤管。彤管有炜（wěi明），说[悦]怿[喜爱]女[汝]美。

自牧归[馈]荑（tí荑草），洵（xún的确）美且异。匪[非]女[汝]之为美，美人之贻。

黍离 《诗经》

彼黍离离，彼稷（jì）之苗。行迈靡靡（mǐ行步迟缓），中心摇摇。知我者谓我心忧，不知我者谓我何求。悠悠苍天！此何人哉？

彼黍离离，彼稷之穗。行迈靡靡，中心如醉。知我者谓我心忧，不知我者谓我何求。悠悠苍天！此何人哉？

彼黍离离，彼稷之实。行迈靡靡，中心如噎（yē）。知我者谓我心忧，不知我者谓我何求。悠悠苍天！此何人哉？

硕鼠 《诗经》

硕鼠硕鼠，无食我黍！三岁贯[侍奉]女[汝]，莫我肯顾[顾念]。逝[誓]将去女，适[到]彼乐土。乐土乐土，爰（yuán在这）得我所？

硕鼠硕鼠，无食我麦！三岁贯女，莫我肯德[感谢]。逝将去女，适彼乐国。乐国乐国，爰得我直[值]？

硕鼠硕鼠，无食我苗！三岁贯女，莫我肯劳[慰问]。逝将去女，适彼乐郊。乐郊乐郊，谁之永号（háo）[长叹]？

伐檀 《诗经》

坎坎伐檀（tán）兮，置之河之干[水边]兮。河水清且涟猗（yī）。不稼[播种]不穑（sè收获），胡[为什么]取禾三百廛（chán）兮？不狩不猎，胡瞻尔庭有县[悬]貆（huán猪獾）兮？彼君子[权势者]兮，不素[白]餐兮！

坎坎伐辐兮，置之河之侧兮。河水清且直猗。不稼不穑，胡取禾三百亿[束]兮？不狩不猎，胡瞻尔庭有县[悬]特[大兽]兮？彼君子兮，不素食兮！

坎坎伐轮兮，置之河之漘（chún水边）兮。河水清且沦猗。不稼不穑，胡取禾三百囷（qūn束）兮？不狩不猎，胡瞻尔庭有县鹑兮？彼君子兮，不素飧（sūn吃饭）兮！

湘夫人 屈原（战国）

帝子[湘夫人]降兮北渚，目眇（miǎo）眇兮愁予[我]。袅袅兮秋风，洞庭波兮木叶下。登白薠（fán）兮骋望[纵目远望]，与佳[佳人]期[约会]兮夕张[陈设帏帐]。鸟何萃[聚集]兮蘋中？罾（zēng鱼网）何为兮木上？

沅有茝（zhǐ）兮澧（lǐ）有兰，思公子[湘夫人]兮未敢言。荒忽兮远望，观流水兮潺（chán）湲（yuán）。

麋何食兮庭中？蛟何为兮水裔[水边]？朝驰余马兮江皋，夕济[渡水]兮西澨（shì水边）。闻佳人兮召予，将腾驾兮偕逝。筑室兮水中，葺（qì）之兮荷盖；荪（sūn）壁兮紫坛，播芳椒兮成堂；桂栋兮兰橑（lǎo屋椽），辛夷楣[门上横木]兮药房；罔[网]薜（bì）荔（lì）兮为帷，擗（pǐ剖）蕙櫋（mián）兮既张；白玉兮为镇，疏[散布]石兰兮为芳；芷葺兮荷屋，缭[缠绕]之兮杜衡。合百草兮实[充实]庭，建芳馨兮庑（wǔ厢房）门。九嶷缤兮并迎，灵之来兮如云。

捐余袂（mèi衣袖）兮江中，遗（wèi赠送）余褋（dié）兮澧（lǐ）浦。搴（qiān采摘）汀（tīng）洲兮杜若，将以遗兮远者。时不可兮骤得，聊逍遥兮容与[从容自在的样子]。

橘颂 屈原（战国）

后[后土]皇[皇天]嘉树，橘徕（lái来）服兮。受命不迁，生南国兮。深固难徙（xǐ），更壹志兮。绿叶素荣，纷其可喜兮。曾[层]枝剡（yǎn锐利）棘，圆果抟（tuán团）兮。青黄杂糅（róu），文章[花纹色彩]烂兮。精色内白，类[像]任[抱]道兮。纷缊（yùn）宜修，姱（kuā美好）而不丑兮。嗟尔幼志，有以异兮。独立不迁，岂不可喜兮？深固难徙，廓[胸怀开阔]其无求兮。苏[苏醒]世独立，横而不流兮。闭心自慎，终不失过兮。秉德无私，参天地兮。愿岁并谢[死]，与长友兮。淑离[丽]不淫，梗（gěng正直）其有理兮。年岁虽少，可师长兮。行比伯夷，置[树立]以为像[榜样]兮。

国殇（shāng）[为国捐躯的人]　屈原（战国）

操吴戈兮被（pī）犀（xī）甲，车错毂（gǔ）兮短兵接。旌蔽日兮敌若云，矢交坠兮士争先。凌[侵犯]余阵兮躐（liè践踏）余行（háng），左骖（cān）殪（yì杀死）兮右刃伤。霾（mái同“埋”）两轮兮絷（zhí绊住）四马，援玉枹（fú）兮击鸣鼓。天时怼（duì怨恨）兮威灵怒，严杀[壮烈地战死]尽兮弃原野。

出不入兮往不反，平原忽兮路超远。带长剑兮挟（xié）秦弓，首身离兮心不惩[悔恨]。诚既勇兮又以武，终刚强兮不可凌。身既死兮神以灵，魂魄毅兮为鬼雄！

涉江　屈原（战国）

余幼好此奇服兮，年既老而不衰。带长铗（jiá）之陆离兮，冠切云之崔嵬（wéi）。被明月兮佩宝璐。世溷（hùn）浊而莫余知兮，吾方高驰而不顾。驾青虬兮骖（cān）白螭（chī），吾与重华[帝舜]游兮瑶[美玉]之圃。登昆仑兮食玉英，与天地兮比寿，与日月兮齐光。哀南夷之莫吾知兮，旦余济乎江湘。乘鄂渚（zhǔ）而反顾[回头看]兮，欸（āi）秋冬之绪风。步余马兮山皋，邸（dǐ抵）余车兮方林。乘舲（líng）船余上沅（yuán）兮，齐吴榜[船桨]以击汰（tài水波）。船容与[缓慢]而不进兮，淹[停留]回水而疑滞。朝发枉陼（zhǔ）兮，夕宿辰阳。苟余心其端直兮，虽僻远之何伤。入溆（xù）浦（pǔ）余儃（chán）佪（huái）[徘徊]兮，迷不知吾所如[到]。深林杳以冥冥兮，猿狖（yòu）之所居。山峻高以蔽日兮，下幽晦以多雨。霰（xiàn雪珠）雪纷其无垠兮，云霏霏而承宇[天空]。

哀吾生之无乐兮，幽独处乎山中。吾不能变心以从俗兮，固将愁苦而终穷。 接舆髡（kūn）首[剃发]兮，桑扈（hù）臝（luǒ裸）行。忠不必用兮，贤不必以[用]。伍子逢殃兮，比干菹（zū）醢（hǎi）[将人踩成肉酱]。与前世而皆然兮，吾又何怨乎今之人？余将董道[坚守正道]而不豫兮，固将重昏而终身！

乱曰：鸾鸟凤凰，日以远兮。燕雀乌鹊，巢堂坛兮。露申辛夷，死林薄兮。腥（xīng）臊（sāo）并御，芳不得薄[靠近]兮。阴阳易位，时不当兮。怀信侘（chà）傺（chì）[惆怅失意]，忽乎吾将行兮！

山鬼　屈原（战国）

若有人兮山之阿（ē山隈），被[披]薜荔兮带女罗。既含睇（dì微视）兮又宜笑，子慕予兮善窈窕。乘赤豹兮从文[花纹]狸，辛夷车兮结桂旗。被石兰兮带杜衡，折芳馨兮遗（wèi赠）所思。余处幽篁[竹]兮终不见天，路险难兮独后来。

表独立兮山之上，云容容[溶溶]兮而在下。杳冥冥兮羌昼晦，东风飘兮神灵雨。留灵修[神女]兮憺（dàn安乐）忘归，岁既晏[晚]兮孰华予。采三秀兮于山间，石磊磊兮葛蔓蔓。怨公子[神女]兮怅忘归，君思我兮不得闲。

山中人兮芳杜若，饮石泉兮荫松柏。君思我兮然疑作[起]。雷填填兮雨冥冥，猿啾啾兮狖夜鸣。风飒飒兮木萧萧，思公子兮徒离[罹]忧。

离骚（节选）　屈原（战国）

帝高阳之苗裔（yì）兮，朕[我]皇[大]考[已故父亲]曰伯庸。摄提贞[正当]于孟陬（zōu）[正月]兮，唯庚寅吾以降。皇览揆（kuí揣测）余初度兮，肇（zhào开始）锡[赐]余以嘉名：名余曰正则兮，字余曰灵均。

纷吾既有此内美兮，又重（chóng）之以修能。扈（hù披）江离与辟芷兮，纫秋兰以为佩。汩（yù迅疾的样子）余若将不及兮，恐年岁之不吾与。朝搴（qiān摘）阰（pí山坡）之木兰兮，夕揽洲之宿莽。日月忽其不淹[停留]兮，春与秋其代序。唯草木之零落兮，恐美人之迟暮。不抚壮而弃秽兮，何不改乎此度？乘骐骥以驰骋兮，来吾道夫先路！

昔三后之纯粹兮，固众芳之所在。杂申椒与菌桂兮，岂维纫夫蕙（huì）茝（chǎi）？彼尧舜之耿介兮，既遵道而得路。何桀纣之猖（chāng）披兮，夫唯捷径以窘步。唯夫党人之偷乐兮，路幽昧以险隘。岂余身之惮（dàn害怕）殃兮，恐皇舆[国家]之败绩。忽奔走以先后兮，及前王之踵（zhǒng）武。荃（quán）[君王]不察余之中情兮，反信谗而齌（jì）怒。余固知謇謇（jiǎn正直的言谈）之为患兮，忍而不能舍也。指九天以为正兮，夫唯灵修[君王]之故也。初既与余成言兮，后悔遁而有他。余既不难夫离别兮，伤灵修之数化。

上邪　汉乐府

上[天]邪！我欲与君相知，长命无绝衰。山无陵[山峰]，江水为竭，冬雷震震，夏雨（yù下）雪，天地合，乃[才]敢与君绝！

饮马长城窟行　汉乐府

青青河边草，绵绵思远道。远道不可思，夙（sù）昔[昨夜]梦见之。梦见在我旁，忽觉在他乡。他乡各异县，展转[辗转]不可见。枯桑知天风，海水知天寒。入门各自媚[爱]，谁肯相为言[问讯]？客从远方来，遗（wèi送）我双鲤鱼[函]，呼儿烹鲤鱼，中有尺素书[信]。长跪读素书，书中竟何如？上言加餐饭，下言长相忆。

东门行　《乐府诗集》

出东门，不顾[念]归。来入门，怅欲悲。盎（àng陶器）中无斗米储，还视架上无悬衣。拔剑东门去，舍中儿母牵衣啼："他家[别人家]但愿富贵，贱妾与君共哺（bǔ吃）糜（mí粥）。上用[为了]仓浪天[苍天]故，下当用此黄口儿[幼儿]。今非！""咄！行！吾去为迟[晚]！白发时下[脱落]难久居。"

有所思 《乐府诗集》

有所思[思念的人]，乃在大海南。何用问遗君，双珠玳瑁簪，用玉绍缭[缠绕]之。闻君有他心，拉杂摧烧之。摧烧之，当风扬其灰。从今以往，勿复相思，相思与君绝[断绝]！鸡鸣狗吠，兄嫂当知之。妃呼豨（xī）！秋风肃肃晨风[鸟名]飔（sī飞），东方须臾高（hào皓）知之。

西洲曲 《乐府诗集》

忆梅下[落]西洲，折梅寄江北。单衫杏子红，双鬓鸦雏色。西洲在何处？两桨桥头渡。日暮伯劳飞，风吹乌臼（桕）树。树下即门前，门中露翠钿。开门郎不至，出门采红莲。采莲南塘秋，莲花过人头。低头弄莲子，莲子清如水。置莲怀袖中，莲心彻底红。忆郎郎不至，仰首望飞鸿。鸿飞满西洲，望郎上青楼。楼高望不见，尽日栏杆头。栏杆十二曲，垂手明如玉。卷帘天自高，海水摇空绿。海水梦悠悠，君愁我亦愁。南风知我意，吹梦到西洲。

迢迢牵牛星 《古诗十九首》

迢迢牵牛星，皎皎河汉女。纤纤（xiān）擢（zhuó拔出）素手，札札弄机杼。终日不成章，泣涕（tì眼泪）零[落]如雨。河汉清且浅，相去[距]复几许？盈盈一水间，脉脉不得语。

行行重行行 《古诗十九首》

行行重（chóng）行行，与君生别离。相去万余里，各在天一涯。道路阻且长，会面安可知。胡马依北风，越鸟巢南枝。相去日已远，衣带日已缓。浮云蔽白日，游子不顾返。思君令人老，岁月忽已晚。弃捐[抛]勿复道[说]，努力加餐饭。

七哀诗（其一） 王粲（三国·魏）

西京乱无象[无体统]，豺虎方遘（gòu构成）患。复弃中国去，委身适荆蛮。亲戚对我悲，朋友相追攀。出门无所见，白骨蔽平原。路有饥妇人，抱子弃草间。顾闻号泣声，挥涕独不还。“未知身死处，何能两相完[保全]？”驱马弃之去，不忍听此言。南登灞陵岸，回首望长安。悟彼《下泉》人，喟然伤心肝。

白马篇 曹植（三国·魏）

白马饰金羁，连翩（piān）西北驰。借问谁家子，幽[幽州]并[并州]游侠儿。少小去乡邑，扬声[名]沙漠垂[陲]。宿昔秉良弓，楛（kǔ）矢何参差。控弦破左的（dì箭靶），右发摧[毁坏]月支[箭靶]。仰手接飞猱，俯身散[射碎]马蹄。狡捷过猴猿，勇剽（piāo）若豹螭（chī）。边城多警急，虏骑数（shuò）迁移。羽檄（xí军事文书）从北来，厉马登高堤。长驱蹈[践踏]匈奴，左顾[看]凌[压制]鲜卑。弃身锋刃端，性命安可怀？父母且不顾，何言子与妻！名编壮士籍，不得中[心里]顾[想着]私[个人私事]。捐躯赴国难，视死忽如归！

咏怀八十二首（其一） 阮籍（三国·魏）

夜中不能寐，起坐弹鸣琴。薄帷鉴明月，清风吹我襟。
孤鸿号外野，翔鸟鸣北林。徘徊将何见？忧思独伤心。

杂诗十二首（其一） 陶渊明（东晋）

人生无根蒂（dì），飘如陌上尘。分散逐风转，此已非常身。落地[刚生下来]为兄弟，何必骨肉亲！得欢当作乐，斗酒聚比[近]邻。盛年不重来，一日难再晨。及时当勉励，岁月不待人。

杂诗十二首（其二） 陶渊明（东晋）

白日沦西阿（ē山岭），素月出东岭。遥遥万里辉，荡荡空中景。风来入房户，中夜枕席冷。气变悟时易[季节变化]，不眠知夕永[夜长]。欲言无予和（hè），挥杯劝孤影。日月掷人去，有志不获骋[大展]。念此怀悲凄，终晓[直到天亮]不能静。

挽歌三首（其三） 陶渊明（东晋）

荒草何茫茫，白杨亦萧萧。严霜九月中，送我出远郊。四面无人居，高坟正嶕（jiāo高）峣（yáo高）。马为仰天鸣，风为自萧条。幽室[坟穴]一已闭，千年不复朝。千年不复朝，贤达无奈何！向来[刚才]相送人，各自还其家。亲戚或余悲，他人亦已歌。死去何所道，托体同山阿（ē山陵）。

登池上楼 谢灵运（东晋）

潜虬（qiú龙）媚幽姿，飞鸿响远音。薄[迫近]霄愧云浮[鸿]，栖（qī）川怍（zuò惭）渊沉[虬]。进德智所拙，退耕力不任。徇（xùn求）禄反穷海，卧疴（kē）对空林。衾（qīn被子）枕昧节候，褰（qiān拉）开暂窥临。倾耳聆波澜，举目眺岖（qū峻）嵚（qīn高）。初景革绪风，新阳改故阴。池塘生春草，园柳变鸣禽。祈祈伤豳（bīn）歌，萋萋感楚吟。索居[离群独居]易永久，离群难处心。持操岂独古，无闷征[证明]在今。

拟行路难（其四） 鲍照（南朝·宋）

泻水置平地，各自东西南北流。人生亦有命，安能行叹复坐愁？酌酒以自宽，举杯断绝歌路难。心非木石岂无感？吞声踯（zhí）躅（zhú）[徘徊不前]不敢言。

拟行路难（其六） 鲍照（南朝·宋）

对案[几]不能食，拔剑击柱长叹息。丈夫生世会几时，安[怎]能蹀（dié）躞（xiè）[小步行走]垂羽翼？弃置罢官去，还家自休息。朝出与亲辞，暮还在亲侧。弄儿床前戏，看妇机中织。自古圣贤尽贫贱，何况我辈孤且直！

晚登三山还望京邑 谢朓（tiǎo）（南朝·齐）

灞（bà）涘（sì）望长安，河阳视京县。白日丽飞甍（méng屋脊），参差皆可见。余霞散成绮（qǐ），澄江静如练。喧鸟覆春洲，杂英满芳甸。去矣方[将]滞淫[久留]，怀[想念]哉罢欢宴。佳期怅何许，泪下如流霰（xiàn雪珠）。有情知望乡，谁能鬒（zhěn黑发）不变？

陆浑山庄 宋之问（唐）

归来物外情，负杖阅岩耕。源水看花入，幽林采药行。
野人相问姓，山鸟自呼名。去去独吾乐，无然[不要]愧此生。

遥同杜员外审言过岭 沈佺期（唐）

天长地阔岭头分，去国离家见白云。
洛浦风光何所似，崇山瘴疠（lì）不堪闻。
南浮涨海人何处，北望衡阳雁几群。
两地江山万余里，何时重谒（yè）圣明君。

春江花月夜 张若虚（唐）

春江潮水连海平，海上明月共潮生。滟（yàn）滟随波千万里，何处春江无月明。江流宛转绕芳甸（diàn原野），月照花林皆似霰（xiàn小冰粒）。空里流霜不觉飞，汀（tīng）上白沙看不见。江天一色无纤（xiān）尘，皎皎空中孤月轮。江畔何人初见月，江月何年初照人？人生代代无穷已，江月年年望相似。不知江月待何人，但[只]见长江送流水。

白云一片去悠悠，青枫浦（pǔ水边）上不胜愁。谁家今夜扁舟子，何处相思明月楼？可怜楼上月徘徊，应照离人[思妇]妆镜台。玉户帘中卷不去，捣衣砧（zhēn）上拂还来。此时相望不相闻，愿逐月华流照君。鸿雁长飞光不度，鱼龙潜跃水成文[纹]。昨夜闲潭梦落花，可怜[惜]春半不还家。江水流春去欲尽，江潭落月复西斜。斜月沉沉藏海雾，碣石潇湘无限路。不知乘月几人归，落月摇情[激荡情思]满江树。

望月怀远　张九龄（唐）

海上生明月，天涯共此时。情人怨遥夜，竟夕[通宵]起相思。
灭烛怜[爱]光满，披衣觉露滋。不堪[能]盈手赠，还寝梦佳期。

感遇（其一）　张九龄（唐）

兰叶春葳（wēi）蕤（ruí），桂华秋皎洁。
欣欣此生意，自尔[自然地]为佳节。
谁知林栖者[隐士]，闻风坐[因而]相悦。
草木有本心，何求美人折。

感遇（其二）　张九龄（唐）

江南有丹橘，经冬犹绿林。岂伊[江南]地气暖，自有岁寒心。可以荐嘉客，奈何阻重深。运命唯所遇，循环不可寻。徒[只]言树桃李，此木岂无阴[树阴]。

听郑五愔（yīn）弹琴　孟浩然（唐）

阮籍推[出]名饮，清风满竹林。半酣下衫袖，拂拭龙唇琴。
一杯弹一曲，不觉夕阳沉。予意在山水，闻之谐[和]夙心。

夜归鹿门歌　孟浩然（唐）

山寺钟鸣昼已昏，渔梁渡头争渡喧。
人随沙岸向江村，余亦乘舟归鹿门。
鹿门月照开烟树，忽到庞公栖隐处。
岩扉松径长寂寥，惟有幽人[诗人]自来去。

山居（其一）　寒山子（唐）

杳杳寒山道，落落冷涧滨。啾啾常有鸟，寂寂更无人。
碛（qì）碛风吹面，纷纷雪积身。朝朝不见日，岁岁不知春。

山居（其二）　寒山子（唐）

自乐平生道，烟萝石洞间。野情多放旷，长伴白云闲。
有路不通世，无心孰可攀。石床孤夜坐，圆月上寒山。

山居秋暝　王维（唐）

空山新[刚]雨后，天气晚来秋。明月松间照，清泉石上流。
竹喧归浣女，莲动下渔舟。随意春芳歇，王孙[诗人]自可留。

积雨辋（wǎng）川庄作　王维（唐）

积雨空林烟火迟，蒸藜（lí）炊黍饷东菑（zī）。
漠漠水田飞白鹭，阴阴夏木啭黄鹂。
山中习静观朝槿，松下清斋折露葵。
野老[诗人]与人争席罢，海鸥何事更相疑。

观猎　王维（唐）

风劲角弓鸣，将军猎渭城。草枯鹰眼疾，雪尽马蹄轻。
忽过新丰市，还归细柳营。回看射雕处，千里暮云平。

归嵩山作　王维（唐）

清川带长薄，车马去闲闲。流水如有意，暮禽相与[一同]还。
荒城临古渡，落日满秋山。迢递[遥远]嵩高下，归来且闭关。

过香积寺　王维（唐）

不知香积寺，数里入云峰。古木无人径，深山何处钟。
泉声咽危石，日色冷青松。薄暮空潭曲，安禅制毒龙[邪念妄想]。

渭川田家　王维（唐）

斜阳照墟落[村庄]，穷巷牛羊归。野老念牧童，倚杖候荆扉。雉（zhì）雊（gòu）麦苗秀，蚕眠桑叶稀。田夫荷锄至，相见语依依。即此羡闲逸，怅然吟式微。

春中田园作　王维（唐）

屋上春鸠鸣，村边杏花白。持斧伐远扬，荷锄觇（chān察看）泉脉。
归燕识故巢，旧人看新历。临觞忽不御[使用]，惆怅思远客。

梦游天姥吟留别　李白（唐）

海客谈瀛（yíng）洲，烟涛微茫信难求；越人语天姥（mǔ），云霞明灭或可睹。天姥连天向天横，势拔[超]五岳掩赤城。天台[山]四万八千丈，对此欲倒东南倾。

我欲因之梦吴越，一夜飞度镜湖月。湖月照我影，送我至剡（shàn）

溪。谢公宿处今尚在，渌（lù清）水荡漾清猿啼。脚著（zhuó）谢公屐（jī鞋），身登青云梯。半壁见海日，空中闻天鸡。千岩万转路不定，迷花倚石忽已暝。熊咆龙吟殷[震响]岩泉，栗（lì）深林兮惊层巅。云青青兮欲雨，水澹（dàn）澹兮生烟。列[裂]缺[闪电]霹雳，丘峦崩摧。洞天石扉，訇（hōng）然中开。青冥[天空]浩荡不见底，日月照耀金银台[仙地]。霓为衣兮风为马，云之君兮纷纷而来下。虎鼓瑟兮鸾（luán）回车，仙之人兮列如麻。忽魂悸（jì惊）以魄动，恍（huǎng恍）惊起而长嗟。惟觉（jué）时之枕席，失向[从前]来之烟霞。

世间行乐亦如此，古来万事东流水。别君去兮何时还，且放白鹿青崖间，须行即骑访名山。安能摧眉[低眉]折腰事权贵，使我不得开心颜！

将进酒　李白（唐）

君不见黄河之水天上来，奔流到海不复回。君不见高堂明镜悲白发，朝如青丝暮成雪。人生得意须尽欢，莫使金樽空对月。天生我材必有用，千金散尽还复来。烹羊宰牛且为乐，会须[应当]一饮三百杯。

岑（cén）夫子，丹丘生，将（qiāng请）进酒，杯莫停。与君歌一曲，请君为我侧耳听：钟鼓馔（zhuàn）玉不足贵，但愿长醉不复醒。古来圣贤皆寂寞，惟有饮者留其名。陈王[曹植]昔时宴平乐[平乐观]，斗酒十千恣欢谑（xuè玩笑）。主人何为言少钱，径须沽（gū买）取对君酌。五花马，千金裘，呼儿将出换美酒，与尔同销[消]万古愁。

南陵别儿童入京　李白（唐）

白酒新熟山中归，黄鸡啄黍秋正肥。呼童烹鸡酌白酒，儿女嬉笑牵人衣。高歌取醉欲自慰，起舞落日争光辉。游说万乘[君主]苦不早，著（zhuó）鞭跨马涉远道。会稽愚妇轻[看不起]买臣[朱买臣]，余亦辞家西入秦。仰天大笑出门去，我辈岂是蓬蒿[草野民间]人。

庐山谣寄卢侍御虚舟 李白（唐）

我本楚狂人，凤歌笑孔丘。手持绿玉杖，朝别黄鹤楼。五岳寻仙不辞远，一生好入名山游。庐山秀出南斗傍，屏风九叠[九叠屏]云锦张，影落明湖青黛光。金阙（què望楼）前开二峰长，银河倒挂三石梁。香炉瀑布遥相望，回崖沓（tà重叠）嶂（zhàng）凌[高出]苍苍。翠影红霞映朝日，鸟飞不到吴天长。登高壮观天地间，大江茫茫去不还。黄云万里动风色，白波九道流雪山。好为庐山谣，兴因庐山发。闲窥石镜清我心，谢公行处苍苔没。早服还丹无世情，琴心三叠道初成。遥见仙人彩云里，手把芙蓉朝玉京。先期汗漫[渺茫不可知：仙人]九垓（gāi）上，愿接卢敖游太清。

丁都护歌 李白（唐）

云阳上征去，两岸饶商贾。吴牛喘月时，拖船一何苦！水浊不可饮，壶浆半成土。一唱督护歌，心摧泪如雨。万人凿磐（pán）石，无由[没有办法]达江浒（hǔ水边）。君看石芒砀（dàng），掩泪悲千古。

下终南山过斛（hú）斯山人宿置酒 李白（唐）

暮从碧山下，山月随人归。却顾[回头看]所来径，苍苍横翠微[青翠的山]。相携及田家，童稚开荆扉。绿竹入幽径，青萝拂行衣。欢言得所憩（qì），美酒聊共挥。长歌吟松风，曲尽河星稀。我醉君复乐，陶然共忘机[世俗的心机]。

金陵酒肆[酒店]留别 李白（唐）

风吹柳花满店香，吴姬[酒店中的侍女]压酒劝客尝。金陵子弟[朋友]来相送，欲行不行各尽觞。请君试问东流水，别意与之谁短长？

长相思（其一） 李白（唐）

长相思，在长安。络纬[昆虫名]秋啼金井阑，微霜凄凄簟（diàn凉席）色寒。孤灯不明思欲绝，卷帷[窗帘]望月空长叹。美人如花隔云端！上有青冥之长天，下有渌（lù）水之波澜。天长路远魂飞苦，梦魂不到关山难。长相思，摧[伤]心肝！

长相思（其二） 李白（唐）

日色欲尽花含烟，月明欲素愁不眠。赵瑟初停凤凰柱，蜀琴欲奏鸳鸯弦。此曲有意无人传，愿随春风寄燕然。忆君迢迢隔青天，昔日横波目，今作流泪泉。不信妾断肠，归来看取明镜前。

草书歌行 李白（唐）

少年上人[僧]号怀素，草书天下称独步。墨池飞出北溟鱼，笔锋杀尽中山兔。八月九月天气凉，酒徒词客满高堂。笺麻[纸]素[精白织品]绢[中下等织品]排数箱，宣州石砚墨色光。吾师醉后倚绳床，须臾扫尽数千张。飘风骤雨惊飒飒，落花飞雪何茫茫！起来向壁不停手，一行数字大如斗。恍（huǎng隐约）恍如闻神鬼惊，时时只见龙蛇走。左盘右蹙（cù收）如惊电，状同楚汉相攻战。湖南七郡凡几家，家家屏障书题遍。王逸少，张伯英，古来几许浪得名。张颠[张旭]老死不足数，我师此义不师古。古来万事贵天生，何必要公孙大娘浑脱舞。

关山月 李白（唐）

明月出天山，苍茫云海间。长风几万里，吹度玉门关。汉下白登道，胡窥青海湾。由来征战地，不见有人还。戍客望边邑，思归多苦颜。高楼当此夜，叹息未应闲。

忆秦娥　李白（唐）

箫声咽，秦娥梦断秦楼月。秦楼月，年年柳色，灞陵伤别。　乐游原上清秋节，咸阳古道音尘绝。音尘绝，西风残照，汉家陵阙。

菩萨蛮　李白（唐）

平林漠漠烟如织，寒山一带伤心碧。暝色入高楼，有人楼上愁。　玉阶空伫立，宿鸟归飞急。何处是归程？长亭连短亭。

上[呈上]李邕（yōng）　李白（唐）

大鹏一日同风起，扶摇直上九万里。
假令风歇时下来，犹能簸却[激起]沧溟水。
世人见我恒[常]殊调，闻余大言皆冷笑。
宣父[孔子]犹能畏后生，丈夫未可轻年少。

春思　李白（唐）

燕草如碧丝，秦桑低绿枝。当君怀归日，是妾断肠时。春风不相识，何事入罗帏（wéi）。

燕歌行　高适（唐）

开元二十六年，客有从御史大夫张公出塞而还者，作《燕歌行》以示，适感征戍之事，因而和焉。

汉家[汉朝]烟尘[战争]在东北，汉将辞家破残贼。男儿本自重横行，天子非常赐颜色。摐（chuāng撞击）金伐[击]鼓下榆关，旌旆（pèi）[旗帜]逶（wēi）迤（yí）碣石间。校尉[武官]羽书飞瀚海[沙漠]，单于猎火照狼山。山川萧条极边土，胡骑凭陵杂风雨。战士军前半死生，美人帐下犹歌舞。大漠穷秋塞草腓（féi枯萎），孤城落日斗兵稀。身当恩遇常轻敌，力尽关山未解围。铁衣远戍辛勤久，玉箸应啼别离后。少妇城南欲断肠，征人蓟（jì）北空回首。边庭飘颻（yáo）那可度，绝域[更遥远的边陲]苍茫更何有。杀气三时作阵云，寒声一夜传刁斗。相看白刃血纷纷，死节从来岂顾勋。君不见沙场征战苦，至今犹忆李将军。

蓟（jì）中作　高适（唐）

策马自沙漠，长驱登塞垣（yuán）。边城何萧条，白日黄云昏。一到征战处，每愁胡虏翻。岂无安边书，诸将已承恩。惆怅孙[孙膑]吴[吴起]事，归来独闭门。

田家杂兴八首（其二）　储光羲（唐）

众人耻贫贱，相与[一起]尚膏（gāo）腴（yú）。我情既浩荡，所乐在畋（tián打猎和耕种）渔。山泽时晦（huì）暝，归家暂闲居。满园植葵藿（huò），绕屋树桑榆。禽雀知我闲，翔集依我庐。所愿在优游，州县莫相呼。日与南山老，兀（wù傲）然倾一壶。

长沙过贾谊宅　刘长卿（唐）

三年谪宦此栖迟[淹留]，万古惟留楚客悲。
秋草独寻人去后，寒林空见日斜时。
汉文[帝]有道恩犹薄，湘水无情吊岂知。
寂寂江山摇落处，怜君何事到天涯。

省试湘灵鼓瑟　钱起（唐）

善鼓云和瑟，常闻帝子灵。冯夷空自舞，楚客不堪听。苦调凄金石，清音入杳冥。苍梧来怨慕，白芷动芳馨。流水传潇浦，悲风过洞庭。曲终人不见，江上数峰青。

阙[缺]题　刘慎虚（唐）

道由白云尽，春与青溪长。时有落花至，远随流水香。
闲门向山路，深柳读书堂。幽映每白日，清辉照衣裳。

月夜　杜甫（唐）

今夜鄜（fū）州月，闺中只独看。遥怜小儿女，未解[懂]忆长安。
香雾云鬟（huán）湿，清辉玉臂寒。何时倚虚幌，双照泪痕干。

蜀相　杜甫（唐）

丞相祠堂何处寻？锦官城外柏森森。
映阶碧草自春色，隔叶黄鹂空好音。
三顾频繁天下计，两朝开济老臣心。
出师未捷身先死，长使英雄泪满襟。

登岳阳楼　杜甫（唐）

昔闻洞庭水，今上岳阳楼。吴楚东南坼（chè分），乾坤日夜浮。
亲朋无一字，老病有孤舟。戎马关山北，凭轩涕泗[鼻涕]流。

旅夜书怀　杜甫（唐）

细草微风岸，危[高]樯独夜舟。星垂平野阔，月涌大江流。
名岂文章著？官应老病休。飘飘何所似？天地一沙鸥。

客至　杜甫（唐）

舍[家]南舍北皆春水，但见群鸥日日来。
花径不曾缘客扫，蓬门今始[才]为君开。
盘飧（sūn）市远无兼味，樽酒家贫只旧醅（pēi）。
肯与邻翁相对饮，隔篱呼取尽余杯。

阁夜 杜甫（唐）

岁暮阴阳催短景（yǐng），天涯霜雪霁寒宵。
五更鼓角声悲壮，三峡星河影动摇。
野哭千家闻战伐，夷歌数处起渔樵。
卧龙跃马终黄土，人事音书漫[徒]寂寥。

饮中八仙歌 杜甫（唐）

知章骑马似乘船，眼花落井水底眠。汝阳[李琎]三斗始[才]朝[朝见]天[天子]，道逢曲（qū酒曲）车口流涎（xián口水），恨[遗憾]不移封向酒泉。左相[李适之]日兴[兴起]费万钱，饮如长鲸吸百川，衔杯乐圣称避贤。宗之[崔宗之]潇洒美少年，举觞[大酒杯]白眼望青天，皎如玉树临风前。苏晋长斋[斋戒]绣佛前，醉中往往爱逃禅。李白一斗诗百篇，长安市上酒家眠[醉眠]，天子呼来不上船，自称臣是酒中仙。张旭三杯草圣传，脱帽露顶王公前，挥毫落纸如云烟。焦遂五斗方[才]卓然，高谈雄辩惊四筵。

哀江头 杜甫（唐）

少陵野老[杜甫]吞声哭，春日潜[偷偷地]行曲江曲。江头宫殿锁千门，细柳新蒲为谁绿？忆昔霓旌[天子之旗]下南苑，苑中万物生颜色。昭阳殿里第一人，同辇（niǎn）随君侍君侧。辇前才人带弓箭，白马嚼（jué）啮（niè）黄金勒。翻身向天仰射云，一笑正坠双飞翼。明眸（móu）皓齿今何在？血污游魂归不得！清渭东流剑阁深，去住彼此[唐玄宗、杨贵妃]无消息。人生有情泪沾臆（yì），江草江花岂终极[穷尽]？黄昏胡骑尘满城，欲往城南望城北。

兵车行 杜甫（唐）

车辚（lín）辚，马萧萧，行人[士兵]弓箭各在腰。耶（yé爷）娘妻子走相送，尘埃不见咸阳桥。牵衣顿足拦道哭，哭声直上干[冲]云霄。

道旁过者问行人，行人但云[只说]点行频。或[有的人]从十五北防河，便至四十西营田。去时里正与裹头，归来头白还戍边。边庭[边疆]流血成海水，武皇开边[开拓边疆]意未已。君不闻汉家山东二百州，千村万落生荆杞（qǐ）。纵有健妇把锄犁，禾生陇（lǒng垄）亩无东西。况复秦兵耐苦战，被驱不异犬与鸡。

长者[杜甫]虽有问，役夫敢伸恨？且如今年冬，未休关西卒。县官急索租，租税从何出？信知生男恶，反是生女好。生女犹得嫁比邻[近邻]，生男埋没随百草。君不见青海头，古来白骨无人收，新鬼烦冤旧鬼哭，天阴雨湿声啾（jiū）啾。

赠卫八处士[隐士]　杜甫（唐）

人生不相见，动如参（shēn）与商。今夕复何夕，共此灯烛光！少壮能几时？鬓发各已苍！访旧半为鬼，惊呼热中肠。焉知二十载，重上君子堂。昔别君未婚，儿女忽成行。怡然敬父执，问我来何方？问答乃未已，驱儿罗酒浆。夜雨剪春韭，新炊间黄粱。主称会面难，一举累[接连]十觞。十觞亦不醉，感子故意[情]长。明日隔山岳，世事两茫茫。

梦李白（其二）　杜甫（唐）

浮云终日行，游子[李白]久不至。三夜频梦君，情亲见君意。告归[辞别]常局促[不安]，苦道来不易。江湖多风波，舟楫（jí）恐失坠。出门搔白首，若负平生志。冠盖[达官]满京华，斯人独憔悴。孰云网恢恢，将老身反累。千秋万岁名，寂寞身后事。

后出塞五首（其一）　杜甫（唐）

男儿生世间，及壮当封侯。战伐有功业，焉能守旧丘[老家]？召募赴蓟（jì）门，军动不可留。千金买马鞍，百金装刀头。闾里[乡亲们]送我行，亲戚拥道周[道边]。斑白[老人]居上列，酒酣进庶羞[菜肴]。少年别有赠，含笑看吴钩[吴王阖闾所作之刀]。

胡笳歌送颜真卿使赴河陇　岑参（唐）

君不闻胡笳声最悲？紫髯（rán）绿眼胡人吹。吹之一曲犹未了，愁杀楼兰征戍儿。凉秋八月萧关道，北风吹断天山草。昆仑山南月欲斜，胡人向月吹胡笳。胡笳怨兮将送君，秦山[终南山]遥望陇山云。边城夜夜多愁梦，向月胡笳谁喜闻？

热海行送崔侍御还京　岑参（唐）

侧闻[从旁听说]阴山胡儿语，西头[西方的尽头]热海[伊塞克湖]水如煮。海上众鸟不敢飞，中有鲤鱼长且肥。岸旁青草长不歇，空中白雪遥旋灭。蒸沙烁[熔]石燃虏云，沸浪炎波煎汉月。阴火潜烧天地炉，何事偏烘西一隅？势吞月窟侵太白，气连赤坂[山]通单于。送君一醉天山郭，正见夕阳海边落。柏台[御史台]霜威寒逼人，热海炎气为之薄。

游终南山　孟郊（唐）

南山塞天地，日月石上生。高峰夜留景，深谷昼未明。山中人自正，路险心亦平。长风驱松柏，声拂万壑清。到此悔读书，朝朝近浮名。

节妇吟　张籍（唐）

君知妾有夫，赠妾双明珠。感君缠绵意，系在红罗襦（rú短袄）。妾家高楼连苑起，良人执戟（jǐ）明光里。知君用心如日月，事[侍奉]夫誓拟同生死。还君明珠双泪垂，何不相逢未嫁时。

近试上张籍水部　朱庆馀（唐）

洞房昨夜停红烛，待晓堂前拜舅姑[公婆]。
妆罢低声问夫婿，画眉深浅入时无[吗]？

醉留东野　韩愈（唐）

昔年因读李白杜甫诗，长恨[遗憾]二人不相从。吾与东野[孟郊]生并世，如何复蹑二子踪。东野不得官，白首夸[号称]龙钟。韩子稍奸黠，自惭青蒿[小草]倚长松。低头拜东野，原得终始如駏（jù）蛩（qióng）。东野不回头，有如寸筳（tíng小竹枝）撞巨钟。吾愿身为云，东野变为龙。四方上下逐东野，虽有离别无由逢。

听颖师弹琴　韩愈（唐）

昵（nì）昵儿女语，恩怨相尔汝。划然变轩昂，勇士赴敌场。浮云柳絮无根蒂，天地阔远随飞扬。喧啾百鸟群，忽见孤凤凰。跻（jī）攀分寸不可上，失势一落千丈强。嗟余有两耳，未省[懂]听丝篁。自闻颖师弹，起坐在一旁。推手遽（jù急忙）止之，湿衣泪滂滂。颖[颖师]乎尔诚[确实]能，无以冰炭置我肠！

轻肥　白居易（唐）

意气骄满路，鞍马光照尘。借问何为者？人称是内臣。朱绂（fú系印丝绳）皆大夫，紫绶（shòu系印丝绳）或将军。夸赴军中宴，走马去如云。樽罍（léi）溢九酝，水陆罗八珍。果擘（bāi）洞庭橘，脍（kuài鱼肉）切天池[海]鳞。食饱心自若，酒酣气益振。是岁江南旱，衢（qú）州人食人！

卖炭翁　白居易（唐）

卖炭翁，伐薪[柴]烧炭南山中。满面尘灰烟火色，两鬓苍苍十指黑。卖炭得钱何所营？身上衣裳口中食。可怜身上衣正单，心忧炭贱愿天寒。夜来城外一尺雪，晓驾炭车辗（niǎn碾）冰辙。牛困人饥日已高，市南门外泥中歇。翩翩两骑（jì）来是谁？黄衣使者[太监]白衫儿[爪牙]。手把文书口称敕（chì诏书），回车叱（chì）牛牵向北。一车炭，千余斤，宫使驱将惜[舍]不得。半匹红绡一丈绫，系向牛头充炭直[值]。

长恨歌 白居易（唐）

汉皇[唐玄宗]重色思倾国[绝色女子]，御宇[驾御宇内]多年求不得。杨家有女初长成，养在深闺人未识。天生丽质难自弃，一朝选在君王侧。回眸一笑百媚生，六宫粉黛无颜色。春寒赐浴华清池，温泉水滑洗凝脂。侍儿[宫女]扶起娇无力，始是新[刚]承恩泽时。云鬓花颜金步摇，芙蓉帐暖度春宵。春宵苦短日高起，从此君王不早朝。承欢侍宴无闲暇，春从春游夜专夜。后宫佳丽三千人，三千宠爱在一身。金屋妆成娇侍夜，玉楼宴罢醉和春。姊（zǐ）妹弟兄皆列土，可怜光彩生门户。遂令天下父母心，不重生男重生女。骊宫[华清宫]高处入青云，仙乐风飘处处闻。缓歌慢舞凝丝竹，尽日君王看不足。渔阳鼙（pí）鼓动地来，惊破霓裳羽衣曲。

九重城阙（què）[长安]烟尘[战事]生，千乘万骑西南行。翠华摇摇行复止，西出都门百余里。六军不发无奈何，宛转[哀怨缠绵]蛾眉马前死。花钿（diàn）委[丢弃]地无人收，翠翘金雀玉搔头。君王掩面救不得，回看血泪相和流。黄埃散漫风萧索，云栈（zhàn）萦纡（yū）登剑阁。峨嵋山下少人行，旌旗无光日色薄。蜀江水碧蜀山青，圣主朝朝暮暮情。行宫见月伤心色，夜雨闻铃肠断声。

天旋日转[时局好转]回龙驭，到此踌躇不能去。马嵬（wéi）坡下泥土中，不见玉颜空死处。君臣相顾尽沾衣，东望都门信马归。

归来池苑皆依旧，太液[池]芙蓉未央[宫]柳。芙蓉如面柳如眉，对此如何不泪垂？春风桃李花开夜，秋雨梧桐叶落时。西宫南苑多秋草，落叶满阶红不扫。梨园弟子白发新，椒（jiāo）房阿监[侍从女官]青娥[年轻的宫女]老。夕殿萤飞思悄然，孤灯挑尽未成眠。迟迟钟鼓初长夜，耿耿[微明]星河欲曙天。鸳鸯瓦冷霜华重，翡翠衾（qīn）寒谁与共。悠悠生死别经年，魂魄不曾来入梦。

临邛（qióng）道士鸿都客，能以精诚致魂魄。为感君王辗转思，遂教方士殷勤觅。排空驭气奔如电，升天入地求之遍。上穷[穷尽]碧落[天界]下黄泉，两处茫茫皆不见。忽闻海上有仙山，山在虚无缥渺间。楼阁玲珑五云起，其中绰约多仙子。中有一人字太真，雪肤花貌参差[差不多]是。金阙西厢叩玉扃（jiōng门），转教小玉报双成。闻道汉家天子使，九华帐里梦魂惊。揽衣推枕起徘徊，珠箔（bó）银屏迤（yǐ）逦（lǐ）

开。云鬓半偏新睡觉[醒]，花冠不整下堂来。风吹仙袂（mèi）飘飖（yáo飘扬）举，犹似霓裳羽衣舞。玉容寂寞泪阑干[纵横交错]，梨花一枝春带雨。含情凝睇（dì视）谢君王，一别音容两渺茫。昭阳殿里恩爱绝，蓬莱宫中日月长。回头下望人寰（huán）处，不见长安见尘雾。惟将旧物表深情，钿合金钗（chāi）寄将去。钗留一股合一扇，钗擘（bāi分开）黄金合分钿。但令心似金钿坚，天上人间会相见。临别殷勤重寄词，词中有誓两心知。七月七日长生殿，夜半无人私语时。在天愿作比翼鸟，在地愿为连理枝。天长地久有时尽，此恨[遗憾]绵绵无绝期。

放言（其三）　白居易（唐）

赠君一法决狐疑，不用钻龟与祝蓍（shī）。
试玉要烧三日满，辨材[木]须待七年期。
周公恐惧流言日，王莽谦恭未篡时。
向使[假如]当初身便死，一生真伪复谁知？

西塞山怀古　刘禹锡（唐）

王濬（jùn）楼船下益州，金陵王气黯然收。
千寻铁锁沉江底，一片降幡出石头[城]。
人世几回伤往事，山形依旧枕[靠]寒流。
今逢四海为家日，故垒萧萧芦荻秋。

汉寿城春望　刘禹锡（唐）

汉寿城边野草春，荒祠古墓对荆榛（zhēn）。
田中牧竖烧刍狗，陌上行人看石麟。
华表半空经霹雳，碑文才见满埃尘。
不知何日东瀛（yíng）变，此地还成要路津。

登柳州城楼寄漳汀封连四州　柳宗元（唐）

城上高楼接大荒，海天愁思正茫茫。
惊风乱飐（zhǎn）芙蓉水，密雨斜侵薜荔墙。
岭树重遮千里目，江流曲似九回肠。
共来百越文[纹]身地，犹自音书滞一乡。

渔翁　柳宗元（唐）

渔翁夜傍西岩宿，晓汲（jí）清湘燃楚竹。
烟消日出不见人，欸（ǎi）乃一声山水绿。
回看天际下中流，岩上无心云相逐。

题李凝幽居　贾岛（唐）

闲居少邻并，草径入荒园。鸟宿池边树，僧敲月下门。
过桥分野色，移石动云根。暂去还来此，幽期不负言。

雪晴晚望　贾岛（唐）

倚杖望晴雪，溪云几万重。樵人归白屋，寒日下危峰。
野火烧冈草，断烟生石松。却回山寺路，闻打暮天钟。

咸阳城西楼晚眺　许浑（唐）

一上高城万里愁，蒹葭杨柳似汀洲。
溪云初起日沉阁，山雨欲来风满楼。
鸟下绿芜秦苑夕，蝉鸣黄叶汉宫秋。
行人莫问当年事，故国东来渭水流。

李凭箜篌引 李贺（唐）

吴丝蜀桐张高秋，空山凝云颓不流。江娥啼竹素女愁，李凭中国[京城]弹箜篌。昆山玉碎凤凰叫，芙蓉泣露香兰笑。十二门前融冷光，二十三丝动紫皇[皇帝]。女娲炼石补天处，石破天惊逗[引]秋雨。梦入神山教神妪，老鱼跳波瘦蛟舞。吴质不眠倚桂树，露脚斜飞湿寒兔。

金铜仙人辞汉歌 李贺（唐）

茂陵刘郎[刘彻]秋风客，夜闻马嘶晓无迹。画栏[彩绘栏杆]桂树悬秋香，三十六宫土花[青苔]碧。魏官牵车指千里，东关酸风射眸子。空将汉月[承露盘]出宫门，忆君清泪如铅水。衰兰送客[铜人]咸阳道，天若有情天亦老。携盘独出月荒凉，渭城已远波声小。

梦天 李贺（唐）

老兔寒蟾泣天色，云楼半开壁斜白。
玉轮轧露湿团光，鸾珮[仙女]相逢桂香陌。
黄尘清水三山下，更变千年如走马。
遥望齐州[中州]九点烟，一泓海水杯中泻。

早雁 杜牧（唐）

金河秋半[八月]虏弦开，云外惊飞四散哀。
仙掌月明孤影过，长门灯暗数声来。
须知胡骑纷纷在，岂逐春风一一回？
莫厌[嫌]潇湘少人处，水多菰（gū）米岸莓苔。

更漏子 温庭筠（唐）

玉炉香，红烛泪，偏照画堂秋思。眉翠薄，鬓云残，夜长衾枕寒。梧桐树，三更雨，不道[不管]离情正苦。一叶叶，一声声，空阶滴到明。

菩萨蛮 温庭筠（唐）

小山重叠金明灭，鬓云欲度[掩]香腮雪。懒起画蛾眉，弄妆梳洗迟。　照花前后镜，花面交相映。新贴绣罗襦（rú短袄），双双金鹧（zhè）鸪（gū）。

过陈琳墓 温庭筠（唐）

曾于青史见遗文，今日飘蓬过古坟。
词客有灵应识我，霸才无主独怜[怜慕]君。
石麟埋没藏春草，铜雀荒凉对暮云。
莫怪临风倍[倍感]惆怅，欲将书剑学从军。

无题 李商隐（唐）

昨夜星辰昨夜风，画楼西畔桂堂东。
身无彩凤双飞翼，心有灵犀（xī）一点通。
隔座送钩春酒暖，分曹[组]射覆蜡灯红。
嗟[叹]余听鼓应官去，走马兰台类转蓬。

晚晴 李商隐（唐）

深居俯[俯瞰]夹城，春去夏犹清。天意怜[怜爱]幽草，人间重晚晴。
并添高阁迥，微注小窗明。越鸟巢干[晒干]后，归飞体更轻。

女冠子 韦庄（唐）

四月十七日，正是去年今日，别君时。忍泪佯（yáng）低面，含羞半敛眉。不知魂已断，空有梦相随。除却[除了]天边月，没人知。

菩萨蛮　韦庄（唐）

人人尽说江南好，游人只合[应]江南老[老去]。春水碧于天，画船听雨眠。　　垆（lú）边人[卖酒的女子]似月，皓[白]腕凝霜雪。未老莫还乡，还乡须断肠。

杏花村　无名氏（唐）

二月春风吹杨柳，吹乱心中几多愁。
料知此愁年年有，依旧相约风雨后。
杏花村里杏花酒，风雨声中风雨楼。
不见鸿雁传书来，只见伊人泪长流。

虞美人　李煜（后唐）

春花秋月何时了[了结]？往事知多少。小楼昨夜又东风，故国不堪[忍]回首月明中。　　雕栏玉砌（qì台阶）应犹在，只是朱颜[人的容颜]改。问君能有几多愁？恰似一江春水向东流。

浪淘沙　李煜（后唐）

窗外雨潺（chán）潺，春意阑珊[凋残]，罗衾不耐五更寒。梦里不知身是客，一晌（shǎng）[一会儿]贪欢。　　独自莫凭栏，无限江山，别时容易见时难。流水落花春去也，天上人间。

山园小梅　林逋（北宋）

众芳摇落独暄妍（yán美），占尽风情向小园。
疏影横斜水清浅，暗香浮动月黄昏。
霜禽欲下先偷[暗]眼，粉蝶如知合断魂。
幸有微吟可相狎[亲]，不须檀板共金樽。

蝶恋花 柳永（北宋）

伫倚危[高]楼风细细，望极春愁，黯黯生天际。草色烟光残照里，无言谁会[理解]凭阑意。　　拟把[打算]疏[粗疏]狂[狂放]图一醉，对酒当歌，强乐还无味。衣带渐宽终不悔，为伊[她]消得人憔悴。

蝶恋花 晏殊（北宋）

槛（jiàn栏杆）菊愁烟兰泣露，罗幕轻寒，燕子双飞去。明月不谙（ān了解）离恨苦，斜光到晓穿朱户。　　昨夜西风凋碧树，独上高楼，望尽天涯路。欲寄彩笺（jiān信笺）兼尺素[书信]，山长水阔知何处。

渔家傲 晏殊（北宋）

画[有彩绘]鼓声中昏[天黑]又晓[天明]，时光只解[懂]催人老。求得浅欢风日好，齐揭调[放声歌唱]，神仙一曲渔家傲。　　绿水悠悠天杳杳，浮[虚浮无定]生岂得长（cháng）年少（shào）。莫惜醉来开口笑，须信道，人间万事何时了。

踏莎行 晏殊（北宋）

小径红[花]稀，芳郊绿遍，高台树色阴阴见。春风不解[懂]禁[约束]杨花，蒙蒙乱扑行人面。　　翠叶藏莺，朱帘隔燕，炉香静逐游丝转。一场愁梦酒醒时，斜阳却照深深院。

玉楼春 宋祁（北宋）

东城渐觉风光好，縠（hú纱）皱波纹迎客棹。
绿杨烟外晓寒轻，红杏枝头春意闹。
浮[虚浮无定]生长恨欢娱少，肯爱千金轻一笑。
为君持酒劝斜阳，且向花间留晚照。

明志诗　包拯（北宋）

清心为治[治身]本，直道是身谋。秀干终成栋，精钢不作钩。
仓充鼠雀喜，草尽兔狐愁。史册有遗训，勿贻[留]来者羞[羞耻]。

生查子·元夕　欧阳修（北宋）

去年元夜时，花市灯如昼。月上柳梢头，人约黄昏后。　今年元夜时，月与灯依旧。不见去年人，泪湿春衫袖。

桂枝香·金陵怀古　王安石（北宋）

登[登山]临[临水]送目，正故国[金陵]晚秋，天气初肃。千里澄江似练，翠峰如簇（cù）。征帆去棹（zhào）[来往的船]残阳里，背西风酒旗斜矗（chù）。彩舟云淡，星河鹭起，画图难足[完美地表现]。　念往昔繁华竞逐，叹门外楼头，悲恨相续。千古凭高对此，漫[空]嗟[叹]荣辱。六朝旧事随流水，但[只]寒烟衰草凝绿。至今商女，时时犹唱，后庭遗曲。

临江仙　晏几道（北宋）

梦后楼台高锁，酒醒帘幕低垂。去年春恨却来[又来]时。落花人独立，微雨燕双飞。　记得小苹[歌女名]初见，两重心字[心心]罗衣[轻软丝织品制成的衣服]。琵琶弦上说相思。当时明月在，曾照彩云归。

和子由渑池怀旧　苏轼（北宋）

人生到处知何似？应似飞鸿踏雪泥。
泥上偶然留指爪，鸿飞哪复计[考虑]东西。
老僧已死成新塔，坏壁无由见旧题。
往日崎岖还记否？路长人困蹇（jiǎn）驴嘶。

水调歌头·黄州快哉亭赠张偓（wò）佺　苏轼（北宋）

落日绣帘卷[卷起]，亭下水连空。知君为我新作[建]，窗户湿青红[油漆未干]。长记平山堂上，欹（qī斜）枕江南烟雨，杳杳没孤鸿。认得醉翁语："山色有无中。"　一千顷，都（dū凡）镜净，倒碧峰。忽然浪起，掀舞一叶白头翁。堪[可]笑兰台公子，未解庄生天籁，刚[硬]道[说]有雌雄。一点浩然气，千里快哉风。

江城子·乙卯正月二十日夜记梦　苏轼（北宋）

十年生死两茫茫，不思量，自难忘。千里孤坟，无处话凄凉。纵使相逢应不识，尘满面[年老憔悴]，鬓如霜。　夜来幽梦忽还乡，小轩窗，正梳妆。相顾[看]无言，惟有泪千行。料[料想]得年年断肠处，明月夜，短[矮]松冈。

新城道中（其一）　苏轼（北宋）

东风知我欲山行，吹断檐间积雨声。岭上晴云披絮帽[丝绵帽子]，树头初日挂铜钲（zhēng锣）。　野桃含笑竹篱短，溪柳自摇沙水清。西崦（yān山）人家应最乐，煮芹烧笋饷春耕。

登快阁　黄庭坚（北宋）

痴儿[作者]了却公家事，快阁东西倚晚晴。落木千山天远大，澄江[赣江]一道月分明。朱弦已为佳人绝，青眼[阮籍]聊[姑且]因美酒横。万里归船弄长笛，此心吾与白鸥盟。

卜算子　李之仪（北宋）

我住长江头，君住长江尾；日日思君不见君，共饮长江水。　此水几时休？此恨何时已？只愿君心似我心，定不负相思意。

鹊桥仙 秦观（北宋）

纤（xiān）云弄巧，飞星传恨[愁怨]，银汉[河]迢（tiáo遥远）迢暗度。金风玉露一相逢，便胜却人间无数。　柔情似水，佳期如梦，忍[怎忍]顾[回视]鹊桥归路？两情若是久长时，又岂在朝朝暮暮！

青玉案 贺铸（北宋）

凌波[女子步态轻盈]不过横塘路，但目送、芳尘[美人]去。锦瑟年华谁与度？月桥花院，琐[连环形花纹]窗朱户，只有春知处。　碧云冉冉蘅（héng香草）皋暮，彩笔新题断肠句。若问闲情都[总计]几许？一川[遍地]烟草，满城风絮，梅子黄时雨。

神童诗 汪洙（北宋）

天子重英豪，文章教尔曹[学童们]。万般皆下品，惟有读书高。少小须勤学，文章可立身[自立成人]。满朝朱紫贵[达官显贵]，尽是读书人。学问勤中得，萤窗万卷书。三冬[三年]今足用，谁笑腹空虚。自小多才学，平生志气高。别人怀宝剑，我有笔如刀。朝为田舍郎[农夫]，暮登天子堂。将相本无种，男儿当自强。

苏幕遮 周邦彦（北宋）

燎[细焚]沉香，消溽（rù潮湿）暑，鸟雀呼晴，侵[渐近]晓[拂晓]窥檐语。叶上初阳干宿雨，水面清圆，一一风荷举[擎起]。　故乡遥，何日去？家住吴门，久作长安旅。五月渔郎[小伙伴]相忆否？小楫（jí）轻舟，梦入芙蓉浦[水湾]。

兰陵王·柳 周邦彦（北宋）

柳阴直，烟里丝丝弄碧。隋堤上，曾见几番，拂水飘绵送行色。登临望故国，谁识京华倦客。长亭路，年去岁来，应折柔条过千尺。　　闲寻旧踪迹，又酒趁[逐]哀弦，灯照离席。梨花榆火催寒食。愁一箭风快，半篙波暖，回头迢递[遥远]便数驿，望人在天北。　　凄恻，恨堆积。渐别浦萦回，津堠（hòu哨所）岑寂，斜阳冉冉春无极。念[想到]月榭[楼台]携手，露桥闻笛，沉思前事，似梦里，泪暗滴。

鹧鸪天·桂花　李清照（南宋）

暗淡轻黄体性柔，情疏迹远只香留。何须浅碧[绿]轻红色，自是花中第一流。　　梅定妒，菊应羞，画栏[饰有彩绘的栏杆]开处冠中秋。骚人[屈原]可煞[可是]无情思，何事当年不见收。

永遇乐　李清照（南宋）

落日熔金，暮云合璧，人在何处？染柳烟浓，吹梅笛怨，春意知几许？元宵佳节，融和天气，次第[转眼]岂无风雨？来相招、香车宝马，谢他酒朋诗侣。　　中州盛日，闺门多暇，记得偏重三五。铺翠冠儿，捻（niǎn）金雪柳，簇（cù聚集）带[戴]争济[整齐]楚[漂亮]。如今憔悴，风鬟（huán）霜鬓，怕见夜间出去。不如向、帘儿底下，听人笑语。

凤凰台上忆吹箫·香冷金猊　李清照（南宋）

香冷金猊（ní）[狮形铜香炉]，被翻红[锦被]浪，起来慵自梳头。任宝奁（lián梳妆镜匣）尘满，日上帘钩。生怕离怀别苦，多少事、欲说还休。新[新近]来瘦，非干病酒，不是悲秋。　　休休！这回去也，千万遍阳关，也则难留。念武陵人远，烟锁秦楼。惟有楼前流水，应念我、终日凝眸。凝眸处，从今又添，一段新愁。

一剪梅　李清照（南宋）

红藕香残玉簟（diàn竹席）秋。轻解罗裳，独上兰舟。云中谁寄锦书来？雁字回时，月满西楼。　　花自飘零水自流。一种相思，两处闲愁。此情无计可消除，才下眉头，却上心头。

渔家傲　李清照（南宋）

天接云涛连晓雾，星河欲转千帆舞。彷佛梦魂归帝[天帝]所，闻天语，殷勤问我归何处。　　我报[回答]路长嗟[慨叹]日暮，学诗漫[空]有惊人句。九万里风鹏正举，风休住，蓬舟吹取三山去。

如梦令　李清照（南宋）

昨夜雨疏风骤，浓睡不消残酒。试问卷帘人，却道海棠依旧。知否，知否？应是绿肥红瘦。

鹧鸪天·建康上元作　赵鼎（南宋）

客路那知岁序移，忽惊春到小桃枝。天涯海角悲凉地，记得当年全盛时。　　花弄影，月流辉。水精宫殿五云飞。分明一觉华胥[伏羲氏的母亲]梦，回首东风泪满衣。

贺新郎·送胡邦衡待制　张元干（南宋）

梦绕神州路。怅秋风，连营画[彩绘]角，故宫离黍。底事[何事]昆仑倾砥（dǐ）柱，九地黄流乱注，聚万落千村狐兔？天意[国事]从来高难问，况人情、老易悲如许。更南浦，送君去！

凉生岸柳催残暑。耿斜河、疏星淡月，断云微度。万里江山知何处？回首对床夜语。雁不到，书成谁与？目尽青天[整个天下]怀今古，肯[怎能]儿曹[儿女辈]恩怨相尔汝？举大白，听金缕。

满江红·怒发冲冠　岳飞（南宋）

怒发冲冠，凭栏处，潇潇雨歇。抬望眼，仰天长啸，壮怀激烈。三十功名尘与土，八千里路[南征北战]云和月。莫等闲，白了少年头，空悲切！　　靖（jìng）康耻，犹未雪；臣子恨，何时灭？驾长车，踏破贺兰山缺。壮志饥餐胡虏（lǔ）肉，笑谈渴饮匈奴血。待从头，收拾旧山河，朝天阙[皇帝生活的地方]！

夜泊水村　陆游（南宋）

腰间羽箭久凋零，太息燕然未勒铭。
老子[作者]犹堪绝[横度]大漠，诸君何至泣新亭。
一身报国有万死，双鬓向人无再青[黑色]。
记取江湖泊船处，卧闻新雁落寒汀。

书愤　陆游（南宋）

早岁那知世事艰，中原北望气[豪气]如山。
楼船夜雪瓜洲渡，铁马秋风大散关。
塞上长城空自许，镜中衰鬓已先斑。
出师一表真名世，千载谁堪[能]伯仲间！

临安春雨初霁　陆游（南宋）

世味年来薄似纱，谁令骑马客京华。
小楼一夜听春雨，深巷明朝卖杏花。
矮纸斜行闲作草[草书]，晴窗细乳戏分茶。
素衣莫起风尘叹，犹及清明可到家。

诉衷情　陆游（南宋）

当年万里觅封侯，匹马戍梁州。关[关塞]河梦断何处，尘暗旧貂裘。　胡未灭，鬓先秋，泪空流。此生谁料，心在天山，身老沧洲。

念奴娇·过洞庭　张孝祥（南宋）

洞庭青草，近中秋，更无一点风色。玉鉴琼田三万顷，着[附着]我扁舟一叶。素月分辉，明河共影，表里俱澄澈。悠然心会，妙处难与君说。　　应念岭海[广西]经年，孤光自照，肝胆皆冰雪。短发萧骚[稀疏]襟袖冷，稳泛沧浪空阔。尽吸西江，细斟北斗[酒勺]，万象为宾客。扣[敲]舷独啸，不知今夕何夕。

青玉案·元夕　辛弃疾（南宋）

东风夜放花[灯]千树，更吹落、星[焰火]如雨。宝马雕车香满路。凤箫声动，玉壶[明月]光转，一夜鱼龙舞。　　蛾儿雪柳黄金缕，笑语盈盈暗香去。众里寻他[她]千百度，蓦（mò）然回首，那人却在灯火阑珊[零落稀疏]处。

西江月　辛弃疾（南宋）

明月别枝惊鹊，清风半夜鸣蝉。稻花香里说丰年，听取蛙声一片。七八个星天外，两三点雨山前。旧时茅店社林[社庙丛林]边，路转溪头忽见。

丑奴儿·书博山道中壁　辛弃疾（南宋）

少年不识愁滋味，爱上层楼。爱上层楼，为赋新词强说愁。　　而今识尽愁滋味，欲说还休。欲说还休，却道天凉好个秋。

菩萨蛮·书江西造口壁　辛弃疾（南宋）

郁孤台下清江水，中间多少行人泪。西北望长安，可怜[可惜]无数山。　　青山遮不住，毕竟东流去。江晚正愁余[我]，山深闻鹧鸪。

鹧鸪天　辛弃疾（南宋）

有客慨然谈功名，因追念少年时事，戏作。

壮岁旌旗拥万夫，锦襜（chān战袍）突骑渡江初。燕兵夜娖（chuò整理）银胡簶（lù箭袋），汉箭朝飞金仆姑[箭]。　　追往事，叹今吾。春风不染白髭（zī唇上胡子）须[唇下胡子]。却将万字平戎策，换得东家种树书。

念奴娇·登多景楼 陈亮（南宋）

危楼还望，叹此意，今古几人曾会？鬼设神施，浑认作、天限南疆北界。一水横陈，连岗三面，做出争雄势。六朝何事，只成门户私计[打算]？　因笑王谢诸人，登高怀远，也学英雄涕。凭却长江管不到，河洛腥膻（shān）无际。正好长驱，不须反顾，寻取中流誓。小儿破贼，势成宁问强对[强敌]！

扬州慢 姜夔（kuí）（南宋）

淳熙丙申至日，予过维扬。夜雪初霁，荠麦弥望。入其城，则四顾萧条，寒水自碧，暮色渐起，戍角悲吟。予怀怆然，感慨今昔，因自度此曲。千岩老人以为有黍离之悲也。

淮左名都，竹西佳处，解鞍少驻[驻足]初程，过春风十里，尽荠（jì）麦青青。自胡马窥江去后，废池乔木，犹厌言兵[战争]。渐黄昏，清角吹寒，都在空城。

杜郎[杜牧]俊赏，算而今重到须惊。纵[纵然]豆蔻词工，青楼梦好，难赋深情。二十四桥仍在，波心荡，冷月无声。念桥边红药，年年知为谁生！

暗香 姜夔（南宋）

旧时月色，算几番照我，梅边吹笛？唤起玉人，不管清寒与攀摘。何逊而今渐老，都忘却春风词笔。但怪得[惊异]竹外疏花，香冷入瑶席。　江国，正寂寂。叹寄与路遥，夜雪初积。翠尊易泣，红萼无言耿相忆。长记曾携手处，千树压西湖寒碧。又片片吹尽也，几时见得？

唐多令 吴文英（南宋）

何处合成愁？离人心上秋。纵芭蕉不雨也飕飕。都道晚秋天气好，有明月，怕登楼。　年事[岁月]梦中休，花空烟水流。燕辞归，客尚淹留[久留]。垂柳不萦裙带住，漫长是[总是白白地]，系[系住]行舟。

柳梢青·春感 刘辰翁（南宋）

铁马蒙[披着]毡，银花洒泪，春入愁城。笛里番腔，街头戏鼓，不是歌声。　　那堪独坐青灯，想故国高台月明！辇下[都城]风光，山中岁月，海上心情。

虞美人·听雨 蒋捷（南宋）

少年听雨歌楼上，红烛昏罗帐。壮年听雨客舟中，江阔云低，断雁叫西风。　　而今听雨僧庐下，鬓已星星也。悲欢离合总无情，一任阶前点滴到天明。

金陵驿 文天祥（南宋）

草合离宫[行宫]转夕晖，孤云飘泊复何依？
山河风景元[原]无异，城郭人民半已非。
满地芦花和我老，旧家燕子傍谁飞？
从今别却[离开]江南路，化作啼鹃带血归。

正气歌 文天祥（南宋）

天地有正气，杂然赋流形。下则为河岳，上则为日星。于人曰浩然，沛[丰]乎塞苍冥。皇[大]路当清夷[平]，含和吐明庭。时穷节乃见，一一垂丹青。在齐太史简，在晋董狐笔。在秦张良椎（chuí），在汉苏武节。为严将军头，为嵇（jī）侍中血。为张睢（suī）阳齿，为颜常山舌。或为辽东帽，清操厉冰雪。或为出师表，鬼神泣壮烈。或为渡江楫，慷慨吞胡羯（jié）。或为击贼笏（hù），逆竖头破裂。是气所磅礴，凛烈万古存。当其贯日月，生死安足论。地维赖以立，天柱赖以尊。三纲实系命，道义为之根。嗟予遘（gòu遭逢）阳九[乱世]，隶[我]也实不力。楚囚缨其冠，传车送穷北。鼎镬（huò）甘如饴，求之不可得。阴房阒（tián

充满）鬼火，春院闭天黑。牛骥同一皂[槽]，鸡栖凤凰食。一朝蒙雾露，分作沟中瘠。如此再寒暑，百疠自辟[退避]易。哀哉沮（jù）洳（rù）[低下阴湿]场，为我安乐国。岂有他缪（miù）巧[智谋]，阴阳不能贼[害]。顾[但]此[正气]耿耿存，仰视浮云白。悠悠我心悲，苍天曷（hé何）有极。哲人日已远，典刑[型][榜样]在夙昔[从前]。风檐展书读，古道照颜色。

西江月　尹志平（元）

我爱秋阳道众，人人谦让温和。终朝豁畅恣高歌。日用不分彼我。
福地安居自在，松间闲步烟萝。先人后己行功多。永没非灾横祸。

悟南柯　尹志平（元）

莫觅他人短，唯思自己长。处身谦让性和光。
与物无私，心地得清凉。
会灭无明火，能生智慧香。何劳远去觅天堂。
任运安闲，处处是仙乡。

四块玉·别情　关汉卿（元）

自送别，心难舍，一点相思几时绝？凭阑拂袖杨花雪。溪又斜，山又遮，人去也。

【双调】沉醉东风·送别　关汉卿（元）

咫（zhǐ）尺的天南地北，霎（shà）时间月缺花飞。手执着饯行杯，眼阁着[含着]别离泪。刚道得声保重将息[调养休息]，痛煞煞教人舍不得，好去者望前程万里。

【越调】天净沙·春 白朴（元）

春山暖日和风，阑干楼阁帘栊，杨柳秋千院中。啼莺舞燕，小桥流水飞红。

庆东原（其一） 白朴（元）

忘忧草，含笑花。劝君归早冠宜挂[辞官归里]。哪里也能言陆贾，哪里也良谋子牙，哪里也豪气张华。千古是非心，一夕渔樵话。

蟾宫曲·叹世 马致远（元）

咸阳百二[以二当百]山河，两字功名，几阵干戈。项[项羽]废东吴，刘[刘邦]兴西蜀，梦说南柯。韩信功兀（wù）的（dì）[这]般证果，蒯（kuǎi）通言[真话]那[哪]里是风魔？成也萧何，败也萧何，醉了由他（tuō）。

【双调】拨不断 马致远（元）

布衣中，问英雄。王图霸业成何用？禾黍高低六代宫，楸（qiū）梧远近千官冢（zhǒng），一场恶梦。

【双调】寿阳曲·山市晴岚 马致远（元）

花村外，草店西，晚霞明雨收天霁（jì雨过天晴）。四周山一竿[一竿子高]残照里，锦屏风[像屏风一样的山峦]又添铺翠。

红绣鞋·天台瀑布寺 张可久（元）

绝顶峰攒（cuán聚积）雪剑，悬崖水挂冰帘[瀑布]，倚树哀猿弄云尖。血华[花]啼杜宇[杜鹃鸟]，阴洞吼飞廉[风]。比人心山未险。

水仙子·怀古　张可久（元）

秋风远塞皂[黑]雕旗，明月高台金凤怀。红妆[美女]肯为苍生计，女妖娆[美女]能有几？两蛾眉[美女]千古光辉！汉和番昭君去，越吞吴西子归，战马空肥。

【中吕】满庭芳·看岳王传　周德清（元）

披文握武，建中兴庙宇，载青史图书。功成却被权臣妒，正落奸谋。闪杀人[中原百姓]望[遥望]旌节[旌旗仪仗]中原士夫[官员]，误杀人弃丘陵[国土]南渡銮舆[皇帝]。钱塘路，愁风怨雨，长是洒西湖。

【双调】水仙子·重观瀑布　乔吉（元）

天机织罢月梭闲，石壁高垂雪练寒。冰丝带雨悬霄汉，几千年晒未干。　露华凉，人怯衣单。似白虹饮涧，玉龙下山，晴雪飞滩。

绿幺遍·自述　乔吉（元）

不占龙头选，不入名贤传。时时酒圣，处处诗禅。烟霞状元，江湖醉仙。笑谈便是编修院[翰林院]。留连，批风切月[吟风弄月]四十年。

朝天子·志感　无名氏（元）

不读书有权，不识字有钱，不晓事倒有人夸荐。老天只恁（nèn那样）忒（tuī太）心偏，贤和愚无分辨！折挫英雄，消磨良善，越聪明越运蹇（jiǎn不顺）。志高如鲁连，德过如闵骞（qiān），依本分只落的人轻贱。

北风吹　于谦（明）

北风吹，吹我庭前柏（bǎi）树枝。树坚不怕风吹动，节操棱棱还自持，冰霜历尽心不移。况复阳和景渐宜，闲花野草尚葳（wēi）蕤（ruí）[枝叶繁盛]，风吹柏枝将何为？北风吹，能几时？

临江仙·滚滚长江东逝水　杨慎（明）

滚滚长江东逝水，浪花淘尽英雄。是非成败转头空。青山依旧在，几度夕阳红。　白发渔樵江渚上，惯看秋月春风。一壶浊酒喜相逢。古今多少事，都付笑谈中。

劝孝歌　朱柏庐（明）

孔子著孝经，孝乃德之属。父母皆艰辛，尤以母为笃[厚]。胎婴未成人，十月怀母腹。渴饮母之血，饥食母之肉。儿身将欲生，母身如在狱。惟恐生产时，身为鬼眷属。一旦儿见面，母命喜再续。爱之若珍宝，日夜勤抚鞠[育]。母卧湿簟（diàn）席，儿眠干被褥（rù）。儿睡正安稳，母不敢伸缩。儿秽不嫌臭，儿病身甘赎（shú）。儿要能步履，举止虑颠状。哺乳经三年，汗血耗千斛（hú）。儿要能饮食，省口姿所欲。劬（qú劳苦）劳辛苦尽，儿年十五六。慧敏恐疲劳，愚怠忧碌碌。有善先表扬，有过则教育。儿出未归来，倚门继以烛。儿行千里路，亲心千里逐。孝顺理当然，不孝不如禽。

精卫　顾炎武（清）

万事有不平，尔何空自苦；长将一寸身，衔木到终古？我愿平东海，身沉心不改；大海无平期，我心无绝时。呜呼！君不见，西山衔木众鸟多，鹊来燕去自成窠（kē）。

南乡子·邢州道上作 陈维崧（清）

秋色冷并[并州]刀，一派酸风卷怒涛。并马三河年少客，粗豪，皂栎林中醉射雕。残酒忆荆[荆轲]高[高渐离]，燕赵悲歌事未消。忆昨车声寒易水，今朝，慷慨还过豫让桥。

长亭怨慢·雁 朱彝尊（清）

结多少，悲秋俦（chóu）侣，特地年年，北风吹度。紫塞[长城]门孤，金河月冷，恨谁诉？回汀枉[弯曲]渚，也只恋江南住。随意落平沙，巧排[排列]作、参差筝柱[弦柱]。　　别浦，惯惊移莫定，应怯败荷疏雨。一绳云杪（miǎo梢），看字字悬针垂露。渐欹（qī倾斜）斜、无力低飘，正目送、碧罗天暮。写不了相思，又蘸（zhàn）凉波飞去。

蝶恋花 纳兰性德（清）

辛苦最怜[怜爱]天上月，一昔[夕：一夜]如环，昔昔[夕夕：夜夜]都成玦（jué半环形玉佩）。若似月轮终皎洁，不辞冰雪为卿热。　　无那[奈]尘缘容易绝，燕子依然，软踏帘钩说[呢喃絮语]。唱罢秋坟愁未歇，春丛认取双栖蝶。

题画 郑板桥（清）

一竹一兰一石，有节有香有骨，满堂皆君子之风，万古对青苍翠色。有兰有竹有石，有节有香有骨，任他逆风严霜，自有春风消息。

今别离（其一） 黄遵宪（清）

别肠转如轮，一刻既万周。眼见双轮驰，益增中心忧。古亦有山川，古亦有车舟。车舟载离别，行止犹自由。今日舟与车，并力生离愁。明知须臾景，不许稍绸（chóu）缪（móu）[缠绵]。钟声一及时，顷刻不少留。虽有万钧柁（tuó），动如绕指柔。岂无打头风？亦不畏石尤

[逆风]。送者未及返，君在天尽头。望影倏（shū疾速）不见，烟波杳悠悠。去矣一何速，归定留滞不？所愿君归时，快乘轻气球。

送别 李叔同（现代）

长亭外，古道边，芳草碧连天。晚风拂柳笛声残，夕阳山外山。天之涯，地之角，知交半零落。一壶浊酒尽余欢，今宵别梦寒。

万岁歌 李叔同（现代）

东海东，波涛万丈红。朝日丽天，云霞齐捧。五洲惟我中央中。二十世纪谁称雄，请看赫赫神明种。我的国，我的国，我的国万岁，万岁万万岁。

昆仑峰，缥缈千寻耸。明月天心，众星环拱。五洲惟我中央中。二十世纪谁称雄，请看赫赫神明种。我的国，我的国，我的国万岁，万岁万万岁。

惯于长夜过春时 鲁迅（现代）

惯于长夜过春时，挈（qiè）妇将雏鬓有丝。
梦里依稀慈母泪，城头变幻大王旗。
忍看朋辈成新鬼，怒向刀丛觅小诗。
吟罢低眉无写处，月光如水照缁（zī黑）衣。

七律·长征 毛泽东（现代）

红军不怕远征难，万水千山只等闲[平常]。五岭逶（wēi）迤（yí）[连绵不断]腾细浪，乌蒙磅礴[气势雄伟]走泥丸。　金沙水拍云崖暖，大渡桥横铁索寒。更喜岷（mín）山千里雪，三军过后尽开颜。

沁园春·长沙　毛泽东（现代）

独立寒秋，湘江北去，橘子洲头。看万山红遍，层林尽染；漫[满]江碧透，百舸（gě）争流。鹰击长空，鱼翔浅底，万类[万物]霜天[深秋]竞自由。怅[惆怅感慨]寥（liáo空）廓（kuò大），问苍茫大地，谁主[主宰]沉浮？

携来百侣曾游，忆往昔峥嵘[不寻常]岁月稠[多]。恰[适逢]同学少年，风华正茂；书生意气，挥斥[奔放]方遒（qiú强劲）。指点[评论]江山，激[抨击]扬[褒扬]文字，粪土当年万户侯。曾记否，到中流击水[游泳]，浪遏（è阻止）飞舟？

沁园春·雪　毛泽东（现代）

北国风光，千里冰封，万里雪飘。望长城内外，惟[只]余[剩]莽莽；大河上下，顿[立刻]失滔滔。山舞银蛇，原[高原]驰蜡[白色]象[大象]，欲与天公试比高。须晴日，看红妆素裹，分外妖娆。

江山如此多娇，引无数英雄竞折腰[折服]。惜秦皇汉武，略输文采[文才]；唐宗宋祖，稍逊风骚[文治]。一代天骄，成吉思汗，只识弯弓射大雕。俱往矣，数风流人物，还看今朝。

忆秦娥·娄山关　毛泽东（现代）

西风烈，长空雁叫霜晨月。霜晨月，马蹄声碎，喇叭声咽（yè）。雄关漫[徒然]道[说]真如铁，而今迈步从头越。从头越，苍山如海，残阳如血。

采桑子·重阳　毛泽东（现代）

人生易老天难老，岁岁重阳。今又重阳，战地黄花分外香。　一年一度秋风劲，不似春光。胜似春光，寥廓（kuò广大）江天万里霜。

2 第二部分 古文选读

语文记忆

小学篇录

杨氏之子 《世说新语·言语》

梁国杨氏子九岁，甚[很，非常]聪惠[慧]。孔君平诣（yì至，拜访）其父，父不在，乃[于是，就]呼儿出。为设[摆设]果，果有杨梅。孔指以示[给…看]儿曰："此是君家果。"儿应声答曰："未闻孔雀是夫子家禽。"

伯牙绝弦（xián） 《警世通言》

伯牙善鼓琴，钟子期善听。伯牙鼓琴，志在高山，钟子期曰："善哉（zāi），峨峨[高]兮（xī）若泰山！"志在流水，钟子期曰："善哉，洋洋[广大]兮若江河！"伯牙所念，钟子期必得之。子期死，伯牙谓世再无知音，乃破琴绝弦，终身不复鼓。

学弈（yì） 《孟子·告子》

弈秋，通国[全国]之善弈[下棋]者也。使弈秋诲（huì）二人弈。其一人专心致志，惟（wéi）弈秋之为听；一人虽听之，一心以为有鸿鹄（hú）[天鹅]将至，思援[引，拉]弓缴（zhuó带丝绳的箭）而射之，虽与之俱学，弗（fú不）若之矣（yǐ）。为[因为]是其智弗若与（yú）？曰：非然[这样]也。

两小儿辩日 《列子·汤问》

孔子东游，见两小儿辩斗[辩论，争论]，问其故。

一儿曰："我以[认为]日始出时去人近，而日中时远也。"

一儿以日初出远，而日中时近也。

一儿曰：“日初出大如车盖，及[到]日中则如盘盂（yú），此不为远者小而近者大乎？”

一儿曰：“日初出沧（cāng寒冷）沧凉凉，及[到]其日中如探汤[热水]，此不为近者热而远者凉乎？”

孔子不能决[判断]也。

两小儿笑曰：“孰（shú谁）为汝（rǔ你）多知乎？”

天地对韵（九则）

一、解（xiè）缙（jìn）续对尚书

天作棋盘星作子，谁人敢下？

地当琵琶路当弦，哪个能弹？

二、祖孙联对

除夕月无光，点数盏灯，替乾坤增色。

新春雷未动，擂三通鼓，代天地扬威。

三、江西白鹿洞书院联　朱熹（xī）（宋）

日月两轮天地眼，

诗书万卷圣贤心。

四、江苏无锡东林书院联　顾宪成（明）

风声、雨声、读书声，声声入耳；

家事、国事、天下事，事事关心。

五、浙江仙霞岭关帝庙联　周亮工（明）

拜斯人，便思学斯人，莫混账磕（kē）了头去；

入此山，须要出此山，当仔细扪（mén）着心来。

六、浙江杭州岳飞墓墓阙（què）联　徐氏女

青山有幸埋忠骨，

白铁无辜铸（zhù）佞（nìng）臣。

七、福建福州鼓山涌泉寺弥勒座联　王廷琤（chēng）（清）

日日携空布袋，少米无钱，却剩得大肚宽肠。不知众檀越，信心时用何物供养？

年年坐冷山门，接张待李，总见他欢天喜地。请问这头陀，得意处是甚么来由？

八、题宅第联　佚名

无狂放气，无迂腐气，无名士怪诞气，方称达者；

有诵读声，有纺织声，有小儿啼哭声，才是人家。

九、自题书屋　邓琰（yǎn）（清）

沧海日，赤城霞，峨嵋雪，巫山云，洞庭月，彭蠡（lí）烟，潇湘雨，武夷峰，庐山瀑布，合宇宙奇观，绘吾斋壁；

少陵诗，摩（mó）诘（jié）画，左传文，马迁史，薛涛笺（jiān），右军帖（tiè），南华经，相如赋，屈子离骚，收古今绝艺，置我山窗。

《弟子规》精选

弟子规，圣人训。首孝悌（tì兄弟姊妹间的友爱），次谨信[恭谨诚信]。泛爱众，而亲仁。有余力，则学文。

朝（zhāo）起早，夜眠迟，老易至，惜此时。晨必盥（guàn洗手、脸），兼漱（shù）口，便（biàn）溺（niào）回，辄（zhé就）净手。冠（guān）必正，纽（niǔ）必结，袜（wà）与履（lǚ），俱紧切。置冠服，有定位，勿（wù）乱顿，致污秽（huì）。衣贵洁，不贵华，上循分（fèn身份），下称家[家境]。对饮食，勿拣（jiǎn）择，食适可，勿过则。年方少，勿饮酒，饮酒醉，最为丑。步从容，立端正，揖（yī）深圆，拜恭敬。勿践阈（yù门槛），勿跛（bǒ）倚（yǐ），勿箕（jī）踞（jù）[两脚张开，两膝微曲地坐着]，勿摇髀（bì大腿）。缓揭帘，勿有声，宽转弯，勿触棱（léng）。执虚器，如执盈，入虚室，如有人。事勿忙，忙多错，勿畏难，勿轻略。斗闹场，绝勿近，邪僻（pì）事，绝勿问。将入门，问孰存，将上堂，声必扬。人问谁，对以名，吾与我，不分明。用人物，须明求，倘（tǎng）不问，即为偷。借人物，及时还，后有急，借不难。

凡出言，信为先，诈与妄，奚（xī何）可焉。话说多，不如少，惟其是，勿佞（nìng）巧。奸巧语，秽污词，市井气，切戒之。见未真，勿轻言，知未的（dì），勿轻传。事非宜，勿轻诺，苟轻诺，进退错。凡道字，重且舒，勿急疾，勿模糊。彼说长，此说短，不关己，莫闲管。见人善，即思齐，纵去远，以渐跻（jī登，上升）。见人恶，即内省，有则改，无加警。唯德学，唯才艺，不如人，当自砺（lì）。若衣服，若饮食，不如人，勿生戚（qī忧伤）。闻过怒，闻誉乐，损友来，益友却。闻誉恐，闻过欣，直谅士，渐相亲。无心非，名为错，有心非，名为恶。过能改，归于无，倘（tǎng）掩饰，增一辜（gū罪行，罪过）。

凡是人，皆须爱，天同覆（fù），地同载（zài）。行高者，名自高，人所重，非貌高。才大者，望[声望]自大，人所服，非言大。己有能，勿自私，人所能，勿轻訾（zǐ说人坏话）。勿谄（chǎn）富，勿骄贫，勿厌故，勿喜新。人不闲，勿事搅（jiǎo），人不安，勿话扰。人有短，切莫揭，人有私，切莫说。道人善，即是善，人知之，愈思勉。扬人恶，既是恶，疾之甚，祸且作。善相劝，德皆建，过不规[规劝]，道两亏。凡取与（yǔ），贵分晓，与宜多，取宜少。将加人，先问己，己不欲，即速已。恩欲报，怨欲忘，报怨短，报恩长。待婢（bì）仆，身贵端，虽贵端，慈而宽。势服人，心不然，理服人，方无言。

同是人，类不齐，流俗众，仁者稀。果仁者，人多畏[敬畏]，言不讳（huì），色不媚。能亲仁，无限好，德日进，过日少。不亲仁，无限害，小人进，百事坏。

不力行，但学文，长浮华，成何人。但力行，不学文，任己见，昧（mèi）理真。读书法，有三到，心眼口，信皆要。方读此，勿慕彼，此未终，彼勿起。宽为限，紧用功，工夫到，滞（zhì）塞（sè）通。心有疑，随札（zhá）记，就人问，求确义。房室清，墙壁净，几（jī）案洁，笔砚（yàn）正。墨磨偏，心不端，字不敬，心先病。列典籍（jí），有定处，读看毕，还原处。虽有急，卷（juàn）束齐，有缺坏，就补之。非圣书，屏（bǐng弃）勿视，敝（bì）聪明，坏心志。勿自暴，勿自弃，圣与贤，可驯（xùn）致[循序渐进可以达到]。

《三字经》精选

人之初，性本善，性相近，习相远。苟（gǒu如果）不教，性乃迁，教之道，贵以专。

首孝悌（tì），次见闻，知某数，识某文。一而十，十而百，百而千，千而万。三才者，天地人，三光者，日月星。三纲者，君臣义，父子亲，夫妇顺。曰春夏，曰秋冬，此四时，运不穷。曰南北，曰西东，此四方，应乎中。曰金木，水火土，此五行，本乎数。十干者，甲至癸（guǐ），十二支，子至亥（hài）。曰黄道，日所躔（chán围绕），曰赤道，当中权。赤道下，温暖极，我中华，在东北。寒燠（yù热）均，霜露改，右高原，左大海。曰江河，曰淮（huái）济，此四渎（dú），水之纪。曰岱（dài）华，嵩（sōng）恒衡，此五岳，山之名。古九州，今改制，称行省，三十五。曰士农，曰工商，此四民，国之良。曰仁义，礼智信，此五常，不容紊（wěn）。地所生，有草木，此植物，遍水陆。有虫鱼，有鸟兽，此动物，能飞走。稻粱菽（shū），麦黍（shǔ）稷（jì），此六谷，人所食。马牛羊，鸡犬豕（shǐ猪），此六畜（chù），人所饲（sì）。曰喜怒，曰哀惧，爱恶欲，七情具。青赤黄，及白黑，此五色，目所识。酸苦甘，及辛[辣]咸（xián），此五味，口所含。膻（shān羊膻味）焦[烧焦味]香[香味]，及腥（xīng鱼腥味）朽[腐朽味]，此五臭（xiù），鼻所嗅（xiù）。匏（páo匏瓜）土[粘土]革[皮革]，木石金，丝与竹，乃八音。曰平上，曰去入，此四声，宜调协。高曾（zēng）祖，父而身，身而子，子而孙。自子孙，至玄曾，乃九族，人之伦。父子恩，夫妇从，兄则友，弟则恭。长幼序，友与朋，君则敬，臣则忠。此十义，人所同，当师叙，勿违背。

凡训蒙，须讲究，详训诂（gǔ用当代的话解释古代的语言），明句读（dòu断句）。为学者，必有初，小学终，至四书。论语者，二十篇，群弟子，记嘉言。孟子者，七篇止，讲道德，说仁义。作中庸（yōng），子思笔，中不偏，庸不易。作大学，乃曾子，自修齐，至平治。四书熟，孝经通，如六经，始可读。诗书礼，易春秋，乐六经，当讲求。有连山，有归藏（zàng），有周易，三易详。有典[立国的基本原则]谟（mó治国计划），有训[大臣的态度]诰（gào国君的文告），有誓[起兵文告]命[君命]，书之奥。我周公，作周礼，著六官，存治体。大小戴，注礼记，述圣言，礼乐备。曰国风，曰雅颂，号四诗，当讽咏。诗既亡，春秋作，寓褒贬，别善恶。三传者，有公羊，有左氏，有谷梁。尔雅者，善辨言，求经训，此莫先。古圣著，先贤传，注疏备，十三经。左传外，有国语，合群经，数十五。经既明，方读子，撮（cuō摘取）其要，记其事。五子者，有荀（xún）杨，文中子，及老庄。经子通，读诸史，考世系，知终始。

自羲（xī伏羲氏）、农[神农氏]，至黄帝，号三皇，居上世。唐[唐尧]有虞（yú虞舜），号二帝，相揖（yī）逊（xùn），称盛世。夏有禹（yǔ），商有汤，周文武，称三王。夏传子，家天下，四百载（zǎi），迁夏社。汤伐夏，国号商，六百载，至纣（zhòu）亡。周武王，始诛纣，八百载，最长久。周共和，始纪年，历宣幽，遂东迁。周道衰，王纲堕，逞干（gān）戈（gē），尚游说（shuì）。始春秋，终战国，五霸强，七雄出。嬴（yíng）秦氏，始兼并，传二世，楚汉争。高祖兴，汉业建，至孝平，王莽（mǎng）篡（cuàn）。光武兴，为东汉，四百年，终于献[汉献帝]。魏蜀（shǔ）吴，争汉鼎，号（hào）三国，迄（qì到，至）两晋。宋齐继，梁陈承，为南朝，都金陵。北元魏，分东[东魏]西[西魏]，宇文周[北周]，与高[高洋]齐[北齐]。迨（dài等到）至隋（suí），一土宇，不再传，失统绪。

唐高祖，起义师，除隋乱，创国基。二十传，三百载，梁[梁朝]灭之，国乃改。梁[后梁]唐[后唐]晋[后晋]，及汉[后汉]周[后周]，称五代，皆有由。赵宋兴，受周禅（chán），十八传，南北混。辽与金，皆称帝，元灭金，绝宋世。舆（yú）图广，超前代，九十年，国祚（zuò帝位）废。太祖兴，国大明，号洪武，都金陵。迨（dài）成祖，迁燕（yān）京，十六世，至崇祯（zhēn）。权阉（yān阉宦）肆，寇如林，李闯出，神器焚（fén）。清世祖，膺（yīng承受，承当）景命，靖（jìng平定）四方，克大定。由康雍（yōng），历乾（qián）嘉，民安富，治绩夸。道咸间，变乱起，始英法，扰都鄙（bǐ）。同光后，宣统弱，传九帝，满清殁（mò）。革命兴，废帝制，立宪法，建民国。

古今史，全在兹（zī），载治乱，知兴衰。读史书，考实录，通古今，若亲目。口而诵，心而惟，朝于斯，夕于斯。

千字文 周兴嗣（南朝·梁）

天地玄黄，宇宙洪荒。日月盈昃（zè太阳西斜），辰宿（xiù星）列张。寒来暑往，秋收冬藏。闰余成岁[积累数年的闰余并成一个月放在闰年里]，律[六律]吕[六吕]调阳[阴阳]。云腾致雨，露结为霜。金生丽水，玉出昆冈[昆仑山]。剑号巨阙（què），珠称夜光。果珍李柰（nài），菜重芥姜。海咸河淡，鳞潜羽翔。

龙师[伏羲氏]火帝[神农氏]，鸟官[少昊（hào）氏]人皇。始制文字，乃服衣裳。推位让国，有虞陶唐。吊[安抚]民伐罪，周发殷汤。坐朝问道，垂拱平章。爱育黎首，臣伏戎羌。遐[远]迩[近]一体，率宾归王。鸣凤在竹，白驹食场。化被[覆盖]草木，赖及万方。

盖此身发，四大[地水风火]五常[仁义礼智信]。恭惟鞠养，岂敢毁伤。女慕贞洁，男效才良。知过必改，得能莫忘。罔（wǎng不要）谈彼短，靡（mǐ不要）恃己长。信使可覆[翻转倾覆]，器欲难量。墨[墨子]悲[悲叹]丝染，诗[《诗经》]赞羔羊。景行维贤，克[克制]念作圣。德建名立，形端表正。空谷传声，虚堂习听。祸因恶积，福缘善庆。尺璧[美玉]非宝，寸阴是竞。资父事[侍奉]君，曰严[严肃]与敬。孝当竭力，忠则尽命。临深履薄，夙兴温凊（qìng凉）。似兰斯馨，如松之盛。川流不息，渊澄取映。容止若思，言辞安定。笃[忠实]初诚美，慎终宜令。荣业所基，籍（jí）甚[盛大]无竟。学优登仕，摄[代理]职从政。存以甘棠（táng），去而益咏。乐殊贵贱，礼别尊卑。上和下睦，夫唱妇随。外受傅[师傅]训，入奉母仪。诸姑伯叔，犹子比儿。孔怀兄弟，同气连枝。交友投分，切[切磋]磨箴（zhēn劝告）规。仁慈隐恻，造次弗离。节义廉退[谦让]，颠沛匪亏。性静情逸，心动神疲。守真志满，逐物意移。坚持雅操，好爵自縻（mí拴住）。

都邑华夏，东西二京。背邙（máng北邙山）面洛，浮渭据泾。宫殿盘郁，楼观飞惊。图写禽兽，画彩仙灵。丙舍[宫中别室]旁[侧面]启[开启]，甲帐[豪华的帐幕]对楹（yíng楹柱）。肆筵（yán）设席，鼓瑟吹笙。升阶纳陛，弁（biàn珠帽）转疑星。右通广内，左达承明。既集坟典[三坟五典]，亦聚群英。杜[杜度]稿钟[钟繇]隶，漆书壁经。府罗将相，路侠槐卿。户封八县，家给千兵。高冠陪辇（niǎn车），驱毂（gǔ车）振缨。世禄侈富，车驾肥轻。策功茂实，勒碑刻铭。

盘溪伊尹，佐时阿衡。奄宅曲阜，微[没有]旦[周公旦]孰营。桓公匡[匡正]合，济弱扶倾。绮[绮里季]回汉惠，说[傅说]感武丁[商君]。俊乂（yì贤才）密勿，多士实宁。晋楚更霸，赵魏困横[连横]。假途灭虢（guó），践土会盟。何[萧何]遵约法，韩[韩非]弊烦刑。起[白起]翦（jiǎn王翦）颇[廉颇]牧[李牧]，用军最精。宣威沙漠，驰誉丹青。九州禹迹，百郡秦并。

岳宗泰岱，禅主云[云山]亭[亭山]。雁门紫塞[万里长城]，鸡田赤诚。昆池[滇池]碣石，钜（jù）野[泽]洞庭[湖]。旷远绵邈（miǎo），岩岫（xiù山洞）杳冥。

治本于农，务兹稼穑（sè）。俶（chù）载南亩，我艺黍稷（jì）。税熟贡新，劝赏黜（chù罢免）陟（zhì提拔）。

孟轲敦素，史鱼[子鱼]秉直。庶几中庸，劳谦谨敕（chì）。聆音察理，鉴貌辨色。贻[留下]厥（jué其）嘉猷（yóu忠告），勉其祗（zhī恭敬）植[立身处世]。省躬讥诫，宠增抗极。殆辱近耻，林皋（gāo）幸即。两疏[疏广疏受]见机，解组[辞去官职]谁逼。索居闲处，沉默寂寥。求古寻论，散虑逍遥。欣奏累遣，戚[烦恼]谢[消除]欢招。

渠荷的（de）历[光亮]，园莽抽条。枇杷晚翠，梧桐蚤[早]凋。陈根委翳（yì），落叶飘摇。游鹍（kūn）独运，凌摩绛（jiàng）霄。

耽（dān）读玩市，寓目囊[口袋]箱。易辅（yóu车）攸[所]畏，属耳垣（yuán矮墙）墙。具膳餐饭，适口充肠。饱饫烹宰，饥厌糟糠。亲戚故旧，老少异粮。妾御绩纺[纺纱]，侍巾帷房。纨扇圆洁，银烛炜（wěi）煌。昼眠夕寐，蓝笋象床。弦歌酒宴，接杯举觞。矫手顿足，悦豫且康。嫡（dí）后嗣（sì）续，祭祀烝（zhēng冬祭）尝[秋祭]。稽（qǐ）颡（sǎng）[叩头敬礼]再拜，悚惧恐惶。笺（jiān文书）牒简要，顾答审详。骸（hái身体）垢想浴，执热愿凉。驴骡犊特，骇跃超骧（xiāng）。诛斩贼盗，捕获叛亡。

布[吕布]射僚[宜僚]丸，嵇（jī嵇康）琴阮[阮籍]箫。恬[蒙恬]笔伦[蔡伦]纸，钧[马钧]巧任[任公子]钓。释纷[纠纷]利俗[社会]，并皆佳妙。毛[毛嫱]施[西施]淑姿，工[善]颦（pín皱眉）妍（yán美丽）笑。

年矢[岁月匆匆]每催[催人渐老]，曦晖朗曜（yào）。璇（xuán）玑[北斗七星中的两颗星]悬斡（wò旋转），晦[阴历每个月的最后一天]魄[每月初始月的微光]环照。指[油脂]薪[柴草]修祜（hù福），永绥（suí平安）

吉劭（shào美好）。矩步引领，俯仰廊庙。束带矜（jīn）庄，徘徊瞻眺（tiào）[高瞻远瞩]。

孤陋寡闻，愚蒙等诮（qiào）。谓语助者，焉哉乎也。

《续小儿语》精选

心要慈悲，事要方便，残忍刻薄（bó），惹人恨怨。遇事逢人，豁（huò豁达）绰（chuò宽厚）舒展，要看男儿，须先看胆。仇无大小，只恐伤心，恩若救急，一芥（jiè）千金。自家有过，人说要听，当局者迷，旁观者醒。丈夫一生，廉耻为重，切莫求人，死生有命。白日所为，夜来省己，是恶当惊，是善当喜。害与利随，祸与福倚（yǐ），只个平常，安稳到底。怒多横语，喜多狂言，一时褊（biǎn气度偏窄）急，过后羞惭。威震四海，勇冠三军，降伏自心，是真本事。矮人场笑[随声附和]，下士途说[道听途说]，学者识见，要从心得。读圣贤书，字字体验，口耳之学，梦中吃饭。男儿事业，经纶天下，识见要高，规模要大。待人要丰，自奉要约，责己要厚，责人要薄。意念深沉，言辞安定，艰大独当，声色不动。分卑气高，能薄欲大，中浅外浮，十人九败。冷眼观人，冷耳听话，冷情当感，冷心思理。

世上三不过意，王法天理人情，这个全然不顾，此身到处难容。少年志肆心狂，长者言之偏恼，你到长者之时，一生悔恨不了。自家痛痒偏知，别个辛酸那觉，体人须要体悉，责人慎勿责苛。快意从来没好，拂心不是命穷，安乐人人破败，忧勤个个亨通。厚时说尽知心，堤（dī）防薄后发泄，恼时说尽伤心，再好有甚颜色。往日真知可惜，来日依旧因循，若肯当年一苦，无边受用从今。谦卑何曾致祸，忍默没个招灾，厚积深藏远器，轻发小逞（chěng）[学识浅薄而轻露]凡才[凡庸之才]。俭用亦能彀（gòu够）用，要足何时是足，可怜惹祸伤身，都是经营长物[多余之物]。万古此身难再，百年展眼光阴，纵不同流天地，也休涴（wò弄脏）了乾坤。学者三般要紧，一要降伏私欲，二要调驯（xùn）气质，三要跳脱习俗。

《幼学琼林》精选

混（hùn）沌（dùn）初开，乾坤始奠（diàn）。气之轻清上浮者为天，气之重浊下凝者为地。日月五星，谓之七政；天地与人，谓之三才。日为众阳之宗，月乃太阴之象。风欲起而石燕飞，天将雨而商羊舞。旋风名为羊角，闪电号曰雷鞭。青女乃霜之神，素娥即月之号。

黄帝画野，始分都邑（yì）；夏禹治水，初奠山川。宇宙之江山不改，古今之称谓各殊。北京原属幽燕，金台是其异号；南京原为建业，金陵又是别名。浙江是武林之区，原为越国；江西是豫（yù）章之地，又曰吴皋（gāo）。福建省属闽中，湖广地名三楚。东鲁西鲁，即山东山西之分；东粤（yuè）西粤，乃广东广西之域。河南在华夏之中，故曰中州；陕西即长安之地，原为秦境。四川为西蜀，云南为古滇（diān）。贵州省近蛮方，自古名为黔（qián）地。东岳泰山，西岳华山，南岳衡山，北岳恒山，中岳嵩山，此为天下之五岳；饶州之鄱阳，岳州之青草，润州之丹阳，鄂州之洞庭，苏州之太湖，此为天下之五湖。帝都曰京师，故乡曰梓（zǐ）里。沧海桑田，谓世事之多变；河清海晏[平静]，兆天下之升平。水神曰冯夷，又曰阳侯；火神曰祝融，又曰回禄。

帝王有出震[东方]向离[南方][像太阳一样从东方升起，在南方照耀天下]之象，大臣有补天浴日之功。三公上应三台，郎官上应列宿（xiù星宿）。宰相位居台铉（xuàn），吏部职掌铨（quán）衡。吏部天官大冢（zhǒng）宰，户部地官大司徒，礼部春官大宗伯，兵部夏官大司马，刑部秋官大司寇，工部冬官大司空。都宪中丞，都御史之号；内勤学士，翰（hàn）林院之称。

韩柳欧苏，固文人之最著；起翦（jiǎn）颇牧，乃武将之多奇。范仲淹胸中具数万甲兵，楚项羽江东有八千子弟。孙膑吴起，将略堪夸；穰（ráng）苴（qiě）尉缭（liáo），兵机莫测。姜太公有六韬，黄石公有三略。韩信将兵，多多益善；毛遂讥众[讥笑同去的那些门客]，碌（lù）碌无奇[平凡，无特殊才能]。

何谓五伦，君臣、父子、兄弟、夫妇、朋友；何谓九族，高、曾、祖、考、己身、子、孙、曾、玄。始祖曰鼻祖，远孙曰耳孙。父母俱存，谓之椿（chūn）萱并茂；子孙发达，谓之兰桂齐芳。

天下无不是之父母，世间最难得者兄弟。须贻同气之光，无伤手足之雅。玉昆金友，羡兄弟之俱贤；伯埙（xūn汉族特有的闭口吹奏乐器）仲篪（shí古时竹管乐器，像笛子，有八孔），谓声气之相应。兄弟既翕（xī），谓之花萼（è）相辉；兄弟联芳，谓之棠（táng）棣（dì）竞秀。患难相顾，似鹡（jí）鸰（líng）之在原；手足分离，如雁行之折翼。

孤阴则不生，独阳则不长，故天地配以阴阳；男以女为室，女以男为家，故人生偶以夫妇。阴阳和而后雨泽降，夫妇和而后家道成。

取善辅仁，皆资朋友；往来交际，迭为主宾。尔我同心，曰金兰；朋友相资，曰丽泽。东家曰东主，师傅曰西宾。父所交游，尊为父执；己所共事，谓之同袍。心志相孚（fú相信，信任）为莫逆，老幼相交曰忘年。

不凡之子，必异其生；大德之人，必得其寿。无功食禄，谓之尸位素餐；谫（jiǎn浅薄）劣无能，谓之行尸走肉。老当益壮，宁知白首之心；穷且益坚，不坠青云之志。一息尚存，此志不容少懈；十手所指，此心安可自欺。其容固宜有度，出言尤贵有章。智欲圆而行欲方，胆欲大而心欲小。

上服曰衣，下服曰裳；衣前曰襟，衣后曰裾（jū）；敝衣曰褴（lán）褛（lǚ），美服曰华裾。左衽（rèn）是夷狄之服，短后是武夫之衣。尊卑失序，如冠履倒置；富贵不归，如锦衣夜行。

洪荒之世，野处穴居；有巢以后，上栋下宇。竹苞松茂，谓制度之得宜；鸟革翚（huī）飞，谓创造之尽善。朝廷曰紫宸（chén），禁门曰青琐（suǒ）。宰相职掌丝纶，内居黄阁；百官具陈章疏，敷（fū）奏丹墀（chí）。木天署学士所居，紫薇省中书所莅（lì）。金马、玉堂，翰（hàn）林院宇；柏台、乌府，御史衙门。布政司称为藩（fān）府，按察司系是臬（niè）司。贺人有喜，曰门阑（lán）蔼瑞；谢人过访，曰蓬（péng）荜（bì）生辉。美奂美轮，礼称屋宇之高华；肯构肯堂，书言父子之同志。土木方兴，曰经始；创造已毕，曰落成。楼高可以摘星，屋小仅堪容膝。

山川之精英，每泄为至宝；乾坤之瑞气，恒结为奇珍。故玉足以庇嘉谷，珠可以御火灾。黄金生于丽水，白银出自朱提。

命之修短有数，人之富贵在天。惟君子安贫，达人知命。贪爱钱物，谓之钱愚；好置田宅，谓之地癖（pǐ）。守钱虏（lǔ），讥蓄财而不散；落魄夫，谓失业之无依。贫者地无立锥（zhuī），富者田连阡

（qiān）陌（mò）。室如悬磬（qìng），言其甚窘；家无儋（dān）石，谓其极贫。无米曰在陈，守死曰待毙；富足曰殷（yīn）实，命蹇（jiǎn）曰数（shù）奇（jī）。

福寿康宁，固人之所同欲；死亡疾病，亦人所不能无。惟智者能调，达人自玉。

多才之士，才储八斗；博学之德，学富五车。锦心绣口，李太白之文章；铁画银钩，王羲之之字法。雕虫小技，自谦文学之卑；倚马可待，羡人作文之速。称人近来进德，曰士别三日，当刮目相看；羡人学业精通，曰面壁九年，始有此神悟。白雪阳春，是难和难赓（gēng）之韵；青钱万选，乃屡试屡中之文。惊神泣鬼，皆言词赋之雄豪；遏（è）云绕梁，原是歌音之嘹（liáo）喨（liàng）。以物求文，谓之润笔之资；因文得钱，乃曰稽（jī）古之力。文章全美，曰文不加点；文章奇异，曰机杼（zhù）一家。文章浮薄，何殊月露风云；典籍储藏，皆在兰台石室。秦始皇无道，焚书坑儒；唐太宗好文，开科取士。花样不同，乃谓文章之异；潦草塞责，不求辞语之精。作文曰染翰（hàn）操觚（gū），从师曰执经问难。求作文，曰乞挥如椽（chuán）笔；羡高文，曰才是大方家。竞尚佳章，曰洛阳纸贵；不嫌问难，曰明镜不疲。白居易生七月，便识之无二字；唐李贺才七岁，作高轩过一篇。开卷有益，宋太宗之要语；不学无术，汉霍光之为人。江淹梦笔生花，文思大进；扬雄梦吐白凤，词赋愈奇。茹（rú接受、包含）古含今，皆言学博；咀英嚼华，总曰文新。文望尊隆，韩退之若泰山北斗；涵养纯粹，程明道如良玉精金。李白才离，咳（ké）唾（tuò）随风生珠玉；孙绰词丽，诗赋掷（zhì）地作金声。

士人入学曰游泮（pàn学校），又曰采芹（qín）；士人登科曰释褐（hè），又曰得隽（juàn）。其家初中，谓之破天荒；士人超拔，谓之出头地。中状元，曰独占鳌（áo）头；中解元，曰名魁虎榜。同榜之人，皆是同年；取中之官，谓之座主。应试见遗，谓之龙门点额[科场落第]；进士及第，谓之雁塔题名。贺登科，曰荣膺鹗（è）荐；入贡院，曰鏖（áo）战棘闱（wéi科举时代称考场）。金殿唱名曰传胪（lú），乡会放榜曰撤棘。攀仙桂，步青云，皆言荣发；孙山外，红勒帛，总是无名。

上古结绳记事，苍颉（jié）制字代绳。龙马负图，伏羲因画八卦；洛龟呈瑞，大禹因别九畴（chóu）。历日是神农所为，甲子乃大挠

（náo）所作。算数作于隶首，律吕造自伶（líng）伦。甲胄（zhòu）舟车，系轩（xuān）辕（yuán）之创造；权量衡度，亦轩辕之立规。伏羲氏造网罟（gǔ），教佃（diàn）渔以赡（shàn）民用；唐太宗造册籍，编里甲以税田粮。兴贸易，制耒（lěi）耜（sì），皆由炎帝；造琴瑟，教嫁娶，乃是伏羲。冠冕衣裳，至黄帝而始备；桑麻蚕绩，自元妃而始兴。神农尝百草，医药有方；后稷（jì）播百谷，粒食攸（yōu）赖。燧（suì）人氏钻木取火，烹（pēng）饪（rèn）初兴；有巢氏构木为巢，宫室始创。夏禹欲通神祇（qí），因铸镛（yōng）钟于郊庙；汉明尊崇佛教，始立寺观于中朝。周公作指南车，罗盘是其遗制；钱乐作浑天仪，历家始有所宗。育王得疾，因造无量宝塔；秦政防胡，特筑万里长城。叔孙通制立朝仪，魏曹丕（pī）秩序官品。周公独制礼乐，萧何造立律条。尧帝作围棋，以教丹朱；武王作象棋，以象战斗。文章取士，兴于赵宋；应制以诗，起于李唐。梨园子弟乃唐明皇作始，《资治通鉴》乃司马光所编。笔乃蒙恬（tián）所造，纸乃蔡伦所为。凡今人之利用，皆古圣之民。

《增广贤文》精选

昔时贤文，诲汝谆谆。集韵增广，多见多闻。观今宜鉴古，无古不成今。

知己知彼，将心比心。酒逢知己饮，诗向会人吟。相识满天下，知心能几人。相逢好似初相识，到老终无怨恨心。近水知鱼性，近山识鸟音。易涨易退山溪水，易反易复小人心。运去金成铁，时来铁似金。读书须用意，一字值千金。逢人且说三分话，未可全抛一片心。有意栽花花不发，无心插柳柳成荫。画虎画皮难画骨，知人知面不知心。钱财如粪土，仁义值千金。流水下滩非有意，白云出岫本无心。当时若不登高望，谁信东流海洋深。

路遥知马力，事久知人心。两人一般心，无钱堪买金。一人一般心，有钱难买针。相见易得好，久住难为人。马行无力皆因瘦，人不风流只为贫。饶人不是痴汉，痴汉不会饶人。是亲不是亲，非亲却是亲。美不美，乡中水；亲不亲，故乡人。莺花犹怕春光老，岂可教人枉度春。相逢不饮空归去，洞口桃花也笑人。红粉佳人休便老，风流浪子莫教贫。在家不会迎宾客，出路方知少主人。黄金无假，阿魏无真。客来主不顾，应恐是痴人。贫居闹市无人识，富在深山有远亲。谁人背后无人说，那个人前不说人。有钱道真语，无钱语不真；不信但看筵中酒，杯杯先劝有钱人。闹里有钱，静处安身。来如风雨，去似微尘。

长江后浪推前浪，世上新人攒旧人。近水楼台先得月，向阳花木早逢春。古人不见今时月，今月曾经照古人。先到为君，后到为臣。莫道君行早，更有早行人。莫信直中直，须防仁不仁。山中有直树，世上无直人。自恨枝无叶，莫怨太阳偏。大家都是命，半点不由人。

一年之计在于春，一日之计在于寅，一家之计在于和，一身之计在于勤。责人之心责己，恕己之心恕人。守口如瓶，防意如城。宁可负我，切莫负人。再三须重事，第一莫欺心。虎生犹可近，人熟不堪亲。来说是非者，便是是非人。远水难救近火，远亲不如近邻。有茶有酒多兄弟，急难何曾见一人。人情似纸张张薄，世事如棋局局新。山中自有千年树，世上难逢百岁人。力微休重负，言轻莫劝人。无钱休入众，遭难莫寻亲。平生莫作皱眉事，世上应无切齿人。

士者国之宝，儒为席上珍。若要断酒法，醒眼看醉人。求人须求英雄汉，济人须济急时无。渴时一滴如甘露，醉后添杯不如无。久住令人嫌，贫来亲也疏。酒中不语真君子，财上分明大丈夫。出家如初，成佛有余。积金千两，不如明解经书。养子不教如养驴，养女不教如养猪。有田不耕仓廪虚，有书不读子孙愚，仓廪虚兮岁月乏，子孙愚兮礼义疏。同君一席话，胜读十年书。人不通今古，马牛如襟裾。茫茫四海人无数，哪个男儿是丈夫。白酒酿成缘好客，黄金散尽为收书。救人一命，胜造七级浮屠。城门失火，殃及池鱼。庭前生瑞草，好事不如无。欲求生富贵，须下死工夫。百年成之不足，一旦坏之有余。人心似铁，官法如炉。善化不足，恶化有余。水太清则无鱼，人太急则无智。知者减半，省者全无。

在家由父，出嫁从夫。痴人畏妇，贤女敬夫。是非终日有，不听自然无。宁可正而不足，不可邪而有余。宁可信其有，不可信其无。竹篱茅舍风光好，道院僧房总不如。命里有时终须有，命里无时莫强求。道院迎仙客，书堂隐相儒。庭栽栖凤竹，池养化龙鱼。

结交须胜己，似我不如无。但看三五日，相见不如无。人情似水分高下，世事如云任卷舒。会说说都是，不会说无礼。磨刀恨不利，刀利伤人指；求财恨不多，财多害自己。知足常足，终身不辱。知止常止，终身不耻。有福伤财，无福伤己。差之毫厘，失之千里。若登高必自卑，若涉远必自迩。三思而行，再思可矣。使口不如自走，求人不如求己。

小时是兄弟，长大各乡里。妒财莫妒食，怨生莫怨死。人见白头嗔，我见白头喜。多少少年亡，不到白头死。墙有缝，壁有耳。好事不出门，恶事传千里。贼是小人，智过君子。君子固穷，小人穷斯滥矣。贫穷自在，富贵多忧。不以我为德，反以我为仇。宁向直中取，不可曲中求。

人无远虑，必有近忧。知我者谓我心忧，不知我者谓我何求。晴干不肯去，直待雨淋头。成事莫说，覆水难收。是非只因多开口，烦恼皆因强出头。忍得一时之气，免得百日之忧。近来学得乌龟法，得缩头时且缩头。惧法朝朝乐，期公日日忧。

人生一世，草生一春。白发不随老人去，看来又是白头翁。月到十五光明少，人到中年万事休。儿孙自有儿孙福，莫为儿孙作马牛。人生不满百，常怀千岁忧。今朝有酒今朝醉，明日愁来明日忧。路逢险处难回避，事到头来不自由。药能医假病，酒不解真愁。人贫不语，水平不流。一家养女百家求，一马不行百马忧。有花方酌酒，无月不登楼。三杯通大道，一醉解千愁。

深山毕竟藏猛虎，大海终须纳细流。惜花须检点，爱月不梳头。大抵选他肌骨好，不傅红粉也风流。受恩深处宜先退，得意浓时便可休。莫待是非来入耳，从前恩爱反为仇。留得五湖明月在，不愁无处下金钩。休别有鱼处，莫恋浅滩头。去时终须去，再三留不住。忍一句，息一怒，饶一着，退一步。

三十不豪，四十不富，五十将相寻死路。生不认魂，死不认尸。父母恩深终有别，夫妻义重也分离。人生似鸟同林宿，大限来时各自飞。人善被人欺，马善被人骑。人无横财不富，马无夜草不肥。人恶人怕天不怕，人善人欺天不欺。善恶到头终有报，只争来早与来迟。黄河尚有澄清日，岂可人无得运时。得宠思辱，安居虑危。念念有如临敌日，心心常似过桥时。英雄行险道，富贵似花枝。人情莫道春光好，只怕秋来有冷时。

送君千里，终须一别。但将冷眼看螃蟹，看你横行到几时。见事莫说，问事不知；闲事莫管，无事早归。假若染就真红色，也被旁人说是非。善事可作，恶事莫为。许人一物，千金不移。龙生龙子，虎生豹儿。龙游浅水遭虾戏，虎落平川被犬欺。一举首登龙虎榜，十年身到凤凰池。十年窗下无人问，一举成名天下知。酒债寻常行处有，人生七十古来稀。养儿代老，积谷防饥。鸡豚狗彘之畜，无失其时，数口之家，可以无饥矣。

常将有日思无日，莫把无时当有时。时来风送滕王阁，运去雷轰荐福碑。入门休问荣枯事，观看容颜便得知。官清司吏瘦，神灵庙祝肥。息却雷霆之怒，罢却虎狼之威。饶人算之本，输人算之机。好言难得，恶语易施。一言既出，驷马难追。道吾好者是吾贼，道吾恶者是吾师。路逢险处须当避，不是才人莫献诗。三人同行，必有吾师焉。择其善者而从之，其不善者而改之。

少小不努力，老大徒伤悲。人有善愿，天必佑之。莫吃卯时酒，昏昏醉到酉。莫骂酉时妻，一夜受孤凄。种麻得麻，种豆得豆。天网恢恢，疏而不漏。见客莫向前，做客莫向后。宁添一斗，莫添一口。螳螂捕蝉，岂知黄雀在后。不求金玉重重贵，但愿儿孙个个贤。一日夫妻，百世姻缘。百世修来同船渡，千世修来共枕眠。杀人一万，自损三千；伤人一语，利如刀割。

枯木逢春犹再发，人无两度再少年。未晚先投宿，鸡鸣早看天。将相顶头堪走马，公侯肚里好撑船。富人思来年，贫人思眼前。世上若要人情好，赊去对象莫取钱。死生有命，富贵在天。击石原有火，不击乃无烟。人学始知道，不学亦徒然。莫笑他人老，终须还到老。但能依本分，终须无烦恼。

君子爱财，取之有道。贞妇爱色，纳之以礼。善有善报，恶有恶报；不是不报，日子未到。人而无信，不知其可也。一人道好，千人传实。凡事要好，须问三老。若争小可，便失大道。年年防饥，夜夜防盗。学者如禾如稻，不学者如蒿如草。遇饮酒时须饮酒，得高歌处且高歌。因风吹火，用力不多。不因渔父引，怎得见波涛。无求到处人情好，不饮从他酒价高。知事少时烦恼少，识人多处是非多。入山不怕伤人虎，只怕人情两面刀。强中自有强中手，恶人须用恶人磨。会使不在家豪富，风流不用着衣多。

光阴似箭，日月如梭。天时不如地利，地利不如人和。黄金未为贵，安乐值钱多。世上万般皆下品，思量惟有读书高。世间好语书说尽，天下名山僧占多。为善最乐，为恶难逃。羊有跪乳之恩，鸦有反哺之义。你急他未急，人闲心不闲。隐恶扬善，执其两端。妻贤夫祸少，子孝父心宽。既坠釜甑，反顾无益；已覆之水，收之实难。人生知足何时足，人老偷闲且自闲。

处处绿杨堪系马，家家有路通长安。见者易，学者难。莫将容易得，便作等闲看。用心计较般般错，退步思量事事难。道路各别，养家一般。从俭入奢易，从奢入俭难。知音说与知音听，不是知音莫与谈。点石化为金，人心犹未足。信了肚，卖了无。他人观花，不涉你目。他人碌碌，不涉你足。

谁人不爱子孙贤，谁人不爱千钟粟，奈五行不是这般题目。莫把真心空计较，儿孙自有儿孙富。与人不和，劝人养鹅；与人不睦，劝人架屋。但行好事，莫问前程。河狭水急，人急计生。明知山有虎，莫向虎山行。路不行不到，事不为不成；人不劝不善，钟不打不鸣。无钱方断酒，临老始看经。点塔七层，不如暗处一灯。万事劝人休瞒昧，举头三尺有神明。但存方寸地，留与子孙耕。灭却心头火，剔起佛前灯。惺惺常不足，蒙蒙作公卿。众星朗朗，不如孤月独明。兄弟相害，不如友生。合理可作，小利莫争。牡丹花好空入目，枣花虽小结实成。欺老莫欺少，欺人心不明。随分耕锄收地利，他时饱暖谢苍天。

得忍且忍，得耐且耐；不忍不耐，小事成大。相论逞英雄，家计渐渐退。贤妇令夫贵，恶妇令夫败。一人有庆，兆民感赖。人老心未老，人穷志未穷。人无千日好，花无百日红。杀人可恕，情理难容。乍富不知新受用，骤贫难改旧家风。座中客常满，杯中酒不空。屋漏更遭连阴雨，行船又遇顶头风。笋因落箨方成竹，鱼为奔波始化龙。记得少年骑竹马，看看又是白头翁。

礼义生于富足，盗贼出于贫穷。天上众星皆拱北，世间无水不朝东。君子安贫，达人知命。忠言逆耳利于行，良药苦口利于病。顺天者存，逆天者亡。人为财死，鸟为食亡。夫妻相合好，琴瑟与笙簧。有儿贫不久，无子富不长。善必寿考，恶必早亡。爽口食多偏作病，快心事过恐生殃。富贵定要安本分，贫穷不必枉思量。画水无风空作浪，绣花虽好不闻香。贪他一斗米，失却半年粮；争他一脚豚，反失一肘羊。龙归晚洞云犹湿，麝（shè）过春山草亦香。

平生只会量人短，何不回头把自量。见善如不及，见恶如探汤。人贫志短，马瘦毛长。自家心里急，他人未知忙。贫无义士将金赠，病有高人说药方。触来莫与竞，事过心头凉。秋至满山多秀色，春来无处不花香。凡人不可貌相，海水不可斗量。清清之水为土所防，济济之士为酒所伤。蒿草之下，或有兰香；茅茨之屋，或有侯王。无限朱门生饿殍，几多白屋出公卿。醉后乾坤大，壶中日月长。万事省先定，浮生空自忙。

千里送毫毛，寄物不可失。一人传虚，百人传实。世事明如镜，前程暗似漆。良田万顷，日食一升；大厦千间，夜眠八尺。千经万典，孝义为先。一字入公门，九牛拖不出。衙门八字开，有理无钱莫进来。富从升合起，贫因不算来。家中无才子，官从何处来。万事不由人计较，一身都是命安排。急行慢行，前程只有许多路。人间私语，天闻若雷；暗室亏心，神目如电。一毫之恶，劝人莫作；一毫之善，与人方便。亏人是祸，饶人是福。天眼恢恢，报应甚速。

圣贤言语，神钦鬼伏。人各有心，心各有见。口说不如身逢，耳闻不如目见。养军千日，用在一朝。国清才子贵，家富小儿骄。利刀割体痕易合，恶语伤人恨不消。公道世间惟白发，贵人头上不曾饶。有钱堪出众，无衣懒出门。为官须作相，及第早争先。苗从地发，树向枝分。父子合而家不退，兄弟合而家不分。官有正条，民有私约。闲时不烧香，急时抱佛脚。幸生太平无事日，恐逢年老不多时。国乱思良将，家贫思贤妻。池塘积水须防旱，田地深耕足养家。根深不怕风摇动，树正不愁月影斜。

奉劝君子，各宜守己，只此呈示，万无一失。书山有路勤为径，学海无涯苦作舟。黑发不知勤学早，白首方悔读书迟。

初中篇录

咏雪 《世说新语》

谢太傅寒雪日内集[家庭聚会]，与儿女讲论文义。俄而[不久，一会儿]雪骤（zhòu），公欣然曰："白雪纷纷何所似？"兄子胡儿曰："撒（sǎ）盐空中差可拟[相比]。"兄女曰："未若柳絮因风起。"公大笑乐。即公大兄无奕（yì）女，左将军王凝之妻也。

陈太丘与友期 《世说新语》

陈太丘与友期[约定]行，期日中，过中不至，太丘舍去。去后乃[才]至。元方时年七岁，门外戏。客问元方："尊君在不（fǒu否）？"答曰："待君久不至，已去。"友人便怒曰："非人哉！与人期行，相委[丢下、舍弃]而去[离开]。"元方曰："君与家君期日中，日中不至，则是无信；对子骂父，则是无礼。"友人惭，下车引[拉]之。元方入门不顾[回头看]。

《论（lún）语》十二章

子曰："学而时习之，不亦说（yuè悦）乎？有朋自远方来，不亦乐乎？人不知而不愠（yùn怨恨），不亦君子乎？"（《学而》）

曾子曰："吾日三省（xǐng）吾身：为人谋而不忠乎？与朋友交而不信乎？传（chuán老师传授的知识）不习乎？"（《学而》）

子曰："吾十有五而志于学，三十而立，四十而不惑，五十而知天命，六十而耳顺[正确对待各种言论]，七十而从心所欲不逾（yú越过）矩。"（《为政》）

子曰："温故而知新，可以为师矣。"（《为政》）

子曰："学而不思则罔（wǎng迷惑），思而不学则殆（dài陷入困

境）。”（《为政》）

子曰：“贤哉，回也！一箪食，一瓢饮，在陋巷，人不堪[能忍受]其忧，回也不改其乐。贤哉，回也！”（《雍也》）

子曰：“知之者不如好（hào）之者，好之者不如乐之者。”（《雍也》）

子曰：“饭疏食饮水，曲肱[胳膊]而枕之，乐亦在其中矣。不义而富且贵，于我如浮云。”（《述而》）

子曰：“三人行，必有我师焉。择其善者而从之，其不善者而改之。”（《述而》）

子在川[河]上曰：“逝者如斯夫，不舍昼夜。”（《子罕》）

子曰：“三军可夺帅也，匹夫不可夺志也。”（《子罕》）

子夏曰：“博学而笃[坚守]志，切[恳切]问而近思，仁在其中矣。”（《子张》）

虽有嘉肴 《礼记》

虽有嘉肴（yáo），弗食，不知其旨[甘美]也；虽有至道，弗学，不知其善也。是故学然后知不足，教然后知困。知不足，然后能自反[反省]也；知困，然后能自强（qiǎng勉励）也。故曰：教学相长（zhǎng）也。《兑（yuè）命》曰：“学（xiào教）学（xué）半。”其[大概]此之谓[说]乎？

河中石兽 纪昀（yún）（清）

沧州南一寺临河干（gān河岸），山门圮（pǐ倒塌）于河，二石兽并沉焉。阅[过了]十余岁，僧募金重修，求石兽于水中，竟不可得。以为顺流下矣，棹（zhào划）数小舟，曳（yè拖着）铁钯（pá），寻十余里，无迹。

一讲学家设帐[教书]寺中，闻之笑曰：“尔辈不能究物理，是[这]非木柿（fèi木片），岂能为[被]暴涨携之去？乃石性坚重，沙性松浮，湮（yān）于沙上，渐沉渐深耳。沿河求之，不亦颠[癫]乎？”众服[信服]为[认为]确论。

一老河兵闻之，又笑曰："凡河中失石，当求之于上流。盖[因为]石性坚重，沙性松浮，水不能冲石，其反激之力，必于石下迎水处啮（niè）沙为坎穴，渐激渐深，至石之半，石必倒掷坎穴中。如是再啮，石又再转，转转不已，遂反溯流逆上矣。求之下流，固颠[癫]；求之地中，不更颠乎？"如其言，果得于数里外。

然则天下之事，但知其一，不知其二者多矣，可据理臆（yì推测）断欤（yú）？

智子疑邻　《韩非子·说难》

宋有富人，天雨墙坏。其子曰："不筑[修补]，必将有盗。"其邻人之父亦云[说]。暮[晚上]而果[果然]大亡[丢失]其财，其家甚智其子，而疑邻人之父。

塞翁失马　《淮南子》

近塞（sài）上之人有善术[术数]者，马无故亡[逃跑]而入胡。人皆吊[安慰]之，其父曰："此何遽（jù就）不为福乎？"居[过了]数月，其马将（jiàng带领）胡骏马而归。人皆贺之，其父曰："此何遽不为祸乎？"家富良马，其子好骑，堕而折其髀（bì大腿）。人皆吊之，其父曰："此何遽不为福乎？"居一年，胡人大入塞，丁壮者引[拉]弦而战。近塞之人，死者十九。此独以跛（bǒ瘸腿）之故，父子相保。

伤[哀伤，叹息]仲永　王安石（北宋）

金溪民方仲永，世隶[属于]耕。仲永生五年，未尝识书具[书写工具]，忽啼求之。父异焉，借旁近[邻居]与之，即书诗四句，并自为其名。其诗以养父母、收[聚，团结]族为意，传一乡秀才观之。自是指物作诗立就[完成]，其文[文采]理皆有可观者。邑人[同（乡）县的人]奇之，稍稍[渐渐]宾客其父，或以钱币乞[求取]之。父利其然也，日扳（pān攀）仲永环[四处]谒（yè拜访）于邑人，不使学。

余闻之也久。明道中，从先人[死去的父亲]还家，于舅家见之，十二三矣。令作诗，不能称（chèn）前时之闻。又七年，还自扬州，复到舅家问焉，曰："泯（mǐn消失）然众人[常人]矣。"

王子曰：仲永之通[通达]悟[聪慧]，受之天也。其受之天也，贤[超过]于材[才]人远矣。卒[最终]之为众人，则其受于人[后天教育]者不至也。彼其[他]受之天也，如此其贤也，不受之人，且为众人；今夫不受之天，固众人，又不受之人，得为众人而已[停止]耶？

孙权劝学 《资治通鉴》

初，权谓吕蒙曰："卿今当涂[当权]掌事，不可不学！"蒙辞以军中多务。权曰："孤岂欲卿治经[研究儒家经典]为博士[学官]邪（yé）！但当涉猎，见往事[历史]耳。卿言多务，孰若孤？孤常读书，自以为大有所益。"蒙乃始就学。及鲁肃过[到]寻阳，与蒙论议，大惊曰："卿今者才略[才干谋略]，非复吴下阿蒙！"蒙曰："士别三日，即更刮目相待，大兄何见事[认清事物]之晚乎！"肃遂拜蒙母，结友而别。

口技 林嗣环（清）

京中有善口技者。会[正赶上]宾客大宴，于厅事[大厅]之东北角，施八尺屏障，口技人坐屏障中，一桌、一椅、一扇、一抚尺而已[罢了]。众宾团坐。少（shǎo）顷（qǐng），但[只]闻屏障中抚尺一下，满坐[座]寂然，无敢哗者。

遥闻深巷中犬吠，便有妇人惊觉（jiào）欠[打呵欠]伸[伸懒腰]，其夫呓（yì）语。既而[不久]儿醒，大啼。夫亦醒。妇抚儿乳[喂奶]，儿含乳啼，妇拍而呜之。又一大儿醒，絮絮不止。当是时，妇手拍儿声，口中呜声，儿含乳啼声，大儿初醒声，夫叱（chì）大儿声，一时齐发，众妙毕[全、都]备[具备]。满坐宾客无不伸颈，侧目，微笑，默叹，以为妙绝。

未几[不久]，夫齁（hōu）声起，妇拍儿亦渐拍渐止。微[隐约]闻有鼠作作索索，盆器倾侧，妇梦中咳嗽。宾客意少[稍]舒，稍稍正坐。

忽一人大呼"火起"，夫起大呼，妇亦起大呼。两儿齐哭。俄而[不久]百千人大呼，百千儿哭，百千犬吠。中间（jiàn）力拉崩倒之声，火爆声，呼呼风声，百千齐作；又夹百千求救声，曳（yè）屋许（hǔ）许声，抢夺声，泼水声。凡所应有，无所不有。虽[即使]人有百手，手有百指，不能指其一端；人有百口，口有百舌，不能名[指明]其一处也。于是宾客无不变色离席，奋袖出臂，两股[大腿]战战，几（jī几乎）欲先走。

忽然抚尺一下，群响毕[全、都]绝。撤屏视之，一人、一桌、一椅、一扇、一抚尺而已[罢了]。

夸父逐日 《山海经》

夸父与日逐走[竞跑]，入日[追赶到太阳落下的地方]；渴，欲得饮，饮于河[黄河]、渭[渭水]；河、渭不足，北饮大泽。未至，道渴而死。弃其杖，化为邓林[桃林]。

共工怒触不周山 《淮南子》

昔者，共工与颛（zhuān）顼（xū）争为帝，怒而触不周之山，天柱折，地维[绳子]绝。天倾西北，故日月星辰移焉；地不满东南，故水潦（lǎo积水）尘埃归焉。

狼 蒲松龄（清）

一屠晚归，担中肉尽，止[只]有剩骨。途中两狼，缀（zhuì紧跟）行甚远。

屠惧，投以骨。一狼得骨止，一狼仍从。复投之，后狼止而前狼又至。骨已尽矣，而两狼之并驱如故[原来]。

屠大窘（jiǒng处境危急），恐[担心]前后受其敌[攻击]。顾[往旁边看]野有麦场，场主积薪其中，苫（shàn）蔽[覆盖]成丘。屠乃奔倚其下，弛[卸下]担持刀。狼不敢前，眈（dān瞪眼）眈相向。

少时，一狼径[径直]去，其一犬[像狗一样]坐于前。久之，目似瞑，意暇甚。屠暴[突然]起，以刀劈狼首，又数刀毙之。方欲行，转视积薪后，一狼洞[打洞]其中，意将隧[钻洞]入以攻其后也。身已半入，止露尻（kāo屁股）尾[尾巴]。屠自后断其股[后腿]，亦毙之。乃[才]悟前狼假寐，盖[原来]以诱敌。

狼亦黠（xiá狡猾）矣，而顷刻两毙，禽兽之变诈几何[多少]哉？止[只]增笑耳。

桃花源记 陶渊明（东晋）

晋太元中，武陵人捕鱼为业。缘[沿着]溪行，忘路之远近。忽逢桃花林，夹岸数百步，中无杂树，芳草鲜美[鲜艳美丽]，落英缤纷。渔人甚异之。复前行，欲穷[走完]其林。

林尽水源，便得一山，山有小口，仿佛若有光。便舍船，从口入。初极狭，才通人。复行数十步，豁然开朗。土地平旷，屋舍俨（yǎn）然[整齐的样子]，有良田美池桑竹之属[类]。阡（qiān）陌（mò）交通，鸡犬相闻。其中往来种作，男女衣着，悉[全，都]如外人。黄发[老人]垂髫（tiáo）[小孩]，并怡然自乐。

见渔人，乃大惊，问所从来。具[详细]答之。便要（yāo邀）还家，设酒杀鸡作食。村中闻有此人，咸[都，全]来问讯。自云[说]先世避秦时乱，率妻子邑（yì）人[乡邻]来此绝境[与人世隔绝的地方]，不复出焉，遂与外人间隔。问今是何世，乃不知有汉，无论[不要说]魏晋。此人一一为具言所闻，皆叹惋。余人各复延[邀请]至其家，皆出酒食。停数日，辞去。此中人语云：“不足[值得]为外人道也。”

既[以后]出，得其船，便扶向[以前]路，处处志[做标记]之。及郡下，诣（yì到）太守，说如此。太守即遣人随其往，寻向所志，遂[终于]迷，不复得路。

南阳刘子骥，高尚士也，闻之，欣然规[计划]往，未果，寻[不久]病终。后遂无问津[探访]者。

陋室铭 刘禹锡（唐）

山不在高，有仙则名。水不在深，有龙则灵。斯[这]是陋室，惟吾德馨（xīn芳香）[高尚]。苔痕上阶绿，草色入帘青。谈笑有鸿儒[博学的人]，往来无白丁[没什么学问的人]。可以调素琴，阅金经。无丝竹之乱耳，无案牍（dú）[官府的公文]之劳形[身体]。南阳诸葛庐，西蜀子云亭。孔子云：何陋之有？

爱莲说　周敦颐（北宋）

水陆草木之花，可爱者甚蕃（fán繁多）。晋陶渊明独爱菊。自李唐来，世人盛爱牡丹。予（yú我）独爱莲之出淤（yū）泥而不染，濯（zhuó洗涤）清涟（lián）而不妖，中通外直，不蔓（màn生枝蔓）不枝，香远益清，亭亭净植[立]，可远观而不可亵（xiè亲近而不庄重）玩[玩弄]焉。

予谓菊，花之隐逸者也；牡丹，花之富贵者也；莲，花之君子者也。噫（yī）！菊之爱，陶后鲜（xiǎn少）有闻。莲之爱，同予者何人？牡丹之爱，宜[应当]乎众矣！

核舟记　魏学洢（yī）（明）

明有奇巧人曰王叔远，能以径寸之木，为[雕刻]宫室、器皿（mǐn）、人物，以至鸟兽、木石，罔（wǎng无）不因[顺着]势象形，各具情态。尝[曾经]贻[赠送]余核舟一，盖[表示推测的句首语气词]大苏泛赤壁云。

舟首尾长约八分有奇（jī），高可二黍（shǔ）许。中轩敞者为舱，箬（ruò）篷（péng）覆之。旁开小窗，左右各四，共八扇。启窗而观，雕栏相望焉。闭之，则右刻“山高月小，水落石出”，左刻“清风徐[缓缓地]来，水波不兴”，石青糁（sǎn涂染）之。

船头坐三人，中峨冠而多髯（rán）者为东坡，佛印居右，鲁直居左。苏、黄共阅一手卷。东坡右手执卷端，左手抚鲁直背。鲁直左手执卷末，右手指卷，如有所语。东坡现右足，鲁直现左足，各微侧，其两膝相比者，各隐卷底衣褶（zhě）中。佛印绝类弥勒，袒（tǎn）胸露乳，矫（jiǎo）首昂视，神情与苏黄不属[相类似]。卧右膝，诎（qū屈）右臂支船，而竖其左膝，左臂挂念珠倚之，珠可历历数也。

舟尾横卧一楫。楫（jí船桨）左右舟子各一人。居右者椎髻（jì）仰面，左手倚一衡[横]木，右手攀[扳]右趾，若啸呼状。居左者右手执蒲葵扇，左手抚炉，炉上有壶，其人视端容寂，若听茶声然。

其船背稍夷，则题名其上，文曰“天启壬（rén）戌（xū）秋日，虞山王毅叔远甫刻”，细若蚊足，钩画了了，其色墨。又用篆章一，文曰“初平山人”，其色丹。

通计[总计算]一舟，为人五，为窗八，为箬篷，为楫，为炉，为壶，为手卷，为念珠各一；对联、题名并篆（zhuàn）文，为字共三十有四。而计其长曾不盈寸。盖简[挑选]桃核修狭者为之。

嘻，技亦灵怪矣哉！

大道之行也 《礼记》

大道之行也，天下为公，选贤与（jǔ举）能，讲信修睦（mù）。故人不独亲其亲，不独子其子，使老有所终[终其天年]，壮有所用，幼有所长，矜（guān鳏）、寡、孤、独、废疾者皆有所养，男有分（fèn职分），女有归[归宿]。货恶（wù憎恶）其弃于地也，不必藏于己；力恶其不出于身也，不必为己。是故谋[奸邪之谋]闭[杜绝]而不兴，盗窃乱[造反]贼[害人]而不作[兴起]，故外户而不闭，是谓大同。

三峡 郦（lì）道元（北魏）

自三峡七百里中，两岸连山，略无[毫无]阙（quē缺）处。重岩叠嶂，隐天蔽日，自[如果]非亭午[正午]夜分[半夜]，不见曦（xī太阳）月。

至于夏水襄（xiāng漫上）陵[山陵]，沿[顺流而下的船]溯（sù逆流而上的船）阻绝。或王命急宣，有时朝发白帝，暮到江陵，其间千二百里，虽[即使]乘奔[飞奔的马]御风，不以疾也。

春冬之时，则素湍（tuān）绿潭，回清倒影，绝巘（yǎn山峰）多生怪柏，悬泉瀑布，飞漱（shù）其间，清荣峻茂，良多趣味。

每至晴初霜旦，林寒涧（jiàn）肃，常有高猿长啸，属（zhǔ连接）引凄异，空谷传响，哀转久绝。故渔者歌曰：“巴东三峡巫峡长，猿鸣三声泪沾裳。”

答谢中书书 陶弘景（南朝·梁）

山川之美，古来共谈。高峰入云，清流见底。两岸石壁，五色交辉。青林翠竹，四时俱备。晓雾将歇，猿鸟乱鸣；夕日欲颓，沉鳞[潜游在水中的鱼]竞跃，实[确实]是[这]欲界[人间]之仙都。自康乐以来，未复有能与（yù欣赏）其奇者。

记承天寺夜游　苏轼（北宋）

元丰六年十月十二日夜，解衣欲睡，月色入户，欣然起行。念[想到]无与为乐者，遂[于是]至承天寺寻张怀民。怀民亦未寝，相与[共同]步于中庭。庭下如积水空明，水中藻荇（xìng）交横，盖[原是]竹柏影也。何夜无月？何处无竹柏？但[只是]少闲人如吾两人者耳。

观潮　周密（南宋）

浙江之潮，天下之伟观也。自既望以至十八日为最盛。方其远出海门，仅如银线；既而渐近，则玉城雪岭际天而来，大声如雷霆，震撼激射，吞天沃日，势极雄豪。杨诚斋诗云“海涌银为郭，江横玉系腰”者是也。

每岁京尹（yǐn）出浙江亭教阅水军，艨（méng）艟（chōng）[战船]数百，分列两岸；既而尽奔腾分合五阵之势，并有乘骑（jì）弄[舞动]旗标[举]枪舞刀于水面者，如履平地。倏（shū）尔黄烟四起，人物略不相睹[看]，水爆轰震，声如崩山。烟消波静，则一舸（gě船）无迹，仅有“敌船”为火所焚，随波而逝。

吴儿善泅（qiú浮水）者数百，皆披发文身，手持十幅大彩旗，争先鼓勇，溯（sù）迎而上，出没于鲸波万仞中，腾身百变，而旗尾略不沾湿，以此夸能。

江干（gān岸）上下十余里间，珠翠罗绮（qǐ）溢目，车马塞途，饮食百物皆倍穹（qióng高）常时，而僦（jiù）赁（lìn租用）看幕，虽[即使]席地不容间（jiān空间）也。

湖心亭看雪　张岱（dài）（明）

崇祯五年十二月，余住西湖。大雪三日，湖中人鸟声俱绝。是[这]日更定矣，余挐（náo桡[撑]）一小舟，拥毳（cuì鸟兽的细毛）衣炉火，独往湖心亭看雪。雾凇（sōng冰花）沆（hàng）砀（dàng）[白茫茫]，天与云与山与水，上下一白。湖上影子，惟长堤一痕，湖心亭一点，与余舟一芥，舟中人两三粒而已。

到亭上，有两人铺毡（zhān）对坐，一童子烧酒炉正沸。见余，大喜曰："湖中焉[怎么]得更有此人！"拉余同饮。余强（qiǎng）饮三大白[酒杯]而别。问其姓氏，是金陵人，客[客居]此。及[等到]下船，舟子喃喃曰："莫说相公痴，更有痴似相公者！"

与朱元思书　吴均（南朝·梁）

风烟俱净，天山共色。从流飘荡，任意东西。自富阳至桐庐一百许里，奇山异水，天下独绝。

水皆缥（piǎo）碧，千丈见底。游鱼细石，直视无碍。急湍甚箭，猛浪若奔[飞奔的马]。

夹岸高山，皆生寒树。负[凭借]势竞上，互相轩[高]邈（miǎo远）；争高直指，千百成峰。泉水激石，泠（líng）泠作响；好鸟相鸣，嘤（yīng）嘤成韵。蝉则千转（zhuàn啭）不穷，猿则百叫无绝。鸢（yuān）飞戾（lì至）天者，望峰息心；经纶世务者，窥（kuī）谷忘反[返]。横柯上蔽，在昼犹昏；疏条交映，有时见日。

五柳先生传　陶渊明（东晋）

先生不知何许人也，亦不详其姓字，宅边有五柳树，因[就]以为号焉。闲静少言，不慕荣利。好读书，不求甚[深入过分]解；每有会意，便欣然忘食。性嗜（shì特别喜欢）酒，家贫不能常得。亲旧知其如此，或[有时]置酒而招之；造[往]饮辄（zhé）尽，期[期望]在必醉。既醉而退，曾不吝情去留。环堵萧然，不蔽风日；短褐（hè）穿结，箪（dān）瓢（piáo）屡[经常]空，晏如[安然自若的样子]也。常著文章自娱，颇示己志。忘怀得失，以此自终[过完自己的一生]。

赞曰：黔（qián）娄之妻有言："不戚（qī忧虑）戚于贫贱，不汲（jí热衷）汲于富贵。"其言兹[这]若人之俦（chóu辈、同类）乎？衔觞

（shāng酒杯）赋诗，以乐其志。无怀氏之民欤？葛天氏之民欤？

马说 韩愈（唐）

世有伯乐，然后有千里马。千里马常有，而伯乐不常有。故虽有名马，祇（zhǐ只）辱于奴隶人之手，骈（pián并列）死于槽枥（lì）之间，不以千里称[著称]也。

马之千里者，一食或[有时]尽粟一石。食（sì饲）马者不知其能千里而食（sì饲）也。是马也，虽有千里之能，食不饱，力不足，才美不外见[现]，且欲与常马等不可得，安[怎么]求其能千里也？

策[鞭策，驾驭]之不以其道，食（sì饲）之不能尽其材[才]，鸣[嘶鸣]之而不能通其意，执策[马鞭]而临之，曰：“天下无马！”呜呼！其[难道]真无马邪？其真不知马也。

送东阳马生序 宋濂（lián）（明）

余幼时即嗜（shì特别爱好）学。家贫，无从致书以观，每假[借]借于藏书之家，手自笔录，计日以还。天大寒，砚冰坚，手指不可屈伸，弗之怠。录毕，走送之，不敢稍逾约。以是人多以书假余，余因得遍观群书。既加冠（guān），益慕圣贤之道。又患[担心]无硕师名人与游[交往]，尝趋百里外，从乡之先达[有学问的前辈]执经叩问。先达德隆望尊，门人弟子填其室，未尝稍降辞色。余立侍左右，援[提出]疑质[询问]理，俯身倾耳以请；或遇其叱（chì）咄（duō），色愈恭，礼愈至，不敢出一言以复；俟（sì等待）其欣悦，则又请焉。故余虽愚，卒[最终]获有所闻。

当余之从师也，负箧（qiè书箱）曳（yè拖）屣（xǐ鞋子）行深山巨谷中。穷冬烈风，大雪深数尺，足肤皲（jūn）裂而不知。至舍，四支僵劲不能动，媵（yìng女仆）人持汤[热水]沃灌，以衾（qīn被子）拥覆，久而乃和。寓逆旅，主人日再食，无鲜肥滋味之享。同舍生皆被[披]绮绣，戴朱缨宝饰之帽，腰白玉之环，左佩刀，右备容臭（xiù香气），烨（yè）然若神人；余则缊（yùn）袍敝衣处其间，略无慕艳意，以中有足乐者，不知口体之奉不若人也。盖[大概]余之勤且艰若此。

小石潭记 柳宗元（唐）

从小丘西行百二十步，隔篁（huáng）竹[竹林]，闻水声，如鸣佩环，心乐之。伐竹取道，下见小潭，水尤清洌（liè）。全石以为底，近岸，卷（quán）石底以出，为坻（chí），为屿（yǔ），为嵁（kān），为岩。青树翠蔓，蒙络摇缀，参差披拂。

潭中鱼可百许头，皆若空游无所依，日光下澈，影布石上。佁（yǐ呆呆的）然不动，俶（chù）尔[忽然]远逝，往来翕（xī迅疾）忽，似与游者相乐。

潭西南而望，斗折蛇行，明灭可见。其岸势犬牙差（cī）互，不可知其源。

坐潭上，四面竹树环合，寂寥无人，凄神寒骨，悄（qiǎo）怆（chuàng）幽邃（suì）。以[因为]其境过清，不可久居，乃记之而去。

同游者：吴武陵，龚古，余弟宗玄。隶而从者，崔氏二小生：曰恕己，曰奉壹。

岳阳楼记 范仲淹（北宋）

庆历四年春，滕子京谪（zhé）守巴陵郡。越明年，政通人和，百废具[俱]兴。乃重修岳阳楼，增其旧制[规模]，刻唐贤今人诗赋于其上。属[嘱]予作文以记之。

予观夫巴陵胜状[胜景]，在洞庭一湖。衔（xián）远山，吞长江，浩浩汤（shāng）汤，横无际涯；朝晖夕阴，气象万千。此则岳阳楼之大观[景象]也，前人之述备矣。然则北通巫峡，南极潇湘，迁客骚人，多会于此，览物之情，得无异乎？

若夫淫（yín）雨霏（fēi）霏，连月不开，阴风怒号，浊浪排空；日星隐曜（yào），山岳潜形；商旅不行，樯（qiáng桅杆）倾楫（jí船桨）摧；薄暮冥冥，虎啸猿啼。登斯楼也，则有去国怀乡，忧谗畏讥，满目萧然，感极而悲者矣。

至若春和景明，波澜不惊，上下天光，一碧万顷；沙鸥翔集，锦鳞游泳；岸芷（zhǐ）汀（tīng）兰，郁郁青青。而或长烟一空，皓月千里，浮光跃金，静影沉璧，渔歌互答，此乐何极！登斯楼也，则有心旷神怡，宠辱偕（xié一起）忘，把酒临风，其喜洋洋者矣。

嗟夫！予尝求古仁人之心，或异二者之为，何哉？不以物喜，不以己悲；居庙堂之高则忧其民；处江湖之远则忧其君。是进亦忧，退亦忧。然则何时而乐耶？其必曰："先天下之忧而忧，后天下之乐而乐"乎。噫！微[没有]斯人，吾谁与归？

时六年九月十五日。

醉翁亭记　欧阳修（北宋）

环[环绕]滁（chú滁州）皆山也。其西南诸峰，林壑[山谷]尤美，望之蔚然而深秀者，琅（láng）琊（yá）也。山行六七里，渐闻水声潺潺而泻出于两峰之间者，酿泉也。峰回路转，有亭翼然临于泉上者，醉翁亭也。作亭者谁？山之僧智仙也。名[命名]之者谁？太守自谓也。太守与客来饮于此，饮少辄醉，而年又最高，故自号曰醉翁也。醉翁之意不在酒，在乎山水之间也。山水之乐，得之心而寓之酒也。

若夫日出而林霏开，云归而岩穴暝（míng），晦明变化者，山间之朝暮也。野芳发而幽香，佳木秀而繁阴，风霜高洁，水落而石出者，山间之四时也。朝而往，暮而归，四时之景不同，而乐亦无穷也。

至于负者[背着东西的人]歌于途，行者休于树，前者呼，后者应，伛（yǔ）偻（lǚ）[老年人]提携[小孩子]，往来而不绝者，滁人游也。临溪而渔，溪深而鱼肥，酿泉为酒，泉香而酒洌[清澈]，山肴野蔌（sù菜），杂然而前陈者，太守宴也。宴酣之乐，非丝非竹，射者中，弈（yì下棋）者胜，觥（gōng）筹（chóu）交错，起坐而喧哗者，众宾欢也。苍颜白发，颓（tuí）然乎其间者，太守醉也。

已而[不久]夕阳在山，人影散乱，太守归而宾客从也。树林阴翳（yì遮盖），鸣声上下，游人去而禽鸟乐也。然而禽鸟知山林之乐，而不知人之乐；人知从太守游而乐，而不知太守之乐其乐也。醉能同其乐，醒能述以文者，太守也。太守谓谁？庐陵欧阳修也。

满井游记　袁宏道（明）

燕（yān）地寒，花朝（zhāo）节后，余寒犹厉。冻风时作，作则飞沙走砾（lì）。局促[拘束]一室之内，欲出不得。每冒风驰行，未百步辄（zhé）返。

廿（niàn二十）二日天稍和，偕（xié）数友出东直，至满井。高柳夹堤，土膏微润，一望空阔，若脱笼之鹄（hú天鹅）。于时冰皮始解，波色乍（zhà始）明，鳞浪层层，清澈见底，晶晶然如镜之新开而冷光之乍[突然]出于匣也。山峦为晴雪所洗，娟然如拭，鲜妍明媚，如倩（qiàn）女之靧（huì洗脸）面而髻（jì）鬟（huán）之始掠也。柳条将舒未舒，柔梢披风，麦田浅鬣（liè毛苗）寸许。游人虽未盛，泉而茗者，罍（léi端着酒杯）而歌者，红装而蹇（jiǎn骑驴）者，亦时时有。风力虽尚劲，然徒步则汗出浃（jiā）背。凡曝（pù）沙之鸟，呷（xiā）浪之鳞[鱼]，悠然自得，毛[虎狼兽类]羽[鸟类]鳞[鱼等水生动物]鬣（liè马一类动物）之间皆有喜气。始知郊田之外未始无春[未尝没有春天]，而城居者未之知也。

夫（fú）不能以游堕（huī耽误）事，潇[潇洒自在]然于山石草木之间者，惟此官也。而此地适与余近，余之游将自此始，恶（wū怎么）能无纪[记]？己亥之二月也。

陈涉世家　司马迁（西汉）

陈胜者，阳城人也，字涉。吴广者，阳夏人也，字叔。陈涉少[年轻]时，尝与人佣耕，辍[停止]耕之[去]垄（lǒng）上，怅恨久之，曰："苟[如果]富贵，无[勿]相忘。"佣者笑而应曰："若[你]为佣耕，何富贵也？"陈涉太息[长叹]曰："嗟乎！燕雀安[怎么]知鸿鹄（hú）之志哉！"

二世元年七月，发[征发]闾（lǘ）左[里巷左边的贫苦人民]谪戍渔阳，九百人屯[停驻]大泽乡。陈胜、吴广皆次[编次]当行，为屯长。会[适逢]天大雨，道不通，度已失期。失期，法皆斩。陈胜、吴广乃谋曰："今亡亦死，举大计[起义]亦死，等死，死国可乎？"陈胜曰："天下苦秦久矣。吾闻二世少子也，不当立，当立者乃公子扶苏。扶苏以数（shuò屡次）谏故，上[皇上]使外将兵。今或闻无罪，二世杀之。百姓多闻其贤，未知其死也。项燕为楚将，数有功，爱士卒，楚人怜之。或以为死，或以为亡。今诚[如果]以吾众诈自称公子扶苏、项燕，为天下唱[倡]，宜多应者。”吴广以为然。乃行卜（bǔ）。卜者知其指意，曰：“足下事皆成，有功。然足下卜之鬼乎！”陈胜、吴广喜，念鬼，曰：“此教我先威众耳。”乃丹书[写]帛（bó）曰“陈胜王（wàng）”，置人所罾（zēng用鱼网捕）鱼腹中。卒买鱼烹食，得鱼腹中书，固[自然]以怪之矣。又间（jiàn暗地里）令吴广之[去]次[驻扎]所旁丛祠中，夜篝火，狐鸣呼曰“大楚兴，陈胜王”。卒皆夜惊恐。旦日，卒中往往[到处]语，皆指目陈胜。

吴广素[向来]爱人，士卒多为用者。将尉醉，广故数言欲亡，忿（fèn）恚（huì）尉，令辱之，以激怒其众。尉果笞（chī）广。尉剑挺，广起，夺而杀尉。陈胜佐之，并杀两尉。召令徒属曰：“公等遇雨，皆已失期，失期当斩。藉（jiè即使）第令毋斩，而戍死者固十六七。且壮士不死即已，死即举大名耳，王侯将相宁（nìng难道）有种乎！”徒属皆曰：“敬受命。”乃诈称公子扶苏、项燕，从民欲也。袒（tǎn露出）右，称大楚。为坛而盟，祭以尉首。陈胜自立为将军，吴广为都尉。攻大泽乡，收而攻蕲（qí）。蕲下，乃令符离人葛婴将兵徇（xùn攻占）蕲以东。攻铚（zhì）、酂（cuó）、苦、柘（hù）、谯（qiáo）皆下之。行收兵。比[等到]至陈，车六七百乘（shèng），骑千余，卒数万人。攻陈，陈守令皆不在，独守丞与战谯门中。弗胜，守丞死，乃入据陈。数日，号令召三老、豪杰与皆来会计事。三老、豪杰皆曰：“将军身被坚执锐，伐无道，诛暴秦，复立楚国之社稷（jì），功宜为王。”陈涉乃立为王，号为张楚。当此时，诸郡县苦秦吏者，皆刑其长吏，杀之以应陈涉。

唐雎（jū）不辱使命　《战国策》

秦王使人谓安陵君曰：“寡人欲以五百里之地易[交换]安陵，安陵君其许寡人！”安陵君曰：“大王加惠，以大易小，甚善；虽[即使]然[这样]，受地于先王，愿终守之，弗敢易！”秦王不说[“悦”]。安陵君因使唐雎使于秦。

秦王谓唐雎曰：“寡人以五百里之地易安陵，安陵君不听寡人，何也？且秦灭韩亡魏，而君以五十里之地存者，以君为长者，故不错[措]意也。今吾以十倍之地，请广[扩充]于君，而君逆[违背]寡人者，轻[看不起]寡人与[欤]？”唐雎对曰：“否，非若是也。安陵君受地于先王而守之，虽千里不敢易也，岂直五百里哉？”

秦王怫（fú盛怒）然怒，谓唐雎曰：“公亦尝闻天子之怒乎？”唐雎对曰：“臣未尝闻也。”秦王曰：“天子之怒，伏尸百万，流血千里。”唐雎曰：“大王尝闻布衣之怒乎？”秦王曰：“布衣之怒，亦免冠徒跣（xiǎn）[光脚]，以头抢（qiāng撞）地耳。”唐雎曰：“此庸夫之怒也，非士之怒也。夫专诸之刺王僚也，彗星袭月；聂政之刺韩傀（guī）也，白虹贯日；要离之刺庆忌也，仓鹰击于殿上。此三子者，皆布衣之士也，怀怒未发，休[吉祥]祲（jìn不祥）降于天，与[加上]臣而将（jiāng将成为）四矣。若士必怒，伏尸二人，流血五步，天下缟（gǎo）素，今日是也。”挺剑而起。

秦王色挠[屈服]，长跪而谢[道歉]之曰：“先生坐！何至于此！寡人谕（yù明白）矣：夫韩、魏灭亡，而安陵以五十里之地存者，徒[只是]以[因为]有先生也。”

隆中对　陈寿（三国）

亮躬[亲自]耕陇亩，好（hào喜欢）为《梁父吟》。身长八尺，每自比于管仲、乐（yuè）毅，时人莫之许也。惟博陵崔州平、颍川徐庶元直与亮友善，谓为信然。

时先主屯（tún驻军）新野。徐庶见先主，先主器[器重]之，谓先主曰：“诸葛孔明者，卧龙也，将军岂愿见之乎？”先主曰：“君与俱来。”庶曰：“此人可就[接近]见，不可屈致也。将军宜枉驾[屈尊]顾[拜访]之。”

由是[因此]先主遂诣（yì拜访）亮，凡三往，乃[才]见。因屏（bǐng）人[命人退避]曰：“汉室倾颓，奸臣窃命[盗用皇帝的政令]，主上蒙尘[遭难出奔]。孤[刘备自称]不度（duó）德量力，欲信[伸]大义于天下；而智术浅短，遂[就]用[因此]猖蹶（jué）[颠覆、失败]，至于今日。然志犹未已，君谓计[计策]将安[怎么]出？”

亮答曰：“自董卓已来，豪杰并起，跨州连郡者不可胜数。曹操比于袁绍，则名微而众寡[人少]。然操遂能克绍，以弱为强者，非惟天时，抑[而且]亦人谋也。今操已拥百万之众，挟（xié挟持）天子而令[号令]诸侯，此诚[的确]不可与争锋。孙权据有江东，已历三世，国险而民附，贤能为[被]之用，此可以为援[外援]而不可图也。荆州北据汉、沔（miǎn），利尽南海，东连吴会（kuài），西通巴、蜀，此用武之国，而其主不能守，此殆（dài大概）天所以资[资助]将军，将军岂有意乎？益州险塞，沃野千里，天府之土，高祖因之以成帝业。刘璋（zhāng）暗弱，张鲁在北，民殷国富而不知存恤（xù爱惜），智能之士思得明君。将军既帝室之胄（zhòu后代），信义著[闻名]于四海，总揽英雄，思贤如渴，若跨有荆、益，保其岩阻，西和诸戎，南抚夷越，外结好孙权，内修政理；天下有变，则命一上将将[带领]荆州之军以向[奔向]宛、洛，将军身率益州之众出于秦川，百姓孰敢不箪（dān）食壶浆以迎将军者乎？诚[如果]如[像]是[这]，则霸业可成，汉室可兴矣。”

先主曰：“善！”于是与亮情好日密。

关羽、张飞等不悦，先主解之曰：“孤之有孔明，犹[好像]鱼之有水也。愿诸君勿复言。”羽、飞乃[才]止。

出师表　诸葛亮（三国）

先帝创业未半而中道[中途]崩殂（cú死），今天下三分，益州疲弊，此诚危急存亡之秋也。然侍卫之臣不懈于内，忠志之士忘身于外者，盖[原来是]追先帝之殊遇，欲报之于陛下也。诚[确实]宜开张圣听，以光先帝遗德，恢弘志士之气，不宜妄自菲薄[随意地看轻自己]，引喻失义，以塞忠谏之路也。

宫中府中，俱为一体，陟（zhì奖）罚[惩]臧（zāng好）否（pǐ坏），不宜异同。若有作奸犯科[法律]及为忠善者，宜付有司[专门管理某种事情的官]论其刑赏，以昭[彰显]陛下平明之理，不宜偏私，使内外异法也。

侍中、侍郎郭攸之、费祎（yī）、董允等，此皆良实，志虑忠纯，是以先帝简[挑选]拔以遗（wèi给予）陛下。愚以为宫中之事，事无大小，悉[都]以咨[咨询]之，然后施行，必能裨补阙[缺]漏，有所广益。

将军向宠，性行（xíng）淑均，晓畅军事，试用于昔日，先帝称之曰能，是以众议举宠为督。愚以为营中之事，悉以咨之，必能使行阵和睦，优劣得所。

亲贤臣，远小人，此先汉所以兴隆也；亲小人，远贤臣，此后汉所以倾颓也。先帝在时，每与臣论此事，未尝不叹息痛恨于桓、灵也。侍中、尚书、长（zhǎng）史、参军，此悉贞良死节之臣，愿陛下亲之信之，则汉室之隆，可计日而待也。

臣本布衣，躬耕于南阳，苟[苟且]全[保全]性命于乱世，不求闻达[闻名腾达]于诸侯。先帝不以臣卑鄙[身份低微，见识短浅]，猥（wěi辱）自枉屈[委屈]，三顾臣于草庐之中，咨臣以当世之事，由是感激，遂许先帝以驱驰[奔走效劳]。后值[遇到]倾覆，受任于败军之际，奉命于危难之间，尔来二十有[又]一年矣。

先帝知臣谨慎，故临崩寄臣以大事也。受命以来，夙夜忧叹，恐托付不效，以伤先帝之明，故五月渡泸，深入不毛。今南方已定，兵甲已足，当奖[鼓励]率[统领]三军，北定中原，庶[希望]竭驽钝，攘（rǎng）除[铲除]奸凶，兴复汉室，还于旧都。此臣所以报先帝而忠陛下之职分也。至于斟酌损益，进尽忠言，则攸之、祎、允之任也。

愿陛下托臣以讨贼兴复之效[重任]，不效，则治臣之罪，以告先帝之灵。若无兴德之言，则责攸之、祎、允等之慢[怠慢]，以彰[表明]其咎[过失]；陛下亦宜自谋，以咨诹（zōu询问）善道，察纳雅言。深追先帝遗诏，臣不胜受恩感激。

今当远离，临[面对]表涕[眼泪]零[落下]，不知所言。

公输 《墨子》

公输盘为楚造云梯之械，成，将以攻宋。子墨子闻之，起于鲁，行十日十夜而至于郢（yǐng），见公输盘。

公输盘曰："夫子何命[见教]焉为[呢]？"

子墨子曰："北方有侮臣者，愿[希望]借子杀之。"

公输盘不说。

子墨子曰："请[请让我]献十金。"

公输盘曰："吾义固不杀人。"

子墨子起，再拜，曰："请[请允许我]说之。吾从北方闻子为梯，将以攻宋。宋何罪之有？荆国有余于地而不足于民，杀所不足而争所有余，不可谓智。宋无罪而攻之，不可谓仁。知而不争，不可谓忠。争而不得，不可谓强。义不杀少而杀众，不可谓知类[明白类推的道理]。”

公输盘服。

子墨子曰：“然[既然这样]胡[为什么]不已乎？”

公输盘曰：“不可，吾既已言之王矣。”

子墨子曰：“胡[为什么]不见我于王？”

公输盘曰：“诺。”

子墨子见王，曰：“今有人于此，舍其文轩[装饰华美的车]，邻有敝舆（yú车）而欲窃之；舍其锦绣，邻有短褐（hè粗布衣服）而欲窃之；舍其粱肉，邻有糠糟而欲窃之——此为何若人？”

王曰：“必为有窃疾矣。”

子墨子曰：“荆之地方五千里，宋之地方五百里，此犹文轩之与敝舆也。荆有云梦，犀（xī）兕（sì）麋鹿满之，江汉之鱼鳖（biē）鼋（yuán）鼍（tuó）为天下富，宋所谓无雉（zhì）兔鲋（fù）鱼者也，此犹粱肉之与糠糟也。荆有长松文梓（zǐ）楩（pián）楠豫章，宋无长（zhàng）木，此犹锦绣之与短褐也。臣以王吏[楚王所派攻宋的官吏]之攻宋也，为与此同类。”

王曰：“善哉！虽然，公输盘为我为云梯，必取宋。”

于是见公输盘。子墨子解带为城，以牒为械。公输盘九设攻城之机变，子墨子九距[拒]之。公输盘之攻械尽，子墨子之守圉（yù御）有余。

公输盘诎（qū屈），而曰：“吾知所以距子矣，吾不言。”

子墨子亦曰：“吾知子之所以距我，吾不言。”

楚王问其故。

子墨子曰：“公输子之意不过欲杀臣。杀臣，宋莫能守，乃可攻也。然臣之弟子禽滑（gǔ）厘等三百人，已持臣守圉（yù御）之器，在宋城上而待楚寇[入侵]矣。虽杀臣，不能绝也。”

楚王曰：“善哉。吾请无攻宋矣。”

得道多助，失道寡助　《孟子》

天时不如地利，地利不如人和。三里之城，七里之郭[外城]，环[包围]而攻之而不胜。夫环而攻之，必有得天时者矣，然而不胜者，是天时不如地利也。城非不高也，池非不深也，兵革非不坚利也，米粟非不多也，委[放弃]而去[离开]之，是地利不如人和也。故曰，域[限制]民不以封疆之界，固国不以山溪之险，威天下不以兵革之利。得道者多助，失道者寡助。寡助之至，亲戚畔[叛]之。多助之至，天下顺之。以天下之所顺，攻亲戚之所畔，故君子有不战，战必胜矣。

生于忧患，死于安乐 《孟子》

舜发[任用]于畎（quǎn田间水渠）亩之中，傅说（yuè）举[选拔]于版筑之间，胶鬲（gé）举于鱼盐之中，管夷吾举于士，孙叔敖举于海，百里奚举于市，故天将降大任于是[这些]人也，必先苦其心志，劳其筋骨，饿其体肤，空乏其身，行拂[违背]乱其所为，所以动心忍性，曾[增]益其所不能。

人恒[常常]过，然后能改；困于心，衡[横]于虑，而后作[有所作为]；征[征验]于色，发[抒发]于声，而后喻。入则无法家[有法度的世臣]拂（bì弼：辅佐）士，出则无敌国外患者，国恒亡。然后知生于忧患，而死于安乐也。

鱼我所欲也 《孟子》

鱼，我所欲也；熊掌，亦我所欲也。二者不可得兼，舍鱼而取熊掌者也。生，亦我所欲也；义，亦我所欲也。二者不可得兼，舍生而取义者也。生亦我所欲，所欲有甚于生者，故不为苟得[苟且偷生]也；死亦我所恶，所恶有甚于死者，故患有所不辟[避]也。如使人之所欲莫甚于生，则凡可以得生者何不用[使用]也？使人之所恶莫甚于死者，则凡可以辟患者何不为也？由是[按照这种方法]则生而有不用也，由是则可以辟患而有不为也。是故所欲有甚于生者，所恶有甚于死者。非独贤者有是心也，人皆有之，贤者能勿丧[丧失]耳。

一箪食，一豆羹，得之则生，弗得则死。呼尔而与之，行道之人弗受；蹴（cù用脚踢）尔而与之，乞人不屑也。万钟[很厚的俸禄]则不辩[辨]礼义而受之，万钟于我何加[益处]焉！为宫室之美，妻妾之奉，所识穷乏者得[德]我与？乡[向：从前]为身死而不受，今为宫室之美为之；乡为身死而不受，今为妻妾之奉为之；乡为身死而不受，今为所识穷乏者得我而为之：是亦不可以已乎？此之谓失其本心。

惠子相（xiàng）梁　《庄子》

惠子相梁，庄子往见之。或谓惠子曰："庄子来，欲代[取代]子相。"于是惠子恐，搜于国中三日三夜。庄子往见之，曰："南方有鸟，其名为鹓（yuān）鶵（chú），子知之乎？夫鹓鶵发于南海，而飞于北海，非梧桐不止，非练实[竹子所结的子]不食，非醴（lǐ甜美）泉不饮。于是鸱（chī猫头鹰）得腐鼠，鹓鶵过之，仰而视之曰：'吓（hè）！'今子欲以子之梁国而吓我邪？"

庄子与惠子游于濠（háo）梁　《庄子》

庄子与惠子游于濠梁之上。庄子曰："儵（tiáo）鱼出游从容，是鱼之乐也。"惠子曰："子非鱼，安[怎么]知鱼之乐？"庄子曰："子非我，安知我不知鱼之乐？"惠子曰："我非子，固[固然]不知子矣；子固[本来]非鱼也，子之不知鱼之乐全[完全，确定]矣！"庄子曰："请循[顺着]其本。子曰'汝安知鱼乐'云者，既已知吾知之而问我。我知之濠上也。"

曹刿（guì）论战　《左传》

十年春，齐师伐我。公将战，曹刿请见。其乡人曰："肉食者[当权者]谋之，又何间（jiàn参与）焉？"刿曰："肉食者鄙（bǐ目光短浅），未能远谋。"乃入见。问："何以战？"公曰："衣食所安，弗敢专也，必以分人。"对曰："小惠未徧（biàn遍），民弗从也。"公曰："牺牲玉帛，弗敢加[虚报]也，必以信。"对曰："小信未孚（fú让人信服），神弗福[赐福]也。"公曰："小大之狱[案件]，虽[即使]不能察[明察]，必以情[实情]。"对曰："忠之属也。可[可以]以[凭借]一战。战则请从。"

公与之乘。战于长勺（sháo）。公将鼓[击鼓进军]之。刿曰："未可。”齐人三鼓。刿曰：“可矣。”齐师败绩。公将驰[驱车追赶]之。刿曰：“未可。”下视其辙[车轮碾出的痕迹]，登轼而望之，曰：“可矣。”遂逐[追击]齐师。

既克[战胜]，公问其故。对曰：“夫战，勇气也。一鼓作气，再[第二次]而衰，三而竭。彼竭我盈，故克之。夫大国，难测也，惧有伏焉。吾视其辙乱，望其旗靡（mǐ倒下），故逐之。”

邹忌讽齐王纳谏 《战国策》

邹忌修[身高]八尺有余，而形貌昳（yì光艳）丽。朝（zhāo）服衣冠，窥镜，谓其妻曰：“我孰[谁]与城北徐公美？”其妻曰：“君美甚，徐公何能及[比得上]君也！”城北徐公，齐国之美丽者也。忌不自信，而复问其妾曰：“吾孰与徐公美？”妾曰：“徐公何能及君也！”旦日，客从外来，与坐谈，问之客曰：“吾与徐公孰美？”客曰：“徐公不若君之美也！”明日，徐公来。孰[仔细]视之，自以为不如；窥镜而自视，又弗如远甚。暮寝而思之曰：“吾妻之美我者，私我也；妾之美我者，畏我也；客之美我者，欲有求于我也。”

于是入朝见威王，曰：“臣诚[确实]知不如徐公美。臣之妻私臣，臣之妾畏臣，臣之客欲有求于臣，皆以美于徐公。今齐地方千里，百二十城，宫妇左右莫不私王；朝廷之臣莫不畏王；四境之内莫不有求于王：由此观之，王之蔽（bì受蒙蔽）甚矣！”

王曰：“善。”乃下令：“群臣吏民能面[当面]刺[指责]寡人之过者，受上赏；上书谏寡人者，受中赏；能谤讥[议论]于市朝，闻寡人之耳者，受下赏。”令初下，群臣进谏，门庭若市；数月之后，时时而间（jiàn间或）进；期（jī周）年之后，虽欲言，无可进者。燕、赵、韩、魏闻之，皆朝[朝见]于齐。此所谓战胜于朝廷。

愚公移山 《列子》

太行、王屋二山，方七百里，高万仞（rèn）。本在冀州之南，河阳之北。

北山愚公者，年且[将近]九十，面山而居。惩[苦于]山北之塞，出入之迂（yū曲折）也，聚室而谋曰："吾与汝毕力平[铲平]险[险峻的大山]，指[一直]通豫南，达于汉阴[南岸]，可乎？"杂然[纷纷]相许。其妻献疑曰："以君之力，曾（céng）不能损[削减]魁（kuí）父（fǔ）之丘。如太行、王屋何？且焉[哪里]置土石？"杂曰："投诸渤海之尾[边上]，隐土之北。"遂率子孙荷（hè挑）担者三夫，叩石垦壤，箕（jī）畚（běn）运于渤海之尾。邻人京城氏之孀（shuāng）妻有遗男，始[刚刚]龀（chèn换牙），跳往助之。寒暑易节，始一反[返]焉。

河曲智叟（sǒu老头）笑而止之曰："甚矣，汝之不惠[慧]！以残年余力，曾不能毁山之一毛，其如土石何？"北山愚公长息曰："汝心之固[顽固]，固不可彻，曾不若孀妻弱子。虽我之死，有子存焉；子又生孙，孙又生子；子又有子，子又有孙；子子孙孙无穷匮（kuì尽）也，而山不加增，何苦而不平？"河曲智叟亡（wú无）以应。

操蛇之神闻之，惧其不已也，告之于帝。帝感其诚，命夸娥氏二子负[背]二山，一厝（cuò措：放置）朔东，一厝雍南。自此，冀之南，汉之阴，无陇断焉。

高中篇录

烛之武退秦师 《左传》

晋侯、秦伯围郑，以[因为]其无礼于晋，且贰[从属二主]于楚也。晋军[驻军]函陵，秦军[驻军]氾（fán）南。

佚（yì）之狐言于郑伯曰："国危矣，若使烛之武见秦君，师必退。"公从之。辞[推辞]曰："臣之壮也，犹[尚且]不如人；今老矣，无能为也已。"公曰："吾不能早用子，今急而求子，是寡人之过也。然郑亡，子亦有不利焉！"许之。

夜缒（zhuì）而出，见秦伯，曰："秦、晋围郑，郑既知亡矣。若亡郑而有益于君，敢[冒昧]以烦[麻烦]执事。越[越过]国[别国]以鄙远，君知其难也，焉[怎么]用亡郑以陪[增加]邻？邻之厚，君之薄也。若舍[放弃攻打]郑以为东道主，行李之往来，共（gōng供）其乏困，君亦无所害。且君尝为晋君赐矣，许君焦、瑕，朝济[渡河]而夕设版[筑墙]焉，君之所知也。夫（fú）晋，何厌[餍：满足]之有？既东封郑，又欲肆[扩张]其西封[疆界]，若不阙（quē减损）秦，将焉取之？阙秦以利晋，唯君图之。"秦伯说（yuè），与郑人盟。使杞子、逢（páng）孙、杨孙戍（shù）之，乃还（huán）。

子犯请击之。公曰："不可。微[没有]夫[那]人之力不及此。因[依靠]人之力而敝[损害]之，不仁；失其所与[结交]，不知（zhì智）；以乱易整，不武。吾其[还是]还也。"亦去之。

荆轲刺秦王 《战国策》

秦将王翦（jiǎn）破赵，虏赵王，尽收其地，进兵北略[掠夺]地，至燕南界。

太子丹恐惧，乃请荆卿曰："秦兵旦暮[早晚]渡易水，则虽欲长侍足下，岂可得哉？"荆卿曰："微[没有]太子言，臣愿得谒（yè）之。今行而无信，则秦未可亲[亲近]也。夫今樊将军，秦王购之金千斤，邑万家。诚[果真]能得樊将军首，与燕督亢之地图献秦王，秦王必说[悦]见臣，臣乃得有以报太子。”太子曰：“樊将军以穷困[走投无路]来归丹，丹不忍以己之私，而伤长者之意，愿足下更虑之！”

荆轲知太子不忍，乃遂私见樊於（wū）期（qī），曰：“秦之遇[对待]将军，可谓深矣。父母宗族，皆为戮没。今闻购将军之首，金千斤，邑万家，将奈何？”於期仰天太息[长叹]流涕[泪]曰：“吾每念，常痛于骨髓，顾计不知所出耳！”轲曰：“今有一言，可以解燕国之患，报将军之仇者，何如？”於期乃前曰：“为之奈何？”荆轲曰：“愿得将军之首以献秦王，秦王必喜而善见臣。臣左手把[抓住]其袖，而右手揕（zhèn刺）其胸，然则将军之仇报，而燕国见[被]陵[欺侮]之耻除矣。将军岂有意乎？”樊於期偏袒（tǎn）扼腕而进曰：“此臣之日夜切齿拊（fǔ捶）心也，乃今得闻教！”遂自刎。

太子闻之，驰往，伏尸而哭，极哀。既已，无可奈何，乃遂收盛[装]樊於期之首，函封之。

于是太子预求天下之利匕首，得赵人徐夫人之匕首，取之百金，使工以药淬（cuì）之。以试人，血濡（rú沾湿）缕[衣缕]，人无不立死者。乃为装遣荆轲。

燕国有勇士秦武阳（即秦舞阳，说法不一，在《史记》中为“秦舞阳”），年十二，杀人，人不敢忤（wǔ逆：迎着目光）视。乃令秦武阳为副。

荆轲有所待，欲与俱，其人居远未来，而为留待。

顷之未发，太子迟之，疑其有改悔，乃复请之曰：“日以尽矣，荆卿岂无意哉？丹请先遣秦武阳！”荆轲怒，叱太子曰：“今日往而不反者，竖子也！今提一匕首入不测之强秦，仆所以留者，待吾客与俱。今太子迟之，请辞决矣！”遂发。

太子及宾客知其事者，皆白衣冠以送之。至易水上，既祖[临行祭路神]，取道。高渐离击筑，荆轲和而歌，为变徵（zhǐ）之声，士皆垂泪涕泣。又前而为歌曰：“风萧萧兮易水寒，壮士一去兮不复还！”复为慷慨羽声，士皆瞋（chēn）目，发尽上指冠。于是荆轲遂就车而去，终已不顾[回头]。

既至秦，持千金之资币物，厚遗（wèi赠送）秦王宠臣中庶子蒙嘉。

嘉为先言于秦王曰："燕王诚[确实]振怖大王之威，不敢兴兵以拒大王，愿举国为内臣。比[并]诸侯之列，给贡职如郡县，而得奉守先王之宗庙。恐惧不敢自陈，谨斩樊於期头，及献燕之督亢之地图，函封，燕王拜送于庭，使[派遣]使[使者]以闻大王。唯[希望]大王命之。"

秦王闻之，大喜。乃朝服，设九宾，见燕使者咸阳宫。

荆轲奉[两手捧着]樊於期头函，而秦武阳奉地图匣，以次[顺序]进。至陛下，秦武阳色变振恐，群臣怪之，荆轲顾笑武阳，前为谢[谢罪]曰："北蛮夷之鄙人，未尝见天子，故振慑，愿大王少[稍]假借[原谅]之，使[让]毕[完成]使[使命]于前。"秦王谓轲曰："起，取武阳所持图！"

轲既取图奉之，发[打开]图，图穷而匕首见。因左手把秦王之袖，而右手持匕首揕之。未至身，秦王惊，自引而起，绝[挣断]袖。拔剑，剑长，操[握住]其室[剑鞘]。时恐急，剑坚[插得紧]，故不可立拔。

荆轲逐秦王，秦王还[环]柱而走。群臣惊愕，卒（cù猝）起不意，尽失其度。而秦法，群臣侍殿上者，不得持尺兵；诸郎中[宫廷的侍卫]执兵，皆陈殿下，非有诏不得上。方急时，不及召下兵，以故荆轲逐秦王，而卒惶急无以击轲，而乃以手共搏之。

是时，侍医夏无且以其所奉药囊提[掷击]轲。秦王方还柱走，卒惶急不知所为。左右乃曰："王负剑！王负剑！"遂拔以击荆轲，断其左股。荆轲废，乃引[举起]其匕首提[掷击]秦王，不中，中柱。秦王复击轲，被八创[伤]。

轲自知事不就，倚柱而笑，箕（jī）踞（jù）以骂曰："事所以不成者，乃欲以生劫之，必得约契以报太子也。"

左右既前，斩荆轲。秦王目眩良久。

鸿门宴　司马迁（西汉）

沛公军[驻军]霸上，未得与项羽相见。沛公左司马曹无伤使人言于项羽曰："沛公欲王（wàng称王）关中，使子婴为相，珍宝尽有之。"项羽大怒，曰："旦日[明天早晨]飨（xiǎng犒劳）士卒，为[给]击破沛公军！"当是时，项羽兵四十万，在新丰鸿门；沛公兵十万，在霸上。范增说（shuì劝告）项羽曰："沛公居山东时，贪于财货，好美姬；今入关，财物无所取，妇女无所幸，此其志不在小。吾令人望其气，皆为龙虎，成五采，此天子气也。急击勿失！”

楚左尹（yǐn）项伯者，项羽季父[叔父]也，素[一向]善留侯张良。张良是时从沛公，项伯乃夜驰之沛公军，私见张良，具告以事，欲呼张良与俱去，曰：“毋（wú）从俱死也！”张良曰：“臣为韩王送沛公，沛公今事有急，亡去不义，不可不语（yù）。”

良乃入，具告沛公。沛公大惊，曰：“为之奈何？”张良曰：“谁为大王为此计者？”曰：“鲰（zōu）生说（shuì）我曰：‘距[拒]关，毋内[纳]诸侯，秦地可尽王也。’故听之。”良曰：“料大王士卒足以当项王乎？”沛公默然，曰：“固不如也！且为之奈何？”张良曰：“请往谓项伯，言沛公不敢背项王也。”沛公曰：“君安[怎么]与项伯有故？”张良曰：“秦时与臣游[交往]，项伯杀人，臣活之。今事有急，故幸来告良。”沛公曰：“孰与君少（shào）长（zhǎng）？”良曰：“长于臣。”沛公曰：“君为我呼入，吾得兄[像兄长一样]事[对待]之。”张良出，要[邀]项伯。

项伯即入见沛公。沛公奉卮酒为寿，约为婚姻，曰：“吾入关，秋毫不敢有所近，籍[登记]吏民，封府库，而待将军。所以遣将守关者，备[防备]他盗之出入与非常[意外的变故]也。日夜望将军至，岂敢反乎！愿伯具言臣之不敢倍[背]德也。”项伯许诺。谓沛公曰：“旦日不可不蚤[早]自来谢[谢罪]项王！”沛公曰：“诺。”

于是项伯复夜去，至军中，具以沛公言报项王，因言曰：“沛公不先破关中，公岂敢入乎？今人有大功而击之，不义也。不如因[趁此]而善遇[对待]之。”项王许诺。

沛公旦日从[带着]百余骑（jì）来见项王，至鸿门，谢[谢罪]曰：“臣与将军戮力而攻秦，将军战河北[在黄河以北]，臣战河南，然不自意能先入关破秦，得复见将军于此。今者有小人之言，令将军与臣有郤[隙：误会]”项王曰：“此沛公左司马曹无伤言之，不然，籍[项羽]何以至此？”

项王即日因[就]留沛公与饮。项王、项伯东向坐；亚父南向坐——亚父者，范增也；沛公北向坐；张良西向侍。范增数（shuò多次）目[使眼色]项王，举所佩玉玦以示之者三，项王默然不应。范增起，出，召项庄，谓曰：“君王为人不忍。若[你]入前为寿，寿毕，请以剑舞，因[趁机]击沛公于坐，杀之。不者，若属[你们]皆且为[被]所虏[俘虏]！”庄则入为寿。寿毕，曰："君王与沛公饮，军中无以为乐，请以剑舞。"项王曰："诺。"项庄拔剑起舞，项伯亦拔剑起舞，常以身翼[像鸟儿张开翅膀那样]蔽[掩护]沛公，庄不得击。

于是张良至军门见樊（fán）哙（kuài）。樊哙曰："今日之事何如？"良曰："甚急！今者项庄拔剑舞，其意常在沛公也。"哙曰："此迫矣！臣请入，与之同命！"哙即带剑拥盾入军门。交戟之卫士欲止不内[纳]，樊哙侧其盾以撞，卫士仆地，哙遂入，披帷西向立，瞋目视项王，头发上指，目眦（zì）尽裂。项王按剑而跽（jì）曰："客何为者？"张良曰："沛公之参（cān）乘（shèng）樊哙者也。"项王曰："壮士！赐之卮（zhī）酒！"则与斗卮酒。哙拜谢，起，立而饮之。项王曰："赐之彘（zhì猪）肩[前腿]！"则与一生彘肩。樊哙覆其盾于地，加彘肩上，拔剑切而啖之。项王曰："壮士！能复饮乎？"樊哙曰："臣死且不避，卮酒安足辞！夫秦王有虎狼之心，杀人如不能举[尽]，刑人如恐不胜，天下皆叛之。怀王与诸将约曰：'先破秦入咸阳者王之。'今沛公先破秦入咸阳，毫毛不敢有所近，封闭宫室，还军霸上，以待大王来。故遣将守关者，备他盗出入与非常也。劳苦而功高如此，未有封侯之赏，而听细说[小人的谗言]，欲诛有功之人。此亡秦之续耳，窃为大王不取也！"

项王未有以应，曰："坐！"樊哙从良坐。

坐须臾，沛公起如[去]厕，因招樊哙出。沛公已出，项王使都尉陈平召沛公。沛公曰："今者出，未辞也，为之奈何？"樊哙曰："大行不顾细谨，大礼不辞小让。如今人方为刀俎（zǔ砧板），我为鱼肉，何辞为[呢]。"于是遂去。乃令张良留谢。良问曰："大王来何操？"曰："我持白璧一双，欲献项王，玉斗一双，欲与亚父。会其怒，不敢献。公为我献之。"张良曰："谨诺。"当是时，项王军在鸿门下，沛公军在霸上，相去四十里。沛公则置车骑，脱身独骑，与樊哙、夏侯婴、靳（jìn）强、纪信等四人持剑盾步走，从郦山下，道[取道]芷阳间行[抄小路走]。沛公谓张良曰："从此道至吾军，不过二十里耳。度（duó）我至军中，公乃入。"

沛公已去，间[从小路]至军中。张良入谢，曰："沛公不胜杯杓（sháo），不能辞。谨使臣良奉白璧一双，再拜献大王足下；玉斗一双，再拜奉大将军足下。"项王曰："沛公安在？"良曰："闻大王有意督过[责备]之，脱身独去，已至军矣。”项王则受璧，置之坐上。亚父受玉斗，置之地，拔剑撞而破之，曰：“唉！竖子不足与谋！夺项王天下者，必沛公也！吾属[我们]今为之虏矣！”

沛公至军，立诛杀曹无伤。

兰亭集序 王羲之（东晋）

永和九年，岁在癸（guǐ）丑，暮春[阴历三月]之初，会[集会]于会（kuài）稽（jī）山阴之兰亭，修禊（xì）[人们群聚于水滨嬉戏洗濯，以祓除不祥和求福]事也。群贤毕[全]至，少长咸[都]集。此地有崇山峻岭、茂林修[长]竹；又有清流激湍，映[映衬]带[围绕]左右，引以为流觞曲水，列[排列]坐其次[旁边]。虽无丝竹管弦[音乐]之盛[盛况]，一觞[喝点酒]一咏[作点诗]，亦足以畅叙幽情。

是[这]日也，天朗气清，惠风和畅。仰观宇宙之大，俯察品类[自然界的万物]之盛[繁多]，所以[用来]游目骋怀，足以极[穷尽]视听之娱，信[实在]可乐也。

夫人之相与[相交往]，俯仰一世。或取诸怀抱，悟言[坦诚交谈]一室之内；或因[依]寄[寄托]所托[所爱好的事物]，放浪[放纵]形骸[形体]之外。虽趣[趋]舍万殊[千差万别]，静躁不同，当其欣于所遇，暂得于己，快然自足，不知老之将至；及其所之[往、到达]既倦[厌倦]，情随事迁，感慨系[附着]之矣。向[以前]之所欣，俯仰之间，已为陈迹，犹不能不以之兴怀；况修[长寿]短[短命]随化[自然]，终期[至]于尽！古人云：“死生亦大[大事]矣”，岂不痛哉！

每览昔人兴感之由，若合一契[符契]，未尝不临[面对]文嗟悼，不能喻[明白]之于怀。固[本来]知一[把…看作一样]死生为虚诞[虚妄荒诞]，齐[把…看作相等]彭[长寿]殇（shāng短命）为妄作。后之视今，亦犹今之视昔。悲夫！故列叙时人，录其所述，虽世殊事异，所以兴怀，其致[情趣]一也。后之览者，亦将有感于斯文。

赤壁赋 苏轼（北宋）

壬戌之秋，七月既[之后]望[农历十五日][“既望”指农历十六日]，苏子与客泛舟游于赤壁之下。清风徐来，水波不兴。举酒属（zhǔ嘱）客，诵明月之诗，歌窈窕之章。少焉，月出于东山之上，徘徊于斗[斗宿]牛[牛宿]之间。白露横江，水光接天。纵[任凭]一苇[小船]之所如[去，到]，凌[越过]万顷之茫然。浩浩乎如冯（píng凭）虚[空]御风，而不知其所止；飘飘乎如遗[遗弃]世独立，羽化而登仙。

于是饮酒乐甚，扣舷（xián）而歌之。歌曰：“桂棹兮兰桨，击空明[空明的粼波]兮溯[逆着]流光[流水的泛光]。渺渺兮予怀，望美人兮天一方。”客有吹洞箫者，倚歌而和（hè）之。其声呜呜然，如怨如慕，如泣如诉，余音袅袅，不绝[断]如缕[细丝]。舞幽壑之潜蛟，泣孤舟之嫠（lí寡）妇。

苏子愀（qiǎo容色改变）然，正襟危[正，直]坐而问客曰：“何为其然也？”客曰：“‘月明星稀，乌鹊南飞’，此非曹孟德之诗乎？西望夏口，东望武昌，山川相缪（liáo缭），郁乎苍苍，此非孟德之困[围困]于[被]周郎者乎？方其破荆州，下江陵，顺流而东也，舳（zhú）舻（lú）千里，旌旗蔽空，酾（shī斟）酒临江，横槊（shuò长矛）赋诗，固一世之雄也，而今安[哪里]在哉？况吾与子渔樵于江渚之上，侣鱼虾而友麋（mí）鹿。驾一叶之扁（piān）舟，举匏（páo）樽以相属。寄蜉（fú）蝣（yóu）于天地，渺沧海之一粟。哀吾生之须臾，羡长江之无穷。挟飞仙以遨（áo）游，抱明月而长终[至于永远]。知不可乎骤得，托遗响[箫声]于悲风。”

苏子曰：“客亦知夫水与月乎？逝者如斯[水]，而未尝往也；盈虚者如彼[月]，而卒[最终]莫消长也。盖将自其变者而观之，则天地曾不能以一瞬；自其不变者而观之，则物与我皆无尽也，而又何羡乎？且夫天地之间，物各有主，苟[如果]非吾之所有，虽一毫而莫取。唯江上之清风，与山间之明月，耳得之而为声，目遇之而成色，取之无禁[禁止]，用之不竭，是造物者之无尽藏也，而吾与子之所共适。”

客喜而笑，洗盏更酌。肴核既尽，杯盘狼藉。相与枕藉（jiè）乎舟中，不知东方之既白。

游褒禅山记 王安石（北宋）

褒禅山亦谓之华山。唐浮图[和尚]慧褒始舍[建舍]于其址，而卒[最后]葬之；以[因为]故其后名之曰“褒禅”。今所谓慧空禅院者，褒之庐冢也。距其院东五里，所谓华山洞者，以其乃华山之阳[南面]名之也。距洞百余步，有碑仆[倒]道，其文漫灭，独其为文[碑上残存的文字]犹可识，曰“花山”。今言“华”如“华实”之“华”者，盖音谬也。

其下平旷，有泉侧出，而记游者甚众，所谓前洞也。由山以上五六里，有穴窈然，入之甚寒，问其深，则其好游者不能穷也，谓之后洞。余与四人拥火以入，入之愈深，其进愈难，而其见愈奇。有怠而欲出者，曰：“不出，火且[将]尽。”遂与之俱出。盖[大概]余所至，比好游者尚不能十一，然视其左右，来而记之者已少。盖其又深，则其至又加[更]少矣。方是时，余之力尚足以入，火尚足以明也。既其出，则或咎[责怪]其欲出者，而余亦悔其随之而不得极[尽情享受]夫游之乐也。

于[对于]是[这种情况]余有叹焉。古人之观于天地、山川、草木、虫鱼、鸟兽，往往有得[心得]，以[因为]其求思之深而无不在[无所不在]也。夫夷[平坦]以[且]近，则游者众；险以远，则至者少。而世之奇伟、瑰怪、非常之观[景观]，常在于险远，而人之所罕至焉，故非有志者不能至也。有志矣，不随以止也，然力不足者，亦不能至也。有志与力，而又不随以怠，至于幽暗昏惑而无物以相（xiàng帮助）之，亦不能至也。然力足以至焉，于人为[是]可讥，而在己为有悔；尽吾志也而不能至者，可以无悔矣，其[难道]孰能讥之乎？此余之所得也。

余于[对于]仆碑，又以[因]悲夫古书之不存，后世之谬其传而莫能名[说明]者，何可胜[尽]道[说]也哉！此所以学者不可以不深思而慎取之也。

四人者：庐陵萧君圭君玉，长乐王回深父，余弟安国平父、安上纯父。至和元年七月某日，临川王某记。

寡人之于国也 《孟子》

梁惠王曰：“寡人之于国也，尽心焉耳矣。河内凶[荒年]，则移其民于河东，移其粟于河内。河东凶亦然。察邻国之政，无如寡人之用心者。邻国之民不加[更]少，寡人之民不加多，何也？”

孟子对曰："王好战，请[请允许我]以战喻[比喻]。填然鼓[敲鼓]之，兵刃既接，弃甲曳[拖]兵而走。或百步而后止，或五十步而后止。以五十步笑百步，则何如？"

曰："不可，直[只]不百步耳，是亦走也。"

曰："王如知此，则无[毋]望民之多于[比]邻国也。"

"不违农时，谷不可胜食也；数罟（gǔ网）不入洿（wū深）池，鱼鳖不可胜食也；斧斤以时[按一定的季节]入山林，材木不可胜用也。谷与鱼鳖不可胜食，材木不可胜用，是使民养生丧死无憾也。养生丧死无憾，王道之始也。

"五亩之宅，树之以桑，五十者可以衣[穿]帛矣。鸡豚（tún小猪）狗彘（zhì大猪）之畜，无失其时，七十者可以食肉矣。百亩之田，勿夺其时，数口之家可以无饥矣；谨庠（xiáng学校）序[学校]之教，申[反复陈述]之以孝悌之义，颁[斑]白者不负[背]戴[顶东西]于道路矣。七十者衣帛食肉，黎民不饥不寒，然而不王者，未之有也。

"狗彘食人食而不知检[制止]，涂[途]有饿殍（piǎo饿死的人）而不知发；人死，则曰：'非我也，岁[年成]也。'是何异于刺人而杀之，曰'非我也，兵也'？王无罪[归咎]岁，斯天下之民至焉。"

劝学　《荀子》

君子曰：学不可以已[停止]。

青，取之于[从]蓝，而青于[比]蓝；冰，水为之，而寒于水。木直中绳，輮（róu煣）以为轮，其曲中规。虽[即使]有[又]槁（gǎo枯）暴[曝]，不复挺者，輮使之然也。故木受绳则直，金就[靠近]砺（lì磨刀石）则利，君子博学而日参[检查]省[省察]乎[于]己，则知[智]明而行无过矣。

吾尝终日而思矣，不如须臾之所学也；吾尝跂（qì踮起脚后跟站着）而望矣，不如登高之博见也。登高而招，臂非加长也，而见者远；顺风而呼，声非加疾[快]也，而闻者彰[清楚]。假[借助]舆马者，非利足也，而致千里；假舟楫者，非能水[游泳]也，而绝[横渡]江河。君子生[性]非异也，善假于物也。

积土成山，风雨兴焉[于之]；积水成渊，蛟龙生焉；积善成德，而神明自得，圣心备焉。故不积跬（kuǐ跨出一脚：半步）步[跨两脚]，无以至千里；不积小流，无以成江海。骐骥一跃，不能十步；驽（nú）马十驾，功在不舍。锲（qiè雕刻）而舍之，朽木不折；锲而不舍，金石可镂。蚓无爪牙之利，筋骨之强，上食埃（āi）土，下饮黄泉，用心一也。蟹六跪[脚]而二螯（áo），非蛇鳝之穴无可寄托者，用心躁也。

过秦论　贾谊（西汉）

秦孝公据崤（xiáo崤山）函[函谷关]之固[险固地势]，拥雍州之地，君臣固[牢固]守以窥周室，有席卷天下，包举宇内，囊括四海之意，并吞八荒之心。当是时也，商君佐之，内立法度，务耕织，修守战之具；外连衡[横][一种分散六国，使它们各自同秦国联合，从而各个击破的策略]而斗诸侯。于是秦人拱手而取西河之外。

孝公既没，惠文、武、昭襄蒙[承继]故业，因[沿袭]遗策，南取汉中，西举[攻取]巴蜀，东割膏腴（yú）之地，北收要害之郡。诸侯恐惧，会盟而谋弱秦，不爱[吝惜]珍器重宝肥饶之地，以致[招纳]天下之士，合从[纵]缔交[缔结盟约]，相与为一[互相援助成为一体]。当此之时，齐有孟尝，赵有平原，楚有春申，魏有信陵。此四君者，皆明智而忠信，宽厚而爱人，尊贤而重士，约从[纵]离[离散]衡，兼韩、魏、燕、楚、赵、宋、卫、中山之众。于是六国之士，有宁越、徐尚、苏秦、杜赫之属[类]为之谋，齐明、周最、陈轸（zhěn）、召（shào）滑、楼缓、翟景、苏厉、乐毅之徒[类]通其意，吴起、孙膑、带佗、倪良、王廖、田忌、廉颇、赵奢之伦[类]制其兵。尝以十倍之地，百万之众，叩关而攻秦。秦人开关延敌，九国之师逡（qūn）巡[徘徊]而不敢进。秦无亡矢[箭]遗镞（zú箭头）之费，而天下诸侯已困矣。于是从散约败，争割地而赂[贿赂]秦。秦有余力而制其弊[弱点]，追亡[逃兵]逐北[败兵]，伏尸百万，流血漂橹；因[凭借]利[有利形势]乘便，宰割天下，分裂山河。强国请服，弱国入朝。

延[延续]及孝文王、庄襄王，享国之日浅，国家无事。

及至始皇，奋六世之余烈，振[挥舞]长策[鞭]而御[驾驭]宇内，吞二周而亡诸侯，履[登上]至尊[最尊贵的宝座]而制[统治]六合，执敲扑而鞭笞（chī）天下，威振四海。南取百越之地，以为桂林、象郡；百越之君，俯首系颈，委[弃给]命[性命]下吏。乃使蒙恬北筑长城而守藩篱，却[使…退却]匈奴七百余里，胡人不敢南下而牧马，士[勇士]不敢弯弓而报怨。

于是废先王之道，焚百家之言，以愚黔首[百姓]；隳（huī毁坏）名城，杀豪杰，收天下之兵，聚之咸阳，销[销毁]锋镝（dí箭头），铸以为金人十二，以弱天下之民。然后践[据守]华[华山]为城，因河[黄河]为池，据[凭借]亿丈之高，临不测之渊以为固。良将劲弩（nǔ）守要害之处，信[可信]臣精[精锐]卒陈利兵而谁何。天下已定，始皇之心，自以为关中之固，金城千里，子孙帝王万世之业也。

始皇既没，余威震于殊俗。然陈涉瓮牖（yǒu）绳枢之子，氓隶之人，而迁徙[迁谪戍边]之徒也。才能不及中人，非有仲尼、墨翟之贤，陶朱、猗（yī）顿之富。蹑足行伍[队伍]之间，而崛起阡陌[田间小道]之中，率疲弊之卒，将[带领]数百之众，转而攻秦。斩木为兵[武器]，揭[举起]竿[竹竿]为旗，天下云[像云彩那样]集响[像回声那样]应，赢[担负]粮而景（yǐng影）从，山东豪俊遂并起而亡秦族矣。

且夫天下非小弱也，雍州之地，崤函之固，自若也。陈涉之位，非尊于齐、楚、燕、赵、韩、魏、宋、卫、中山之君也；锄耰（yōu）棘矜（qín），非铦（xiān锋利）于钩戟长铩（shā）也；谪戍之众，非抗[抗衡]于九国之师也；深谋远虑，行军用兵之道，非及向[先前]时之士也。然而成败异变，功业相反，何也？试使[假使拿]山东之国与陈涉度长絜（xié量）大，比权量力，则不可同年而语矣。然秦以区区之地，致万乘之势，序八州而朝同列，百有余年矣。然后以六合为家，崤函为宫。一夫作难（nàn）[起义]而七庙[国家]隳（huī），身死人手，为[被]天下笑者，何也？仁义不施[施行]而攻守之势[形势]异[不同]也。

师说　韩愈（唐）

古之学者[求学的人]必有师。师者，所以[用来…的]传道受[授]业解惑也。人非生而知之者，孰能无惑？惑而不从师，其为惑也，终不解矣。生乎[于]吾前，其闻道也固先乎[比]吾，吾从而师之；生乎吾后，其闻道也亦先乎吾，吾从而师之。吾师道也，夫庸[哪]知其年之先后生于吾乎？是故无[无论]贵无贱、无长无少，道之所存，师之所存也。

嗟乎！师道之不传也久矣，欲人之无惑也难矣！古之圣人，其出[超出]人也远矣，犹且从师而问焉；今之众人，其下圣人也亦远矣，而耻学于师。是故圣益[更加]圣，愚益愚，圣人之所以为圣，愚人之所以为愚，其[大概]皆出于此乎？

爱其子，择师而教之；于其身也，则耻师焉；惑矣！彼童子之师，授之书而习其句读（dòu）者，非吾所谓传其道解其惑者也。句读之不知，惑之不解，或师焉，或不（fǒu否）焉，小[小的方面]学而大遗[丢弃]，吾未见其明也。

巫医乐师百工之人，不耻相师[互相学习]。士大夫之族[类]，曰师曰弟子云者，则群聚而笑之。问之，则曰：“彼与彼年相若[相象]也，道相似也，位卑则足羞，官盛则近谀（yú谄媚）。”呜呼！师道之不复可知矣！巫医乐师百工之人，君子不齿[鄙视]，今其智乃[竟]反不能及，其[难道]可怪也欤！

圣人无常师。孔子师郯（tán）子、苌弘、师襄、老聃。郯子之徒[类]，其贤不及孔子。孔子曰：“三人行，则必有我师。”是故弟子不必不如师，师不必贤于弟子，闻道有先后，术业有专攻，如是而已。

李氏子蟠（pán），年十七，好古文，六艺经传皆通习之，不拘于时，学于余。余嘉[赞许]其能行古道，作《师说》以贻[赠送]之。

窦娥冤（节选）　关汉卿（元）

【滚绣球】有日月朝暮悬，有鬼神掌着生死权。天地也！只合把清浊分辨，可怎生糊突[混淆]了盗跖（zhí）、颜渊！为善的受贫穷更命短，造恶的享富贵又寿延。天地也！做得个怕硬欺软，却原来也这般顺水推船！地也，你不分好歹何为地！天也，你错勘（kān判断）贤愚枉做天！哎，只落得两泪涟涟。

廉颇蔺相如列传　司马迁（西汉）

廉颇者，赵之良将也。赵惠文王十六年，廉颇为赵将，伐齐，大破之，取阳晋，拜为上卿，以[凭借]勇气闻[闻名]于诸侯。

蔺相如者，赵人也，为赵宦者令缪（miào）贤舍人[门客]。

赵惠文王时，得楚和氏璧。秦昭王闻之，使人遗（wèi送）赵王书，愿以十五城请易璧。赵王与大将军廉颇诸大臣谋：欲予秦，秦城恐不可得，徒[白白地]见[被]欺；欲勿予，即患秦兵之来。计未定，求人可使报秦者，未得。

宦者令缪贤曰："臣舍人蔺相如可使。"王问："何以知之？"对曰："臣尝有罪，窃[暗中]计[打算]欲亡走燕，臣舍人相如止臣，曰：'君何以知燕王？'臣语曰，臣尝从大王与燕王会境上，燕王私握臣手，曰'愿结友'，以此知之，故欲往。相如谓臣曰：'夫赵强而燕弱，而君幸[宠幸]于赵王，故燕王欲结于君。今君乃亡赵走燕，燕畏赵，其势必不敢留君，而束[捆绑]君归赵矣。君不如肉袒伏斧质请罪，则幸[侥幸]得脱矣。'臣从其计，大王亦幸赦臣。臣窃以为其人勇士，有智谋，宜可使。"

于是王召见，问蔺相如曰："秦王以十五城请易寡人之璧，可予不[否]？"相如曰："秦强而赵弱，不可不许。"王曰："取吾璧，不予我城，奈何？"相如曰："秦以城求璧而赵不许，曲[理亏]在赵。赵予璧而秦不予赵城，曲在秦。均[权衡]之二策，宁许以负秦曲。"王曰："谁可使者？"相如曰："王必无人，臣愿奉璧往使。城入赵而璧留秦；城不入，臣请完璧归赵。"赵王于是遂遣相如奉璧西入秦。

秦王坐章台见相如。相如奉璧奏秦王。秦王大喜，传以示美人及左右，左右皆呼万岁。相如视秦王无意偿赵城，乃前曰："璧有瑕，请指示王。"王授璧。相如因持璧却[倒退]立，倚柱，怒发上冲冠，谓秦王曰："大王欲得璧，使人发书[信]至赵王，赵王悉[全都]召群臣议，皆曰'秦贪，负[凭仗]其强，以空言求璧，偿城恐不可得'。议不欲予秦璧。臣以为布衣之交尚不相欺，况大国乎！且以一璧之故逆[触犯]强秦之欢，不可。于是赵王乃斋戒五日，使臣奉璧，拜送书于庭[廷]。何者？严[尊重]大国之威以修敬也。今臣至，大王见臣列观（guàn），礼节甚倨（jù傲慢）；得璧，传之美人，以戏弄臣。臣观大王无意偿赵王城邑，故臣复取璧。大王必欲急臣，臣头今与璧俱碎于柱矣！"

相如持其璧睨（nì斜视）柱，欲以击柱。秦王恐其破璧，乃辞谢[婉言道歉]，固[坚决]请，召有司[专管一职的官吏]案图，指从此以往十五都[城]予赵。

相如度（duó忖度）秦王特以诈佯[假装]为予赵城，实不可得，乃谓秦王曰："和氏璧，天下所共传宝也，赵王恐，不敢不献。赵王送璧时斋戒五日。今大王亦宜斋戒五日，设九宾于廷，臣乃敢上璧。"秦王度之，终不可强夺，遂许斋五日，舍[安置留宿]相如广成传。

相如度秦王虽斋，决负约不偿城，乃使其从者衣（yì）褐（hè粗麻布短衣），怀其璧，从径道[小路]亡，归璧于赵。

秦王斋五日后，乃设九宾礼于廷，引赵使者蔺相如。相如至，谓秦王曰："秦自缪公以来二十余君，未尝有坚明[坚定明确的遵守]约束[信约]者也。臣诚恐见欺于王而负赵，故令人持璧归，间（jiàn从小路秘密）至赵矣。且秦强而赵弱，大王遣一介之使至赵，赵立奉璧来。今以秦之强而先割十五都予赵，赵岂敢留璧而得罪于大王乎？臣知欺大王之罪当诛，臣请就汤镬（huò大锅），唯[希望]大王与群臣孰计议之。"

秦王与群臣相视而嘻。左右或欲引相如去，秦王因曰："今杀相如，终不能得璧也，而绝秦赵之欢，不如因而厚遇之，使归赵，赵王岂以一璧之故欺秦邪！"卒廷见相如，毕礼而归之。

相如既归，赵王以为贤大夫，使不辱于诸侯，拜相如为上大夫。

秦亦不以城予赵，赵亦终不予秦璧。

其后秦伐赵，拔石城。明年复攻赵，杀二万人。秦王使使者告赵王，欲与王为好，会于西河外渑（miǎn）池。赵王畏秦，欲毋行。廉颇蔺相如计曰："王不行，示赵弱且怯也。"赵王遂行，相如从。廉颇送至境，与王诀[辞别]曰："王行，度道里[行程]会遇之礼毕，还，不过三十日。三十日不还，则请立太子为王，以绝秦望。"王许之。遂与秦王会渑池。

秦王饮酒酣，曰："寡人窃闻赵王好音，请奏瑟。"赵王鼓瑟。秦御史前书曰："某年月日，秦王与赵王会饮，令赵王鼓瑟。"蔺相如前曰："赵王窃闻秦王善为秦声，请奉盆缶（fǒu）秦王，以相娱乐。"秦王怒，不许。于是相如前进缶，因跪请秦王。秦王不肯击缶。相如曰："五步之内，相如请得以颈血溅大王矣！"左右欲刃[杀]相如，相如张目叱之，左右皆靡[倒退]。于是秦王不怿（yì高兴），为一击缶。相如顾[回头]召赵御史书曰："某年月日，秦王为赵王击缶。"秦之群臣曰："请以赵十五城为秦王寿。"蔺相如亦曰："请以秦之咸阳为赵王寿。"

秦王竟[饮完]酒，终不能加胜于赵。赵亦盛设兵以待秦，秦不敢动。

既罢，归国，以相如功大，拜为上卿，位在廉颇之右[等级高]。

廉颇曰："我为赵将，有攻城野战之大功，而蔺相如徒[只不过]以口舌为劳，而位居我上，且相如素贱人[出身微贱]，吾羞，不忍为之下！"宣言曰："我见相如，必辱之。"相如闻，不肯与会。相如每朝时，常称病，不欲与廉颇争列。已而相如出，望见廉颇，相如引车避匿。

于是舍人相与[一起]谏曰："臣所以去[离开]亲戚而事君者，徒慕君之高义也。今君与廉颇同列，廉君宣恶言，而君畏匿之，恐惧殊甚。且庸人尚羞之，况于将相乎？臣等不肖[不贤不才]，请辞去。"蔺相如固止之，曰："公之视廉将军孰与秦王？"曰："不若也。"相如曰："夫以秦王之威，而相如廷叱之，辱其群臣，相如虽驽，独畏廉将军哉？顾[但是]吾念之，强秦之所以不敢加兵于赵者，徒以吾两人在也。今两虎共斗，其势不俱生。吾所以为此者，以先国家之急而后私仇也。"

廉颇闻之，肉袒负荆，因宾客至蔺相如门谢罪，曰："鄙贱[鄙陋卑贱]之人，不知将军宽之至此也。"

卒[终于]相与欢，为刎（wěn）颈之交。

苏武传 班固（东汉）

武，字子卿。少[年轻时]以[因为]父任，兄弟并为郎。稍迁至栘（yí）中厩（jiù）监。时汉连伐胡，数通使相窥观。匈奴留汉使郭吉、路充国等，前后十余辈[人]。匈奴使来，汉亦留之以相当[抵押]。天汉元年，且（jū）鞮（dī）侯单于初立，恐汉袭之，乃曰："汉天子我丈人[对年长者的尊称]行（háng）也。"尽归汉使路充国等。武帝嘉[赞许]其义，乃遣武以中郎将使持节送匈奴使留在汉者，因[趁机]厚赂[赠送礼物]单于，答其善意。武与副中郎将张胜及假吏[使臣]常惠等募士斥候百余人俱。既至匈奴，置币遗（wèi）单于。单于益骄，非汉所望[期望]也。

方欲发使送武等，会[适逢]缑（gōu）王与长（cháng）水虞常等谋反匈奴中。缑王者，昆（hún）邪（yé）王姊子也，与昆邪王俱降汉，后随浞（zhuó）野侯没[陷没]胡中。及卫律所将降者，阴[暗地里]相与[一起]谋劫单于母阏氏（yānzhī）归汉。会武等至匈奴，虞常在汉时，素与副张胜相知，私候胜曰："闻汉天子甚怨卫律，常能为汉伏弩射杀之。吾母与弟在汉，幸[希望]蒙其赏赐。"张胜许之，以货物与常。

后月余，单于出猎，独阏氏（yānzhī）子弟在。虞常等七十余人欲发，其一人夜亡，告之。单于子弟发兵与战。缑王等皆死，虞常生得。单于使卫律治其事。张胜闻之，恐前语（yǔ）发，以状语（yù）武。武曰："事如此，此必及我。见犯乃死，重负国。"欲自杀，胜、惠共止之。虞常果引[招供]张胜。单于怒，召诸贵人议，欲杀汉使者。左伊秩訾曰："即[假如]谋[谋杀]单于，何以复加[更]？宜皆降之。"

单于使卫律召武受辞，武谓惠等："屈节辱命，虽[即使]生，何面目以归汉！"引佩刀自刺。卫律惊，自抱持武，驰召毉["医"]。凿地为坎，置煴（yūn）火，覆武其上，蹈其背以出血。武气绝，半日复息。惠等哭，舆归营。单于壮其节，朝夕遣人候问武，而收系（xì）[逮捕监禁]张胜。

武益愈，单于使使晓武。会论[判罪]虞常，欲因此时降武。剑斩虞常已，律曰："汉使张胜谋杀单于近臣，当死，单于募降者赦罪。"举剑欲击之，胜请降。律谓武曰："副有罪，当相坐[相连坐]。"武曰："本无谋，又非亲属，何谓连坐？"复举剑拟之，武不动。律曰："苏君，律前负汉归匈奴，幸蒙大恩，赐号称王，拥众数万，马畜弥山，富贵如此。苏君今日降，明日复然。空以身膏草野，谁复知之！"武不应。律曰："君因我降，与君为兄弟，今不听吾计，后虽欲复见我，尚可得乎？"武骂律曰："汝为人臣子，不顾恩义，畔[叛]主背亲，为降虏于蛮夷，何以汝为见？且单于信汝，使决人死生，不平心持正，反欲斗两主，观祸败。若知我不降明，欲令两国相攻，匈奴之祸，从我始矣。"

律知武终不可胁，白单于。单于愈益欲降之，乃幽[禁闭]武置大窖中，绝不饮食。天雨（yù下）雪，武卧啮（niè）雪与旃（zhān毡）毛并咽之，数日不死。匈奴以为神，乃徙武北海上无人处，使牧羝（dī公羊），羝乳乃得归。别其官属常惠等各置他所。武既至海上，廪食不至，掘野鼠去草实而食之。杖[执]汉节牧羊，卧起操持，节旄（máo）尽落。积五、六年，单于弟於（wū）靬（jiān）王弋射海上。武能网[结网]纺缴，檠（qíng）弓弩，於靬王爱之，给其衣食。三岁余，王病，赐武马畜、服匿、穹庐。王死后，人众徙去。其冬，丁令（líng）盗武牛羊，武复穷厄。

初，武与李陵俱为侍中，武使匈奴，明年，陵降，不敢求武。久之，单于使陵至海上，为武置酒设乐。因谓武曰："单于闻陵与子卿素[一向]厚[交情深厚]，故使陵来说足下，虚心欲相待。终[终究]不得归汉，空[白白地]自苦亡人之地，信义安[怎能]所见[现]乎？前长君[你的大哥]为奉车，从[跟随皇上]至雍棫（yù）阳宫，扶辇（niǎn皇帝的车驾）下除[台阶]，触柱折辕，劾[被定罪]大不敬，伏剑自刎，赐钱二百万以葬。孺卿

[弟弟]从[跟随皇上]祠河东后土，宦骑与黄门驸马争船，推堕驸马河中溺死，宦骑亡[逃走]，诏使孺卿逐捕，不得，惶恐饮药而死。来时太夫人已不幸[去世]，陵送葬至阳陵。子卿妇年少，闻已更嫁矣。独有女弟[妹妹]二人，两女一男，今复十余年，存亡不可知。人生如朝露，何久自苦如此！陵始降时，忽忽如狂，自痛负汉，加以老母系[关押]保宫。子卿不欲降，何以过[超过]陵？且陛下春秋[年纪]高，法令亡[无]常，大臣亡罪夷灭者数十家，安危不可知，子卿尚复谁为乎？愿听陵计，勿复有云。”武曰：“武父子亡功德，皆为陛下所成就[栽培]，位列将，爵通侯，兄弟亲近，常愿肝脑涂地。今得杀身自效，虽蒙斧钺（yuè）汤镬（huò），诚甘乐之。臣事君，犹子事父也。子为父死，无所恨。愿勿复再言。”

陵与武饮数日，复曰：“子卿壹[一定]听陵言。”武曰：“自分已死久矣！王必欲降武，请毕今日之欢，效死于前！”陵见其至诚，喟然叹曰：“嗟乎，义士！陵与卫律之罪上通于天。”因泣下霑（zhān浸湿）衿，与武决[诀]去。

昭帝即位，数年，匈奴与汉和亲。汉求武等，匈奴诡言武死。后汉使复至匈奴，常惠请其守者[看守他的人]与俱，得夜见汉使，具自陈过。教使者谓单于，言“天子射上林中，得雁，足有系帛书，言武等在某泽中。”使者大喜，如惠语以让[责备]单于。单于视左右而惊，谢汉使曰：“武等实在。”

单于召会[召集]武官属[部下]，前以降[投降]及物故[死亡]，凡随武还者九人。武以始元六年春至京师。武留匈奴凡十九岁，始以强壮出，及还，须发尽白。

张衡传　范晔（东汉）

张衡字平子，南阳西鄂人也。衡少善属文[写文章]，游[游学]于三辅，因[趁机]入京师，观太学，遂通五经，贯六艺。虽才高于世，而无骄尚之情。常从容淡静，不好交接俗人。永元中，举孝廉不行，连[屡次]辟公府不就[就任]。时天下承平日久，自王侯以下，莫不逾侈。衡乃拟[摹仿]班固《两都》作《二京赋》，因以讽谏。精思傅会，十年乃[才]成。大将军邓骘（zhì）奇其才，累召不应。

衡善机巧，尤致思于天文阴阳历算。安帝雅[素常]闻衡善术学，公车特征[征召]拜[任命]郎中，再迁为太史令。遂乃研核阴阳，妙尽璇玑之正，作浑天仪，著《灵宪》《算罔论》，言甚详明。

顺帝初，再转，复为太史令。衡不慕当世，所居之官辄积年不徙。自去史职，五载复还。

阳嘉元年，复造候风地动仪。以精铜铸成，员径八尺，合盖隆起，形似酒尊，饰以篆文山龟鸟兽之形。中有都柱，傍行八道，施关发机。外有八龙，首衔铜丸，下有蟾（chán）蜍（chú），张口承之。其牙机巧制，皆隐在尊中，覆盖周密无际[缝隙]。如有地动，尊则振龙，机发吐丸，而蟾蜍衔之。振声激扬，伺者因此觉知。虽一龙发机，而七首不动，寻其方面，乃知震之所在。验之以事，合契若神。自书典所记，未之有也。尝一龙机发而地不觉动，京师学者咸怪[责怪]其无征[应验]。后数日驿至，果地震陇西，于是皆服其妙。自此以后，乃令史官记地动所从方起。

时政事渐损，权移于下，衡因上疏陈事。后迁侍中，帝引在帷幄，讽议左右。尝问天下所疾恶者。宦官惧其毁己，皆共目[使眼色]之。衡乃诡对而出。阉竖恐终为其患，遂共谗[诋毁]之。衡常思图身之事，以为吉凶倚伏，幽微难明，乃作《思玄赋》以宣[表达]寄[寄托]情志。

永和初，出为河间相。时国王骄奢，不遵典宪；又多豪右[豪族大户]，共为不轨。衡下车[初上任]，治威严，整法度，阴[暗中]知奸党名姓，一时收禽[擒]，上下肃然，称为政理。视事三年，上书乞骸骨[请求辞职回家]，征拜[任命]尚书。年六十二，永和四年卒。

归去来兮辞并序　陶渊明（东晋）

余家贫，耕植不足以自给。幼稚盈室，瓶无储粟，生生所资[凭借]，未见其术。亲故多劝余为长吏，脱然有怀，求之靡[没有]途[门路]。会有四方之事，诸侯以惠爱为德，家叔以余贫苦，遂见用于小邑。于时风波[战乱]未静，心惮远役，彭泽去家百里，公田之利，足以为酒，故便求之。及少日，眷然有归欤之情。何则？质性自然，非矫厉[造作勉强]所得。饥冻虽切，违己交病。尝从人事，皆口腹自役。于是怅然慷慨，深愧平生之志。犹望一稔（rěn谷物成熟），当敛裳宵逝。寻[不久]程氏妹丧于武昌，情在骏奔，自免去职。仲秋至冬，在官八十余日。因事顺心，命篇曰《归去来兮》。乙巳（sì）岁十一月也。

归去来兮！田园将芜胡[为什么]不归？既自以心为形役，奚[为什么]惆怅而独悲？悟已往之不谏，知来者之可追[补救]。实迷途其未远，觉今是而昨非。舟遥遥以轻飏（yáng），风飘飘而吹衣。问征夫以前路，恨晨光之熹微。

乃瞻衡宇，载欣载奔。僮仆欢迎，稚子候门。三径就荒，松菊犹存。携幼入室，有酒盈樽。引壶觞以自酌，眄（miǎn）庭柯以怡颜。倚南窗以寄傲[傲世]，审[觉察]容膝之易安。园日涉[涉足]以成趣，门虽设而常关。策[拄着]扶老[手杖]以流憩（qì），时矫首而遐观。云无心以出岫（xiù山峰），鸟倦飞而知还。景[影]翳（yì阴暗）翳以将入，抚孤松而盘桓[徘徊]。

归去来兮，请息交以绝游[交游]。世与我而相违，复驾[驾车]言兮焉求[追求]？悦亲戚之情话[知心话]，乐琴书以消忧。农人告余以春及，将有事于西畴（chóu田地）。或命巾车[有车帷的小车]，或棹（zhào）孤舟。既窈（yǎo）窕（tiǎo）以寻壑，亦崎岖而经丘。木欣欣以向荣，泉涓涓而始流。善[羡慕]万物之得时，感吾生之行休[行将结束]。

已矣乎！寓形[寄托身体]宇内[天地间]复几时，曷[何]不委心[随心]任去留[生死]？胡为乎遑（huáng）遑[心神不定]欲何之[往]？富贵非吾愿，帝乡[仙境]不可期。怀良辰以孤往，或植[扶着]杖[拐杖]而耘[除草]耔（zǐ培苗）。登东皋以舒啸，临清流而赋诗。聊[姑且]乘化[顺随自然]以归尽[到死]，乐[乐安]夫天命复奚[什么]疑[疑虑]？

滕王阁序　王勃（唐）

豫章故郡，洪都新府。星分翼轸（zhěn），地接衡庐。襟[以…为襟]三江而带[以…为带]五湖，控蛮荆[古楚地]而引瓯（ōu）越[古越地]。物华天宝，龙光射牛斗之墟[域]；人杰地灵，徐儒下陈蕃之榻。雄州雾[像雾一样]列，俊采[人才]星[像星一样]驰。台隍枕[占据]夷夏之交，宾主尽[都是]东南之美。都督阎公之雅望[崇高声望]，棨（qǐ）戟遥临[远道来临]；宇文新州之懿范，襜（chān）帷暂驻[暂时停留]。十旬休假，胜友如云；千里逢迎，高朋满座。腾蛟起凤，孟学士之词宗[文坛宗主]；紫电青霜，王将军之武库。家君作宰[县令]，路出名区；童子何知，躬逢胜饯。

时维九月，序[时序]属三秋；潦（lǎo）水[雨后的积水]尽而寒潭清，烟光凝而暮山紫。俨骖（cān）骓（fēi）于上路，访[看]风景于崇阿（ē）[高大的山陵]。临帝子之长洲，得[到]天人之旧馆。层峦耸翠，上出重霄；飞阁流丹[彩绘]，下临无地。鹤汀（tīng）凫[野鸭]渚，穷岛屿之萦回；桂殿兰宫，即[依着]冈峦之体势。

披[开]绣闼（tà门），俯雕甍（méng屋脊），山原旷其盈视，川泽纡（yū迂回）其骇瞩。闾阎[房屋]扑地，钟鸣鼎食之家；舸舰弥津，青雀黄龙之轴[船只]。云销[消]雨霁，彩[日光]彻[通贯]区[天空]明。落霞与孤鹜齐飞，秋水共长天一色。渔舟唱晚，响穷彭蠡（lí）之滨；雁阵惊寒，声断衡阳之浦。

遥[远望]襟[胸襟]甫[顿时]畅[舒畅]，逸兴[兴致]遄（chuán迅速）飞。爽籁[清脆的排箫音乐]发而清风生，纤歌凝而白云遏。睢（suī）园绿竹，气凌[超过]彭泽之樽；邺（yè）水朱华，光照临川之笔。四美[良辰、美景、赏心、乐事]具，二难[贤主、嘉宾难得]并。穷睇（dì）眄（miǎn）于中天，极娱游于暇日。天高地迥，觉宇宙之无穷；兴尽悲来，识盈虚之有数[定数]。望长安于日下，目吴会（kuài）于云间。地势极而南溟深，天柱高而北辰[国君]远。关[险关]山[高山]难越，谁悲[同情]失路[仕途不遇]之人？萍水相逢，尽是他乡之客。怀帝阍（hūn）而不见，奉宣室以何年？

嗟乎！时运不齐，命途[命运]多舛；冯唐易老，李广难封。屈贾谊于长沙，非无圣主；窜梁鸿于海曲，岂乏明时[圣明的时代]？所赖君子见机[预兆]，达人知命。老当益壮，宁移白首之心？穷且益坚，不坠青云之志。酌贪泉而觉爽，处涸辙而犹欢。北海虽赊（shē），扶摇可接；东隅[日出处]已逝，桑榆[日落处]非晚。孟尝高洁，空余报国之情；阮籍猖狂，岂效[效法]穷途之哭？

勃，三尺微命，一介书生。无路请缨，等[相同]终军之弱冠；有怀投笔，慕宗悫（què）之长风。舍簪（zān）笏（hù）[官职地位]于百龄[一生]，奉晨昏于万里。非谢家之宝树，接孟氏之芳邻。他日趋庭，叨（tāo）陪鲤对；今兹捧袂（mèi袖），喜托龙门。杨意不逢，抚凌云而自惜；钟期既遇，奏流水以何惭？

呜呼！胜地不常，盛筵难再，兰亭已矣，梓泽[金谷园]丘墟。临别赠言，幸承恩于伟饯[盛宴]；登高作赋，是所望于群公。敢竭鄙怀，恭疏

[写下]短引[小序]，一言均赋，四韵俱成。请洒潘江，各倾陆海云尔。

[附]王勃《滕王阁诗》：滕王高阁临江渚，佩玉鸣鸾罢歌舞。画栋朝飞南浦云，珠帘暮卷西山雨。闲云潭影日悠悠，物换星移几度秋。阁中帝子今何在？槛外长江空自流。

逍遥游 《庄子》

北冥[北海]有鱼，其名为鲲（kūn）。鲲之大，不知其几千里也。化而为鸟，其名为鹏。鹏之背，不知其几千里也；怒[奋起]而飞，其翼若垂天之云。是鸟也，海运[海动]则将徙[迁移]于南冥——南冥者，天池也。

《齐谐》者，志怪者也。《谐》之言曰："鹏之徙于南冥也，水击三千里，抟（tuán回旋而上）扶摇[一种旋风]而上者九万里，去以[凭借]六月息[风]者也。"野马也，尘埃也，生物之以息相[互相]吹[吹拂]也。天之苍苍[深蓝]，其正色[真正的颜色]邪？其远而无所至极[尽]邪？其视下也，亦若是[这样]则已矣。

且夫水之积也不厚，则其负大舟也无力。覆杯水于坳（ào）堂之上，则芥为之舟；置杯焉则胶，水浅而舟大也。风之积也不厚，则其负大翼也无力。故九万里，则风斯在下矣，而后乃今培[凭]风；背负青天，而莫之夭[挫折]阏（è遏制）者，而后乃今将图[计划]南。

蜩（tiáo）与学鸠（jiū）笑之曰："我决（xuè疾速）起而飞，抢[触]榆枋而止，时则不至，而控于地而已矣，奚[何]以之[到]九万里而南为[呢]？"适[去]莽苍[近郊]者，三餐而反[返]，腹犹果然[吃饱的样子]；适[到]百里者，宿[一夜]舂（chōng）粮；适千里者，三月聚粮。之[这]二虫又何知！

小知[智]不及大知，小年不及大年。奚[何]以知其然也？朝菌不知晦（huì）朔，蟪（huì）蛄（gū）不知春秋，此小年也。楚之南有冥灵者，以五百岁为春，五百岁为秋；上古有大椿者，以八千岁为春，八千岁为秋，此大年也。而彭祖乃今以[凭]久特闻[闻名]，众人匹[比]之，不亦悲乎！

汤之问棘也是已。穷发[不生草木之地]之北，有冥海者，天池也。有鱼焉，其广数千里，未有知其修[长]者，其名为鲲。有鸟焉，其名为鹏，背若泰山，翼若垂天之云，抟（tuán）扶摇羊角[旋风]而上者九万里，绝[穿过]云气，负青天，然后图南，且适南冥也。斥鴳（yàn）笑之曰："彼且奚[哪里]适[到]也？我腾跃而上，不过数仞而下，翱（áo）翔蓬蒿之间，此亦飞之至[极点]也。而彼且奚适也？"此小大之辩[辨：区别]也。

故夫知效[效力]一官，行比[合]一乡，德合一君，而[能]征[征服]一国者，其自视也，亦若此矣。而宋荣子犹然[喜笑的样子]笑之。且举[全]世誉之而不加劝[勉励]，举世非[责难]之而不加沮[沮丧]，定乎内外之分，辩乎荣辱之境，斯已矣。彼其于世，未数（shuò急迫）数然也。虽然，犹有未树也。夫列子御[驾驭]风而行，泠（líng轻妙飘然）然善也，旬[十天]有五日而后反。彼于致福者，未数数然也。此虽免乎行，犹有所待[凭借]者也。若夫乘[遵循]天地之正[自然的本性]，而御[驾驭]六气[阴、阳、风、雨、晦、明]之辩[变]，以游无穷者，彼且[将要]恶（wū何）乎待哉！故曰：至人无己，神人无功，圣人无名。

陈情表 李密（西晋）

臣密言：臣以[因]险[凶险]衅（xìn祸患），夙遭闵[悯]凶，生孩六月，慈父见背[弃我而死去]，行年四岁，舅夺母志。祖母刘悯臣孤弱，躬亲抚养。臣少多疾病，九岁不行，零丁孤苦，至于成立[成人自立]，既无伯叔，终鲜[少]兄弟，门衰祚（zuò福分）薄，晚有儿息[亲生子女]。外无期（jī）功强（qiǎng）近之亲，内无应门五尺之僮[童仆]，茕（qióng孤单）茕独立，形影相吊[安慰]。而刘夙婴[缠绕]疾病，常在床蓐（rù），臣侍汤药，未曾废[废止]离[离开]。

逮[到]奉圣朝，沐浴清化。前太守臣逵察[考察和推举]臣孝廉，后刺史臣荣举[推举]臣秀才[优秀人才]。臣以供养无主，辞不赴命。诏（zhào）书特下，拜[授予官职]臣郎中，寻[不久]蒙国恩，除[拜官受职]臣洗（xiǎn）马。猥以微贱，当侍东宫[太子]，非臣陨首所能上报。臣具以表闻，辞不就职。诏书切峻，责臣逋（bū逃脱）慢[怠慢]。郡县逼迫，催臣上道；州司临门，急于星火。臣欲奉诏奔驰，则刘病日笃[沉重]；欲苟[姑且]顺私情，则告诉[申诉]不许：臣之进退，实为狼狈[进退两难]。

伏惟[俯状思量]圣朝以孝治天下，凡在故老[年老而德高的旧臣]，犹蒙矜[怜惜]育，况臣孤苦，特为尤甚。且臣少仕伪朝，历职[连续任职]郎署，本图[希图]宦达，不矜[自夸]名节。今臣亡国贱俘，至微至陋，过蒙拔擢（zhuó）[提拔]，宠命[恩命]优渥（wò），岂敢盘桓[犹疑不决]，有所希冀[企图]？但[只]以刘日薄[迫近]西山，气息奄奄，人命危浅，朝不虑夕。臣无祖母，无以至今日；祖母无臣，无以终余年。母孙二人，更相为命，是以[因此]区区不能废远。

臣密今年四十有四，祖母刘今年九十有六，是臣尽节于陛下之日长，报养刘之日短也。乌鸟私情，愿乞终养[养老至终]。臣之辛苦，非独蜀之人士及二州牧伯所见明知。皇天后土，实所共鉴。愿陛下矜悯愚诚，听臣微志，庶[庶几]刘侥幸，保卒余年。臣生当陨首，死当结草。臣不胜犬马怖惧之情，谨拜表以闻。

过小孤山大孤山　陆游（南宋）

八月一日，过烽火矶（jī）。南朝自武昌至京口，列置烽燧（suì）[烽火台]，此山当是其一也。自舟中望山，突兀[高耸]而已。及抛江过其下，嵌岩窦（dòu洞）穴，怪奇万状，色泽莹润，亦与它石迥异。又有一石，不附山，杰[高峻雄伟]然特起，高百余尺，丹藤翠蔓，罗络其上，如宝装屏风。是日风静，舟行颇迟，又秋深潦（lǎo积水）缩，故得尽见。杜老所谓“幸有舟楫迟，得尽所历妙”也。

过澎浪矶、小孤山，二山东西相望。小孤属舒州宿松县，有戍兵。凡江中独山，如金山、焦山、落星之类，皆名天下，然峭拔秀丽皆不可与小孤比。自数十里外望之，碧峰巉（chán）然孤起，上干云霄，已非它山可拟，愈近愈秀，冬夏晴雨，姿态万变，信[确实]造化[自然界]之尤物也。但祠宇极于荒残，若稍饰以楼观亭榭，与江山相发挥，自当高出金山之上矣。庙在山之西麓，额[匾额]曰“惠济”，神[庙神]曰“安济夫人”。绍兴初，张魏公自湖湘还，尝加营葺（qì），有碑载其事。又有别祠在澎浪矶，属江州彭泽县，三面临江，倒影水中，亦占一山之胜。舟过矶，虽无风，亦浪涌，盖以此得名也。昔人诗有“舟中估客莫漫狂，小姑前年嫁彭郎”之句，传者因谓小孤庙有彭郎像，澎浪庙有小姑像，实不然也。晚泊沙夹，距小孤一里。微雨，复以小艇游庙中，南望彭泽、都昌诸山，烟雨空蒙，鸥鹭灭没，极登临之胜，徙倚[徘徊]久之而归。方立庙门，有俊鹘抟（tuán抓）水禽，掠江东南去，甚可壮也。庙祝云，山有栖鹘甚多。

二日早，行未二十里，忽风云腾涌，急系缆。俄[一会儿]复开霁，遂行。泛彭蠡（lí）口，四望无际，乃知太白“开帆入天镜”之句为妙。始见庐山及大孤。大孤状类西梁，虽不可拟小姑之秀丽，然小孤之旁，颇有沙洲葭苇，大孤则四际渺弥皆大江，望之如浮水面，亦一奇也。江自湖口分一支为南江，盖江西路也。江水浑浊，每汲（jī）用，皆以杏仁澄之，过夕乃可饮。南江则极清澈，合处如引绳，不相乱。晚抵江州。州治德化县，即唐之浔阳县，柴桑、栗里，皆其地也；南唐为奉化军节度，今为定江军。岸土赤而壁立，东坡先生所谓“舟人指点岸如赪（chēng红色）”者也。泊湓（pén）浦，水亦甚清，不与江水乱。自七月二十六日至是，首尾才六日，其间一日阻风不行，实以四日半溯[逆水]流行七百里云。

庖（páo）丁解牛　《庄子·内篇·养生主》

吾生也有涯，而知也无涯。以有涯随无涯，殆（dài危险）已！已而为知者，殆而已矣！为善无近名，为恶无近刑。缘[顺]督[自然之道]以为经，可以保身，可以全生，可以养亲，可以尽年。

庖丁为文惠君解牛，手之所触，肩之所倚，足之所履[踩]，膝之所踦（yǐ膝盖顶住），砉（huā）然向[响]然，奏刀騞（huō）然，莫不中（zhòng）音。合于《桑林》之舞，乃中《经首》之会[节奏]。

文惠君曰：“嘻，善哉！技盖[通“盍”，何，怎样]至此乎？”

庖丁释刀对曰：“臣之所好者道也，进[超过]乎技矣。始臣之解牛之时，所见无非牛者。三年之后，未尝见全牛也。方今之时，臣以神遇而不以目视，官[视觉]知止而神欲行。依乎天理，批[击]大郤（xì空隙），导[顺着]大窾（kuǎn空），因[依照]其固[本来]然。技[枝：枝脉]经[经络]肯綮（qìng结合处）[筋骨结合的地方]之未尝，而况大軱（gū股部的大骨）乎！良庖岁更刀，割也；族[众，指一般的]庖月更刀，折也。今臣之刀十九年矣，所解数千牛矣，而刀刃若新发于硎（xíng磨刀石）。彼节者有间，而刀刃者无厚；以无厚入有间，恢恢乎其于游刃必有余地矣，是以十九年而刀刃若新发于硎。虽然，每至于族[指筋骨交错聚结处]，吾见其难为，怵（chù）然为戒，视为止，行为迟。动刀甚微，謋（huò）然已解，如土委[卸落]地。提刀而立，为之四顾，为之踌躇满志[悠然自得，心满意足]，善[通“缮”，擦拭刀]刀而藏之。”

文惠君曰：“善哉，吾闻庖丁之言，得养生焉。”

项羽之死 司马迁（西汉）

项王军[军队]壁[驻守]垓（gāi）下，兵少食尽，汉军及诸侯兵围之数重。夜闻汉军四面皆楚歌，项王乃大惊曰：“汉皆已得楚乎？是[汉军]何楚人之多也！”项王则夜起，饮帐中。有美人名虞（yú），常幸[受宠]从；骏马名骓（zhuī），常骑之。于是项王乃悲歌慷慨，自为诗曰：“力拔山兮气盖世！时不利兮骓不逝[奔驰]！骓不逝兮可奈何！虞兮虞兮奈若[你]何！”歌数阕（què），美人和（hè）之。项王泣数行下，左右皆泣，莫能仰视。

于是项王乃上马骑（jì），麾（huī旗）下[部下]壮士骑（jì）从者八百余人，直[当]夜溃围南出，驰走。平明，汉军乃觉之，令骑将灌（guàn）婴以五千骑追之。项王渡淮，骑能属（zhǔ随从）者百余人耳。项王至阴陵，迷失道，问一田父（fǔ）[农夫]，田父绐（dài欺哄）曰“左”。左，乃陷大泽中。以故[因此]汉追及之。项王乃复引兵而东，至东城，乃有二十八骑。汉骑追者数千人。项王自度[估计]不得脱。谓其骑曰：“吾起兵至今八岁矣，身七十余战，所当者破，所击者服，未尝败北[失败]，遂霸有天下。然今卒[终于]困于此，此天之亡我，非战之罪也。今日固决死，愿为诸君快[痛快]战，必三胜之，为诸君溃围，斩将，刈（yì砍倒）旗，令诸君知天亡我，非战之罪也。”

乃分其骑以为四队，四向。汉军围之数重。项王谓其骑曰：“吾为公取彼一将。”令四面骑驰下，期[约]山东为三处。于是项王大呼驰下，汉军皆披靡，遂斩汉一将。是时，赤泉侯为骑将，追项王，项王瞋（chēn）目而叱之，赤泉侯人马俱惊，辟（bì）易[倒退]数里。与其骑会为三处。汉军不知项王所在，乃分军为三，复围之。项王乃驰，复斩汉一都尉，杀数十百人，复聚其骑，亡其两骑耳。乃谓其骑曰：“何如？”骑皆伏[服]曰：“如大王言。”

于是项王乃欲东渡乌江。乌江亭长檥（yǐ）船[停船靠岸]待，谓项王曰：“江东虽小，地方千里，众数十万人，亦足王也。愿大王急渡。今独臣有船，汉军至，无以渡。”项王笑曰：“天之亡我，我何渡为[呢]！且籍与江东子弟八千人渡江而西，今无一人还，纵[纵使]江东父兄怜而王（wàng）我，我何面目见之？纵彼不言，籍独[难道]不愧于心乎？”乃谓亭长曰：“吾知公长者。吾骑此马五岁，所当无敌，常一日行千里，不忍杀之，以赐公。”乃令骑皆下马步行，持短兵接战。独籍所杀汉军数百人。项王身亦被十余创（chuāng伤）。顾见[回头看见]汉骑司马吕马童，曰：“若[你]非吾故人乎？”马童面之，指王翳（yì）曰：“此项王也。”项王乃曰：“吾闻汉购我头千金，邑万户，吾为若德。”乃自刎（wěn）而死。

阿（ē）房（páng）宫赋 杜牧（唐）

六王毕[灭亡]，四海一[统一]，蜀山兀[秃]，阿房出。覆压三百余里，隔离天日。骊山北构[建构]而西折，直走咸阳。二川溶溶，流入宫墙。五步一楼，十步一阁；廊腰缦（màn）回[如缦带般萦回]，檐牙高啄[像禽鸟俯首啄物]；各抱[依]地势，钩心斗角[楼阁宫殿相连，屋角交错，好像互相争斗]。盘盘[盘旋]焉，囷（qūn）囷[屈曲]焉，蜂房水涡，矗（chù矗立）不知其几千万落[座]。长桥卧波，未云何龙？复道行空，不霁[雨过初晴]何虹？高低冥迷，不知西东。歌台暖响，春光融融；舞殿冷袖，风雨凄凄。一日之内，一宫之间，而气候不齐。

妃（fēi）嫔（pín）媵（yìng）嫱（qiáng），王子皇孙，辞楼下殿，辇（niǎn王室用的车子）来于秦，朝歌夜弦，为秦宫人。明星荧荧，开妆镜也；绿云[乌黑油亮的长发]扰扰[纷纷扬扬]，梳晓鬟（huán）也；渭流涨腻，弃脂水也；烟斜雾横，焚椒兰也；雷霆乍惊，宫车过也；辘（lù）辘远听，杳不知其所之也。一肌一容，尽态极妍（yán），缦立[长久站立]远视，而望幸[帝王来临]焉。有不见者，三十六年。燕赵之收藏，韩魏之经营，齐楚之精英，几世几年，摽[抢劫]掠其人，倚叠如山。一旦不能有，输来其间。鼎铛（chēng平底小锅）玉石，金块[土块]珠砾[碎石]，弃掷逦（lǐ）迤（yǐ）[绵延不绝]，秦人视之，亦不甚惜。

嗟乎！一人之心，千万人之心也。秦爱纷奢，人亦念其家。奈何取之尽锱（zī）铢（zhū），用之如泥沙？使负栋之柱，多于南亩之农夫；架梁之椽（chuán），多于机上之工女；钉头磷磷，多于在庾（yǔ露天谷仓）之粟粒；瓦缝参差，多于周身之帛缕；直栏横槛，多于九土之城郭；管弦呕哑，多于市人之言语。使天下之人，不敢言而敢怒，独夫之心，日益骄固。戍卒叫[陈胜、吴广起义]，函谷举[刘邦攻占函谷关]，楚人[项羽及其部队]一炬，可怜焦土！

灭六国者，六国也，非秦也；族[灭族]秦者，秦也，非天下也。嗟乎！使六国各爱其人，则足以拒秦。使秦复爱六国之人，则递[传]三世可至万世而为君，谁得而族灭也？秦人不暇自哀，而后人哀之；后人哀之而不鉴之，亦使后人而复哀后人也。

西门豹治邺　褚少孙（西汉）

魏文侯时，西门豹为邺（yè）令。豹往到邺，会[会集]长老，问之民所疾苦。长老曰："苦为河伯娶妇，以故渐贫。"豹问其故，对曰："邺三老、廷掾（yuàn县令的助手）常岁赋敛百姓，收取其钱得数百万，用其二三十万为河伯娶妇，与祝巫[巫婆]共分其余钱持归。当其时，巫行视[到处物色]小家女好者，云是当为河伯妇，即娉[聘]取[娶]，洗沐之，为治新缯（zēng）绮縠（hú）衣，间（jiàn）居[单独居住]斋戒；为治斋宫河上，张[张挂起]缇（tí丹黄色）绛[大红色]帷[帷帐]，女居其中，为具牛酒饭食，行十余日，共粉饰之，如嫁女床席，令女居其上，浮之河中。始浮，行数十里乃没。其人家有好女者，恐大巫祝为河伯取之，以故多持女远逃亡。以故城中益空无人，又困贫，所从来久远矣。民人俗语曰'即[如果]不为河伯娶妇，水来漂没，溺其人民'云。"西门豹曰："至为河伯娶妇时，愿三老、巫祝、父老送女河上，幸[希望]来告语之，吾亦往送女。"皆曰："诺。"

至其时，西门豹往会之河上。三老、官属、豪长者[有钱有势的人]、里父老皆会，以[与]人民往观之者三二千人。其巫，老女子也，已年七十。从弟子女十人所[许]，皆衣[穿]缯单衣，立大巫后。西门豹曰："呼河伯妇来，视其好丑。"即将女出帷中，来至前。豹视之，顾谓三老、巫祝、父老曰："是女子不好，烦大巫妪（yù）为入报河伯，得更求好女，后日送之。"即使吏卒共抱大巫妪投之河中。有顷，曰："巫妪何久也？弟子趣[趋]之！"复以弟子一人投河中。有顷，曰："弟子何久也？复使一人趣之！"复投一弟子河中。凡投三弟子。西门豹曰：

“巫妪、弟子，是女子也，不能白事。烦三老为入白之。”复投三老河中。西门豹簪（zān）笔磬（qìng）折，向河立待良久。长老、吏、傍观者皆惊恐。西门豹顾曰：“巫妪、三老不来还，奈之何？”欲复使廷掾与豪长者一人入趣之。皆叩头，叩头且破，额血流地，色如死灰。西门豹曰：“诺，且留待之须臾。”须臾，豹曰：“廷掾起矣。状[估计]河伯留客之久，若[你们]皆罢去归矣。”邺吏民大惊恐，从是以后，不敢复言为河伯娶妇。

西门豹即发[征发]民凿十二渠，引河水灌民田，田皆溉。当其时，民治渠少[略有]烦苦，不欲也。豹曰：“民可以乐成，不可与虑始。今父老子弟虽患苦我，然百岁后期令父老子孙思我言。”至今皆得水利，民人以给足富。十二渠经[道路]绝[断绝]驰道，到汉之立，而长吏以为十二渠桥绝驰道，相比近，不可。欲合渠水，且至驰道合三渠为一桥。邺民人父老不肯听长吏，以为西门君所为也，贤君之法式不可更也。长吏终听置之。故西门豹为邺令，名闻天下，泽流后世，无绝已时，几[岂]可谓非贤大夫哉！

大铁椎（chuí）传　魏禧（清）

大铁椎，不知何许人，北平陈子灿省兄河南，与遇宋将军家。宋，怀庆青华镇人，工技击[擅长武术]，七省好事者皆来学，人以其雄健，呼宋将军云。宋弟子高信之，亦怀庆人，多力善射，长（zhǎng）子灿七岁，少[青少年时代]同学，故尝与过[访问]宋将军。

时座上有健啖（dàn吃）客，貌甚寝[丑陋]，右胁夹大铁椎，重四五十斤，饮食拱揖不暂去。柄铁折叠环复，如锁上练，引之长丈许。与人罕言语，语类楚声。扣[通“叩”，询问]其乡及姓字，皆不答。

既同寝，夜半，客曰：“吾去矣！”言讫（qì完）不见。子灿见窗户皆闭，惊问信之。信之曰：“客初至，不冠不袜，以蓝手巾裹头，足缠白布，大铁椎外，一物无所持，而腰多白金。吾与将军俱不敢问也。”子灿寐而醒，客则鼾睡炕上矣。

一日，辞宋将军曰：“吾始闻汝名，以为豪[豪杰]，然皆不足用。吾去矣！”将军强留之，乃曰：“吾数击杀响马贼，夺其物，故仇我。久居，祸且及汝。今夜半，方期[约定]我决斗某所。”宋将军欣然曰：“吾骑马挟矢以助战。”客曰：“止！贼能且众，吾欲护汝，则不快[痛快]吾意。”宋将军故自负，且欲观客所为，力请客。客不得已，与偕行。将至斗处，送将军登空堡上，曰：“但观之，慎弗声，令贼知也。”

时鸡鸣月落，星光照旷野，百步见人。客驰下，吹觱（bì）篥（lì）数声。顷之，贼二十余骑四面集，步行负弓矢从者百许人。一贼提刀突奔客，客大呼挥椎，贼应声落马，马首裂。众贼环而进，客奋椎左右击，人马仆[倒]地，杀三十许人。宋将军屏（bǐng）息观之，股[两腿]栗欲堕。忽闻客大呼曰：“吾去矣。”尘滚滚东向驰去。后遂不复至。

六国论 苏洵（北宋）

六国破灭，非兵[兵器]不利，战不善，弊在赂（lù）秦。赂秦而力亏，破灭之道也。或[有人]曰：六国互丧，率[全都]赂秦耶？曰：不赂者以赂者丧。盖[因为]失强援，不能独完[保全]。故曰：弊在赂秦也。

秦以攻取之外，小则获邑，大则得城。较秦之所得，与战胜而得者，其实百倍；诸侯之所亡，与战败而亡者，其实亦百倍。则秦之所大欲，诸侯之所大患，固不在战矣。思厥（jué其）先祖父，暴（pù暴露）霜露，斩荆棘，以有尺寸之地。子孙视之不甚惜，举以予人，如弃草芥。今日割五城，明日割十城，然后得一夕安寝。起视四境，而秦兵又至矣。然则诸侯之地有限，暴秦之欲无厌[餍]，奉之弥繁，侵之愈急。故不战而强弱胜负已判矣。至于颠覆[灭亡]，理固宜然。古人云：“以地事秦，犹抱薪救火，薪不尽，火不灭。”此言得之。

齐人未尝赂秦，终继五国迁灭，何哉？与[亲附]嬴[秦国]而不助五国也。五国既丧，齐亦不免矣。燕赵之君，始[起初]有远略，能守其土，义不赂秦。是故燕虽小国而后亡，斯用兵之效也。至丹以荆卿为计，始[才]速[招致]祸焉。赵尝五战于秦，二败而三胜。后秦击赵者再，李牧连却[使…退却]之。洎（jì等到）牧以[因为]谗诛，邯郸为郡，惜其用武而不终也。且燕赵处秦革灭殆[将要]尽之际，可谓智[智谋]力[力量]孤危，战败而亡，诚不得已。向[以前]使[假如]三国各爱其地，齐人勿附于秦，刺客不行，良将犹在，则胜负之数[命运]，存亡之理[理数]，当与秦相较，或未易量[判断]。

呜呼！以赂秦之地，封天下之谋臣，以事秦之心，礼天下之奇才，并力西向，则吾恐秦人食之不得下咽也。悲夫！有如此之势，而为秦人积威之所劫[胁迫]，日削月割，以趋于亡。为（wéi治理）国者无使为积威之所劫哉！

夫六国与秦皆诸侯，其势弱于[比]秦，而犹有可[可以]以[凭借]不赂而胜之之势。苟[如果]以天下之大，下而从六国破亡之故事，是又在六国下矣。

伶官传序　欧阳修（北宋）

呜呼！盛衰之理，虽曰天命，岂非人事哉！原[推本求源]庄宗之所以得天下，与其所以失之者，可以知之矣。

世言晋王之将终[死]也，以三矢赐庄宗而告之曰："梁，吾仇也；燕王，吾所立；契丹与吾约为兄弟，而皆背晋以归梁。此三者，吾遗恨也。与尔三矢，尔其[表示期望、命令的语气]无忘乃[你的]父之志！"庄宗受而藏之于庙。其后用兵，则遣从事[负责具体事物的官员]以一少牢告庙，请其矢，盛以锦囊，负[背着]而前驱，及凯旋而纳[放回]之。

方其系[绑住]燕父子以组[绳索]，函[用木匣装]梁君臣之首，入于太庙，还矢先王，而告以成功，其意气之盛，可谓壮哉！及仇雠（chóu）已灭，天下已定，一夫夜呼，乱者四应，仓皇东出，未及见贼而士卒离散，君臣相顾[看]，不知所归，至于誓天断发，泣下沾襟，何其衰也！岂得之难而失之易欤？抑[或者]本[推究]其成败之迹，而皆自于人欤？《书》曰："满招损，谦受益。"忧劳可以兴国，逸豫可以亡身，自然之理也。

故方其盛也，举天下之豪杰莫能与之争；及其衰也，数十伶人困之，而身死国灭，为天下笑。夫祸患常积于忽微[极细小的东西]，而智勇多困于所溺[沉溺迷恋的人或事物]，岂独伶人也哉！

祭十二郎文　韩愈（唐）

年、月、日，季父[叔父]愈闻汝丧之七日，乃[才]能衔哀致诚，使建中远[在远方]具[备办]时羞[馐]之奠，告[告慰]汝十二郎之灵：

呜呼！吾少孤，及长，不省（xǐng知道）所怙（hù），惟兄嫂是依。

中年兄殁（mò）南方，吾与汝俱幼，从嫂归葬河阳。既又与汝就食[谋生]江南。零丁孤苦，未尝一日相离也。吾上有三兄，皆不幸早世。承[继承]先人后者，在孙惟汝，在子惟吾。两世一身，形单影只。嫂尝抚汝指吾而言曰："韩氏两世，惟此而已！"汝时尤小，当不复记忆；吾时虽能记忆，亦未知其言之悲也。

吾年十九，始[初次]来京城。其后四年，而归视汝。又四年，吾往河阳省坟墓，遇汝从嫂丧来葬。又二年，吾佐董丞相于汴州，汝来省吾，止一岁，请归取其孥（nú妻子儿女）。明年，丞相薨（hōng）。吾去汴州，汝不果来[来成]。是年，吾佐戎徐州，使取汝者始行，吾又罢[被免职]去，汝又不果来。吾念汝从于东，东亦客[客居]也，不可以久；图久远者，莫如西归，将成家而致汝。呜呼！孰谓汝遽（jù突然）去吾而殁乎！吾与汝俱少年，以为虽暂相别，终当久相与[一起]处。故舍汝而旅食京师，以求斗斛（hú）之禄。诚[假如真的]知其如此，虽[即使]万乘（shèng）之公相，吾不以一日辍汝而就也。

去年，孟东野往，吾书与汝曰："吾年未四十，而视茫茫，而发苍苍，而齿牙动摇。念诸父与诸兄，皆康强而早逝，如吾之衰者，其能久存乎？吾不可去，汝不肯来，恐旦暮死，而汝抱无涯之戚[忧伤]也！"孰谓少者殁而长者存，强者夭而病者全乎！

呜呼！其信然邪？其梦邪？其传之非其真邪？信也，吾兄之盛德而夭其嗣（sì后代）乎？汝之纯明而不克[能]蒙[承受]其泽乎？少者强者而夭殁，长者衰者而存全乎？未可以为信也！梦也，传之非其真也，东野之书，耿兰之报，何为而在吾侧也？呜呼！其信然矣！吾兄之盛德而夭其嗣矣！汝之纯明宜业[继承家业]其家者，不克蒙其泽矣！所谓天者诚[确实]难测，而神者诚难明矣！所谓理者不可推，而寿者不可知矣！

虽然，吾自今年来，苍苍者或化而为白矣；动摇者或脱而落矣，毛血日益衰，志气日益微，几何不从汝而死也？死而有知，其几何离？其无知，悲不几时，而不悲者无穷期矣。

汝之子始[才]十岁，吾之子始五岁，少而强者不可保，如此孩提者，又可冀[希望]其成立[成人立业]邪？呜呼哀哉！呜呼哀哉！

汝去年书云："比[近来]得软脚病，往往[时常]而剧。"吾曰："是疾也，江南之人，常常有之。"未始以为忧也。呜呼！其竟以此而殒其生乎？抑[还是]别有疾而至斯乎？

汝之书，六月十七日也。东野云，汝殁以六月二日；耿兰之报无月日。盖[大概]东野之使者不知问家人以月日，如耿兰之报，不知当言月日。东野与吾书，乃问使者，使者妄称以应之耳。其[是]然[这样]乎？其[还是]不然乎？

今吾使建中祭汝，吊[安慰]汝之孤[孩子]与汝之乳母。彼有食可守，以待终丧，则待终丧而取以来；如不能守以终丧，则遂取以来。其余奴婢，并令守汝丧。吾力能改[迁]葬，终葬汝于先人之兆[祖坟旁]，然后惟其所愿。

呜呼！汝病吾不知时，汝殁吾不知日，生不能相养于共居，殁不得抚汝以尽哀，敛[入殓时]不凭其棺，窆（biǎn下棺入葬时）不临其穴。吾行负神明，而使汝夭。不孝不慈，而不得与汝相养以生，相守以死。一在天之涯，一在地之角，生而影不与吾形相依，死而魂不与吾梦相接，吾实为之，其又何尤[抱怨]！彼苍者天，曷[何]其有极！自今已往，吾其无意于人世矣！当求数顷之田于伊、颍之上，以待余年。教吾子与汝子，幸[希望]其成；长（zhǎng抚养）吾女与汝女，待其嫁，如此而已。

呜呼，言有穷而情不可终，汝其知也邪？其不知也邪？呜呼哀哉！尚飨（xiǎng）！

文与可画筼（yún）筜（dāng）谷偃竹记　苏轼（北宋）

竹之始生，一寸之萌[嫩芽]耳，而节叶具焉。自蜩（tiǎo蝉）腹蛇蚹（fù）以至于剑拔十寻者，生而有之也。今画者乃节节而为之，叶叶而累之，岂复有竹乎？故画竹必先得成竹于胸中，执笔熟视，乃见其所欲画者，急起从之，振笔直遂[完成]，以追其所见，如兔起鹘（hú）落，少（shāo）纵则逝矣。与可之教予如此。予不能然也，而心识其所以然。夫既心识其所以然而不能然者，内外不一，心手不相应，不学之过[毛病]也。故凡有见于中而操之不熟者，平居自视了然，而临事忽焉丧之，岂独竹乎？子由[苏辙]为《墨竹赋》以遗与可曰："庖丁，解牛者也，而养生者取之；轮扁（piān），斫（zhuó）轮者也，而读书者[齐桓公]与之。今夫夫子之托于斯竹也，而予以为有道者，则非耶？"子由未尝画也，故得其意而已。若予者，岂独得其意，并得其法。

与可画竹，初不自贵重，四方之人持缣（jiān）素[白色细绢]而请者，足相蹑于其门。与可厌之，投诸地而骂曰："吾将以为袜[袜子]！"士大夫传之，以为口实[话柄]。及与可自洋州还，而余为徐州。与可以书遗余曰："近语[告诉]士大夫，吾墨竹一派，近在彭城，可往求之。袜材[袜子材料]当萃[聚集]于子矣。"书尾复写一诗，其略曰："拟将一段鹅溪绢，扫取[画出]寒梢万尺长。"予谓与可："竹长万尺，当用绢二百五十匹，知公倦于笔砚，愿得此绢而已！"与可无以答，则曰："吾言妄矣，世岂有万尺竹哉！"余因而实[证实]之，答其诗曰："世间亦有千寻竹，月落庭空影许长。"与可笑曰："苏子辩矣，然二百五十匹，吾将买田而归老焉。"因以所画《筼筜谷偃竹》遗予，曰："此竹数尺耳，而有万尺之势。"筼筜谷在洋州，与可尝令予作《洋州三十咏》，《筼筜谷》其一也。予诗云："汉川修竹贱如蓬，斤斧何曾赦箨（tuò）龙[笋子]。料得清贫馋太守，渭滨千亩在胸中。"与可是日与其妻游谷中，烧笋晚食，发[打开]函[信封]得诗，失笑喷饭满案。

元丰二年正月二十日，与可没[死]于陈州。是岁七月七日，予在湖州曝（pù）书画，见此竹，废卷而哭失声。昔曹孟德《祭桥公文》，有"车过""腹痛"之语，而余亦载与可畴（chóu）昔戏笑之言者，以见与可于予亲厚无间（jiàn）如此也。

狱中杂记　方苞（清）

康熙五十一年三月，余在刑部狱，见死而由窦（dòu洞）出者，日三四人。有洪洞令杜君者，作而言曰："此疫[瘟疫]作也。今天时[气候]顺正，死者尚稀，往岁多至日十数人。"余叩[询问]所以，杜君曰："是疾易传染，遘（gòu染病）者虽戚属不敢同卧起。而狱中为老监者四，监五室，禁卒居中央，牖（yǒu窗）其前以通明，屋极[顶]有窗以达气。旁四室则无之，而系囚常二百余。每薄暮下管键[锁]，矢[屎]溺[尿]皆闭其中，与饮食之气相薄；又隆冬，贫者席地而卧，春气动，鲜不疫矣。狱中成法，质明[天亮时]启钥，方夜中，生人与死者并踵顶而卧，无可旋避，此所以染者众也。又可怪者，大盗积贼[惯偷]、杀人重囚，气杰旺，染此者十不一二，或随有瘳（chōu病愈）。其骈[接连]死，皆轻系及牵连佐证[证人]法所不及者。"余曰："京师有京兆狱，有五城御史司坊，何故刑部系囚之多至此？"杜君曰："迩[近]年狱讼，情稍重，京兆、五城即不敢专决；又九门提督所访缉纠诘，皆归刑部；而十四司正副郎好事者及书吏、狱官、禁卒，皆利系者之多，少有连，必多方钩致。苟入狱，不问罪之有无，必械[戴上刑具]手足，置老监，俾[使]困苦不可忍，然后导[诱导]以取保[保释]，出居于外，量[衡量]其家之所有以为剂[调剂]，而官与吏部分焉。中家[中产之家]以上，皆竭资取保；其次，求脱械居监外板屋，费亦数十金；惟极贫无依，则械系不稍宽，为标准以警[警告]其余。或同系，情罪重者，反出在外，而轻者、无罪者罹（lí遭受）其毒。积忧愤，寝食违节，及病，又无医药，故往往至死。”余伏见圣上好生之德，同于往圣。每质[审察]狱辞[判决书]，必于死中求其生，而无辜者乃至此。傥[假使]仁人君子为上[皇帝]昌言：除死刑及发塞外重犯，其轻系及牵连未结正[结案]者，别置一所以羁[关押]之，手足毋械。所全活可数计哉？或曰：狱旧有室五，名曰现监，讼而未结正者居之。傥举旧典[过去的制度]，可小补[补益]也。杜君曰：“上推恩，凡职官居板屋。今贫者转系老监，而大盗有居板屋者，此中可细诘[深究]哉！不若别置一所，为拔本塞源之道也。”余同系朱翁、余生及在狱同官僧某，遘疫死，皆不应重罚。又某氏以不孝讼其子，左右邻械系入老监，号呼[大哭大叫]达旦。余感焉，以杜君言泛讯[广泛地询问]之，众言同，于是乎书。

凡死刑狱上，行刑者先俟于门外，使其党入索财物，名曰“斯罗[打理]”。富者就其戚属，贫则面语之。其极刑，曰：“顺我，即先刺心；否则，四肢解尽，心犹不死。”其绞缢（yì），曰：“顺我，始缢即气绝；否则，三缢加别械，然后得死。”惟大辟[斩首]无可要（yāo要挟），然犹质[用作抵押]其首。用此，富者赂数十百金，贫亦罄（qìng尽）衣装；绝无有者，则治[处理]之如所言。主缚者[执行捆缚犯人的役吏]亦然。不如所欲，缚时即先折筋骨。每岁大决[秋决]，勾者十三四，留者十六七，皆缚至西市待命。其伤于缚者，即幸留，病数月乃瘳（chōu），或竟成痼疾。余尝就老胥[多年的老役吏]而问焉：“彼于刑者、缚者，非相仇也，期有得耳；果无有，终亦稍宽之，非仁术乎？”曰：“是立法以警其余，且惩后也；不如此，则人有幸[侥幸]心。”主梏（gù）扑者[专管上刑具、打板子的人]亦然。余同逮以木讯者三人：一人予三十金，骨微伤，病间月；一人倍之，伤肤，兼旬愈；一人六倍，即夕行步如平常。或叩之曰：“罪人有无不均[贫富不一]，既各有得，何必更以多寡为差？”曰：“无差，谁为多与者！”孟子曰：“术不可不慎。”信夫！

部中老胥，家藏伪章，文书下行直省，多潜易之，增减要语，奉行者莫辨也。其上闻[报告皇上的文书]及移关诸部，犹未敢然。功令[朝廷所定法令]：大盗未杀人及他犯同谋多人者，止主谋一二人立决；余经秋审皆减等发配。狱辞上[审判书已上报]，中有立决者，行刑人先俟于门外。命下，遂缚以出，不羁晷（guǐ）刻[片刻]。有某姓兄弟，以把持公仓，法应立决，狱具矣。胥某谓曰：“予我千金，吾生若。”叩其术，曰：“是无难，别具本章，狱辞无易，取案末独身无亲戚者二人易汝名，俟封奏时潜易之而已。”其同事者曰：“是可欺死者，而不能欺主谳（yàn验：审判定罪）者，倘[如果]复请之，吾辈无生理矣。”胥某笑曰：“复请之，吾辈无生理，而主谳者亦各罢去。彼不能以二人之命易其官，则吾辈终无死道也。”竟行之，案末二人立决。主者口呿（qū张）舌挢（jiǎo伸），终不敢诘[追究]。余在狱，犹见某姓，狱中人群指曰：“是以某某易其首者。”胥某一夕暴卒[猝死]，人皆以为冥谪[受到阴曹地府的惩罚]云。

凡杀人，狱辞无谋故者，终秋审入矜[怜悯]疑，即免死。吏因以巧法[取巧枉法]。有郭四者，凡四杀人，复以矜疑减等，随遇赦。将出，日与其徒置酒酣歌达曙。或叩以往事，一一详述之，意色扬扬，若自矜诩（xǔ）。噫，渫（xiè污浊）恶吏忍于鬻（yù出卖）狱[狱讼]，无责也；而道之不明，良吏亦多以脱人于死为功，而不求[追究]其情[真实情况]。其枉民也亦甚矣哉！

奸民久于狱，与胥卒表里，颇有奇（jī）羡。山阴李姓，以杀人系狱，每岁致数百金。康熙四十八年，以赦出，居数月，漠然[寂寞无聊]无所事。其乡人有杀人者，因代承之。盖以律非故杀，必久系，终无死法也。五十一年，复援赦减等谪戍[发配充军]，叹曰：“吾不得复入此矣！”故例，谪戍者移顺天府羁候，时方冬停遣，李具状求在狱候[等到]春发遣，至再三，不得所请[请求]，怅[失望]然而出。

陶庵梦忆序　张岱（明）

陶庵国破家亡，无所归止，披发入山，骇（hài骇）骇为野人。故旧

[亲戚朋友]见之，如毒药猛兽，愕（è）窒不敢与接。作自挽诗，每欲引决[自杀]，因《石匮书》未成，尚视息[呼吸]人世。然瓶粟屡罄（qìng），不能举火，始[才]知首阳二老，直头[一直]饿死，不食周粟，还是后人妆点语也。

饥饿之余，好弄笔墨。因思昔日生长王谢，颇事豪华，今日罹（lí遭到）此果报[因果报应]：以笠报颅，以蒉（kuì草织的盛器）报踵，仇[报应]簪（zān）履也。以衲（nà补缀的衣服）报裘，以苎（zhù）报绨（chī粗葛布），仇轻暖也。以藿报肉，以粝（lì粗米）报粻（zhāng好粮米），仇甘旨也。以荐[草褥子]报床，以石报枕，仇温柔也。以绳报枢，以瓮（wèng）报牖（yǒu），仇爽[明]垲（kǎi燥）也。以烟报目，以粪报鼻，仇香艳也。以途报足，以囊报肩，仇舆从也。种种罪案，从种种果报中见之。

鸡鸣枕上，夜气方回，因想余生平，繁华靡丽，过眼皆空，五十年来，总成一梦。今当黍熟黄粱，车旅蚁穴，当作如何消受？遥思往事，忆即书之，持向佛前，一一忏悔。不次[排列]岁月，异年谱也；不分门类，别志林也。偶拈一则，如游旧径，如见故人，城郭人民，翻用自喜，真所谓痴人前不得说梦矣。

昔有西陵脚夫为人担酒，失足破其瓮，念无以偿，痴坐伫（zhù）想曰："得是梦便好！"一寒士乡试中式，方赴鹿鸣宴，恍然犹意非真，自啮（niè）其臂曰："莫是梦否？"一梦耳，惟恐其非梦，又惟恐其是梦，其为痴人则一也。

余今大梦将寤（wù醒），犹事雕虫[写作]，又是一番梦呓。因叹慧业文人，名心难化，政如邯郸梦断，漏尽钟鸣[天亮]，卢生遗表，犹思摹拓二王[王羲之、王献之]，以流传后世，则其名根一点，坚固如佛家舍利，劫火猛烈，犹烧之不失也。

种树郭橐（tuó）驼（tuó）传　柳宗元（唐）

郭橐驼，不知始何名。病偻（lǚ脊背弯曲），隆然伏行，有类橐驼者，故乡人号之"驼"。驼闻之，曰："甚善。名我固当。"因舍其名，亦自谓"橐驼"云。

其乡曰丰乐乡，在长安西。驼业种树，凡长安豪富人为观游及卖果者，皆争迎取养。视驼所种树，或移徙，无不活，且硕茂，早实[结果实]以蕃（fán多）。他植者虽窥伺效慕，莫能如也。

有问之，对曰："橐驼非能使木寿且孳（zī繁殖）也，能顺木之天，以致其性焉尔。凡植木之性，其本[树根]欲舒，其培[培土]欲平，其土欲故，其筑[捣土]欲密。既然已，勿动勿虑，去不复顾。其莳（shì种植）也若子，其置也若弃，则其天者全而其性得矣。故吾不害其长而已，非有能硕茂之也；不抑耗其实而已，非有能早而蕃之也。他植者则不然，根拳[拳曲]而土易[更换]，其培之也，若不过焉则不及。苟有能反是者，则又爱之太恩，忧之太勤，旦视而暮抚，已去而复顾，甚者爪[掐]其肤以验其生枯，摇其本以观其疏密，而木之性日以离矣。虽曰爱之，其实害之；虽曰忧之，其实仇之，故不我若也。吾又何能为哉！"

问者曰："以子之道，移之官理[治理]，可乎？"驼曰："我知种树而已，官理，非吾业也。然吾居乡，见长（zhǎng）人者[地方官]好烦其令，若[好像]甚怜[爱]焉，而卒[最终]以祸。旦暮吏来而呼曰：'官命促尔耕，勖（xù勉励）尔植，督尔获，早缫（sāo煮茧抽丝）而绪，早织而缕，字[养育]而幼孩，遂（suì顺利地成长）而鸡豚（tún）。'鸣鼓而聚之，击木而召之。吾小人辍飧（sūn晚饭）饔（yōng早饭）以劳吏者，且不得暇，又何以蕃吾生而安吾性耶？故病且怠。若是，则与吾业者其亦有类乎？"

问者曰："嘻，不亦善夫！吾问养树，得养人术。"传其事以为官戒也。

子路、曾皙、冉有、公西华侍坐　《论语》

子路、曾（zēng）皙、冉有、公西华侍（shì侍奉）坐。子曰："以[因为]吾一日长（zhǎng年长）乎尔，毋吾以也。居[平时]则曰：'不吾知也。'如或知尔，则何以[用什么（去实现自己的抱负）]哉？"

子路率尔[轻率急忙的样子]而对曰："千乘（shèng）之国，摄（shè夹）乎大国之间，加之以师旅，因之以饥馑（jǐn）；由也为之，比（bì）及[等到]三年，可使有勇，且知方[正道]也。"

夫子哂（shěn笑）之。

"求，尔何如？"

对曰："方[见方]六七十，如五六十，求也为之，比及三年，可使足[使…富足]民。如其礼乐（yuè），以俟（sì等待）君子。"

"赤，尔何如？"

对曰："非曰能之，愿学焉。宗庙之事，如会[盟会]同[诸侯共同朝见天子]，端[古代的一种礼服]章甫（fǔ）[古代的一种礼帽]，愿为小相（xiàng）焉。"

"点，尔何如？"

鼓瑟希，铿（kēng）尔，舍（shě）瑟而作，对曰："异乎三子者之撰（zhuàn）。"

子曰："何伤[妨害]乎？亦各言其志也！"

曰："莫（mù暮）春者，春服既成，冠（guàn）者五六人，童子六七人，浴乎沂（yí），风乎舞雩（yú），咏而归。"

夫子喟（kuì叹息）然叹曰："吾与[赞成]点也。"

三子者出，曾皙后。曾皙曰："夫（fú）三子者之言何如？"

子曰："亦各言其志也已矣！"

曰："夫子何哂（shěn）由也？"

曰："为国以礼，其言不让，是故哂之。唯求则非邦也与（yú）？安见方六七十，如五六十而非邦也者？唯赤则非邦也与？宗庙会同，非诸侯而何？赤也为之小，孰能为之大？"

春夜宴诸从弟桃花园序 李白（唐）

夫天地者，万物之逆[迎]旅[客舍]也；光阴者，百代之过客[过往的客人]也。而浮生若梦，为欢几何？古人秉[执]烛夜游，良有以[原因]也。况阳春召我以烟景，大块[大自然]假我以文章[色彩、花纹]。会桃花之芳园，序[叙]天伦之乐事。群季[弟弟]俊秀，皆为惠连[谢惠连]；吾人咏歌[吟诗]，独惭康乐[谢灵运]。幽赏未已，高谈转清。开琼筵（yán）以坐花，飞羽觞而醉月。不有佳咏，何伸雅怀？如诗不成，罚依金谷酒数。

项脊轩志 归有光（明）

项脊轩，旧南阁子也。室仅方丈[一丈见方]，可容一人居。百年老屋，尘泥渗（shèn透过）漉（lù漏下），雨泽下注，每移案[几案]，顾视无可置者。又北向，不能得日，日过午已昏。余稍为修葺（qì），使不上漏。前辟[开]四窗，垣墙周庭，以当[抵挡]南日；日影反照，室始洞[明亮]然。又杂植兰桂竹木于庭，旧时栏[纵栏]楯（shǔn横杆），亦遂增胜。借书满架，偃仰啸歌，冥然兀坐[端坐]，万籁有声，而庭阶寂寂，小鸟时来啄食，人至不去。三五之夜，明月半墙，桂影斑驳。风移影动，珊珊可爱。然予居于此，多可喜，亦多可悲。

先是，庭中通南北为一。迨（dài等到）诸父[伯、叔们]异爨（cuàn）[分家]，内外多置小门墙，往往[处处]而是。东犬西吠，客逾庖（páo厨房）而宴，鸡栖于厅。庭中始为篱，已为墙，凡[总共]再变矣。家有老妪（yù老婆婆），尝居于此。妪，先大母婢（bì）也。乳二世，先妣（bǐ）抚之甚厚。室西连于中闺，先妣尝一至。妪每谓余曰："某所，而[尔]母立于兹。"妪又曰："汝姊（zǐ）在吾怀，呱呱（gū）而泣。娘以指叩门扉曰：'儿寒乎？欲食乎？'吾从板外相为应答。"语未毕，余泣，妪亦泣。

余自束发读书轩中。一日，大母过余曰："吾儿，久不见若影，何竟日[一天到晚]默默在此，大类[像]女郎也？"比[等到]去，以手阖（hé）门，自语曰："吾家读书久不效，儿之成，则可待乎？"顷之，持一象笏（hù）至，曰："此吾祖太常公宣德间执此以朝，他日汝当用之！"瞻顾遗迹，如在昨日，令人长号（háo）不自禁。

轩东故尝为厨，人往，从轩前过。余扃（jiōng关闭）牖（yǒu窗户）而居，久之能以足音辨人。轩凡四遭火，得不焚，殆[大概]有神护者。

余既为此志，后五年，吾妻来归[古代女子出嫁]。时至轩中从余问古事，或凭几学书[写字]。吾妻归宁[回娘家省亲]，述[转述]诸小妹语曰："闻姊家有阁子，且何谓阁子也？"其后六年，吾妻死，室坏不修。其后二年，余久卧病无聊，乃使人复葺南阁子。其制稍异于前，然自后余多在外，不常居。

庭有枇杷树，吾妻死之年所手植也，今已亭亭如盖[伞]矣。

游沙湖　苏轼（北宋）

黄州东南三十里为沙湖，亦曰螺师店。予买田其间，因往相

（xiàng）田，得疾。闻麻桥人庞安常善医而聋，遂往求疗。安常虽聋，而颖悟绝人，以纸画字，书不数字，辄（zhé）深了人意。余戏之曰：“余以手为口，君以眼为耳，皆一时异人也。”

疾愈，与之同游清泉寺。寺在蕲（qí）水郭门外二里许，有王逸少洗笔泉，水极甘，下临兰溪，溪水西流。余作歌云：“山下兰芽短浸溪，松间沙路净无泥，萧萧暮雨子规啼。谁道人生无再少（shào年轻）？君看流水尚能西，休将白发唱黄鸡[黄鸡催晓]。”是日剧饮而归。

苦斋记　刘基（明）

苦斋者，章溢先生隐居之室也。室十有（yòu）二楹（yíng），覆之以茆（máo茅），在匡山之巅。匡山在处（chù）之龙泉县西南二百里，剑溪之水出焉。山四面峭壁拔起，岩崿（è山崖）皆苍石，岸[高]外而臼（jiù凹）中。其下惟白云，其上多北风。风从北来者，大率不能甘而善苦，故植物中（zhòng）之，其味皆苦，而物性之苦者亦乐生焉。

于是鲜支、黄蘖（bò）、苦楝（liàn）、侧柏（bǎi）之木，黄连、苦杕（dí）、亭历、苦参（shēn）、钩（gōu）夭之草，地黄、游冬、葴（zhēn）、芑（qǐ）之菜，槠（zhū）、栎（lì）、草斗（dǒu）之实，楛（kǔ）竹之笋，莫不族布而罗生焉。野蜂巢其间，采花髓作蜜，味亦苦，山中方言谓之黄杜，初食颇苦难（nán），久则弥觉其甘，能已积热，除烦渴之疾。其榎（jiǎ）茶亦苦于常茶。其洩（xiè）水皆啮（niè）石出，其源沸沸汩（gǔ）汩，湝（jié）滵（mì）曲折，注入大谷。其中多斑文小鱼，状如吹沙，味苦而微辛[辣味]，食之可以清酒。

山去人稍远，惟先生乐游，而从者多艰其昏晨之往来，故遂择其窊（wā低洼地）而室焉。携童儿数人，启陨（yǔn）箨（tuò）以艺粟菽（shū），茹（rú）啖（dàn）其草木之荑（tí）实。间（jiàn）则蹑屐（jī）登崖，倚修木而啸，或降而临清泠（líng）。樵（qiáo）歌出林，则拊（fǔ击打）石而和（hè）之。人莫知其乐也。

先生之言曰：“乐与苦，相为倚伏者也，人知乐之为乐，而不知苦之为乐，人知乐其乐，而不知苦生于乐，则乐与苦相去能几何哉！今夫（fú）膏粱之子，燕坐于华堂之上，口不尝荼（tú）蓼（liǎo）之味，身不历农亩之劳，寝必重（chóng）褥（rù），食必珍美，出入必舆隶，是人之所谓乐也，一旦运穷福艾（ài止），颠沛生于不测，而不知醉醇饫（yù）肥之肠，不可以实疏粝（lì），籍柔覆温之躯，不可以御[用]蓬藋（diào），虽欲效野夫贱隶，跼（jú）跳窜伏，偷性命于榛（zhēn）莽而不可得，庸[岂]非昔日之乐，为今日之苦也耶（yé）？故孟子曰：‘天之降大任于是人也，必先苦其心志，劳其筋骨，饿其体肤。’赵子曰：‘良药苦口利于病，忠言逆耳利于行。’彼之苦，吾之乐；而彼之乐，吾之苦也。吾闻井以甘竭，李以苦存，夫差以酣酒亡，而勾践以尝胆兴（xīng），无亦犹是也夫？”

刘子闻而悟之，名其室曰苦斋，作《苦斋记》。

扩充篇录

季氏将伐颛臾 《论语》

季氏将伐颛（zhuān）臾（yú）。冉有、季路见于孔子曰：“季氏将有事于颛臾。”

孔子曰：“求！无乃[恐怕]尔是过[责备]与[吧]？夫颛臾，昔者先王以为东蒙主[主管祭祀蒙山的人]，且在邦域之中矣，是[这]社稷之臣也。何以伐为[呢]？”

冉有曰：“夫子欲之，吾二臣者皆不欲也。”

孔子曰：“求！周任有言曰：‘陈[施展]力就[担任]列，不能者止。’危而不持，颠[跌倒]而不扶，则将焉用彼相（xiàng辅助者）矣？且尔言过矣，虎兕（sì）出于柙（xiá），龟玉毁于椟（dú）中，是[这]谁之过与[呢]？”

冉有曰：“今夫颛臾，固而近于费（bì），今不取，后世必为子孙忧。”

孔子曰：“求！君子疾[痛恨]夫舍（shě舍弃）曰欲之而必为之辞[托辞]。丘也闻有国有家者，不患[担忧]寡而患不均，不患贫而患不安。盖均无贫，和无寡，安无倾。夫如是，故远人不服，则修文[文教]德以来之。既来之，则安之。今由与求也，相（xiàng辅助）夫子，远人不服，而不能来也；邦分崩离析，而不能守也；而谋动干戈[军事]于邦内。吾恐季孙之忧，不在颛臾，而在萧墙之内也。”

学记三则 《礼记》

虽有嘉肴，弗食，不知其旨[甘美]也；虽有至道，弗学，不知其善也。是故学然后知不足，教然后知困。知不足，然后能自反[反省]也；知困，然后能自强（qiǎng勉励）也。故曰：教学相长（zhǎng）也。

大学之法，禁于未发之谓豫[预防]，当其可之谓时[适时]，不陵[超越]

节[限度]而施之谓孙[逊]，相观而善之谓摩[观摩]。此四者，教之所由[原因]兴[成功]也。发然后禁，则捍格[抵触]而不胜；时过然后学，则勤苦而难成；杂施而不孙，则坏乱而不修[整治]；独学而无友，则孤陋而寡闻；燕[戏]朋逆[违背]其师；燕[玩]辟[邪僻]废其学。此六者，教之所由废[失败]也。

学者有四失[缺点]，教者必知之。人之学也，或失则多[学得过多]，或失则寡，或失则易[把学习看得太容易]，或失则止[遇到困难就停止不前]。此四者，心之莫同也。知其心，然后能救其失也。教也者，长（zhǎng）善而救其失者也。

《礼记》精选

大道之行也，天下为公。选贤与能，讲信修睦，故人不独亲其亲，不独子其子，使老有所终，壮有所用，幼有所长，鳏（guān）寡孤独废疾者，皆有所养。男有分，女有归。货恶其弃于地也，不必藏于己；力恶其不出于身也，不必为己。是故谋闭而不兴，盗窃乱贼而不作，故外户而不闭。是谓大同。

太上贵德，其次务施报。礼尚往来。往而不来，非礼也；来而不往，亦非礼也。人有礼则安，无礼则危。故曰：礼者不可不学也。夫礼者，自卑而尊人。虽负贩（fàn）者，必有尊也，而况富贵乎？富贵而知好礼，则不骄不淫；贫贱而知好礼，则志不慑[怯惑]。

玉不琢，不成器；人不学，不知道。是故古之王者建国君民，教学为先。

虽有嘉肴（yáo），弗食，不知其旨[甘美]也；虽有至道，弗学，不知其善也。是故学然后知不足，教然后知困。知不足，然后能自反[反省]也；知困，然后能自强（qiǎng勉励）也。故曰：教学相长（zhǎng）也。《兑（yuè）命》曰："学（xiào教）学（xué）半。"其[大概]此之谓[说]乎？古之教者，家有塾，党有庠（xiáng），术有序，国有学。比年[每年]入学，中年考校。一年视离经辨志，三年视敬业乐群，五年视博习亲师，七年视论学取友，谓之小成。九年知类通达，强立而不反，谓之大成。夫然后足以化民易俗，近者说服而远者怀之，此大学之道也。

郑伯克段于鄢（yān） 《左传》

初，郑武公娶于申，曰武姜，生庄公及共（gōng）叔段。庄公寤（wù逆）生，惊姜氏，故名曰寤生，遂恶之。爱共叔段，欲立之。亟（qì屡次）请于武公，公弗许。

及庄公即位，为之请制。公曰："制，岩邑也，虢（guó）叔死焉[于此]。佗[他]邑唯命。"请京，使居之，谓之京城大[太]叔。

祭（zhài）仲曰："都城过百雉（zhì），国之害也。先王之制[制度]，大都不过参[同"三"]国之一，中五之一，小九之一。今京不度[不合制度]，非制也，君将不堪。"公曰："姜氏欲之，焉辟[同"避"]害？"对曰："姜氏何厌[餍]之有！不如早为（wéi）之所，无使滋蔓。蔓，难图[谋划]也，蔓草犹不可除，况君之宠弟乎？"公曰："多行不义必自毙，子姑待之。"

既而大叔命西鄙（bǐ边境）、北鄙贰[属二主]于己。公子吕曰："国不堪贰，君将若之何？欲与大叔，臣请事[事奉]之；若弗与，则请除[除掉]之，无生民心。"公曰："无庸[用]，将自及。"

大叔又收贰以为己邑，至于廪延。子封曰："可矣，厚[土地扩大]将得众。"公曰："不义不暱（nì），厚将崩。"

大叔完聚，缮（shàn修理）甲兵，具（准备）卒乘（shèng），将袭郑。夫人将启[开门、引导方向]之，公闻其期，曰："可矣！"命子封帅车二百乘以伐京。京叛大叔段，段入于鄢。公伐诸鄢。五月辛丑，大叔出奔[逃亡]共。

书曰："郑伯克段于鄢。"段不弟[悌]，故不言弟；如二君，故曰克；称郑伯，讥失教也：谓之郑志[本意]。不言出奔，难之也。

遂寘（zhì置）姜氏于城颍，而誓之曰："不及黄泉[地下的泉水]，无相见也。"既而悔之。颍考叔为颍谷封人，闻之，有献于公。公赐之食，食舍肉。公问之。对曰："小人有母，皆尝小人之食矣，未尝君之羹[有汁的肉]，请以遗（wèi）之。"公曰："尔有母遗，繄（yī语气助词）我独无！"颍考叔曰："敢问何谓也？"公语之故，且告之悔。对曰："君何患焉？若阙[掘]地及泉，隧而相见，其谁曰不然？"公从之。公入而赋："大隧之中，其乐也融融！"姜出而赋："大隧之外，其乐也泄泄（yì）。"遂为母子如初。

君子曰：颍考叔，纯孝也，爱其母，施（yì推广）及庄公。《诗》曰："孝子不匮（kuì竭），永锡[赐]尔类。"其[大概]是之谓乎！

召公谏厉王弭谤 《国语》

厉王虐，国人谤[指责]王。召（shào）公告曰："民不堪[忍受]命矣！"王怒，得卫巫，使监谤者。以告，则杀之。国人莫敢言，道路以目。

王喜，告召公曰："吾能弭[消除]谤矣，乃不敢言。"召公曰："是障[堵塞]之也。防民之口，甚于防川。川壅（yōng堵塞）而溃，伤人必多，民亦如之。是故为川者决[挖开]之使导[疏通]，为民者宣[宣导]之使言。故天子听政，使公卿至于列士献诗，瞽（gǔ盲人乐师）献曲，史献书，师箴（zhēn规谏的文辞），瞍（sǒu有眸子的盲人）赋[吟咏]，矇（méng有眸子而看不见东西的人）诵，百工[百官]谏，庶人[百姓]传语，近臣尽规[规劝]，亲戚补[弥补]察[监察]，瞽、史教诲，耆（qí六十岁的人）、艾[五十岁的人]修之，而后王斟酌焉，是以事行而不悖（bèi）。民之有口，犹土之有山川也，财用于是乎出；犹其有原隰（xí低湿的土地）衍[低平的土地]沃也，衣食于是乎生。口之宣言也，善败于是乎兴。行善而备败，其所以阜财用衣食者也。夫民虑之于心而宣之于口，成而行之，胡[怎么]可壅也？若壅其口，其与[帮助]能几何？"

王不听，于是国人莫敢出言。三年，乃流王于彘（zhì）。

勾践灭吴（节选） 《国语》

越王勾践栖于会稽之上，乃号令于三军曰："凡我父兄昆弟及国子姓，有能助寡人谋而退吴者，吾与之共知[主持]越国之政。"大夫种进对曰："臣闻之：贾人夏则资皮，冬则资絺（chī细葛布），旱则资舟，水则资车，以待乏也。夫虽无四方之忧，然谋臣与爪牙之士（勇猛的将士），不可不养而择也。譬如蓑笠，时雨既至，必求之。今君王既栖于会稽之上，然后乃求谋臣，无乃[恐怕]后[迟]乎？"勾践曰："苟得闻子大夫之言，何后之有？"执其手而与之谋。遂使[派]之行成于吴。

勾践说于国人曰："寡人不知其力之不足也，而又与大国执仇，以暴露百姓之骨于中原，此则寡人之罪也。寡人请更[改变治国政策]！”于是葬死者，问伤者，养生者；吊[慰问]有忧，贺有喜；送行者，迎来者；去民之所恶，补民之不足。然后卑事[服事]夫差，宦士三百人于吴，其身亲为夫差前马[仪仗队中乘马开道的人]。

勾践之地，南至于句无，北至于御儿，东至于鄞（yín），西至于姑蔑，广运百里，乃致其父母昆弟而誓之：“寡人闻，古之贤君，四方之民归之，若水归下也。今寡人不能，将帅二三子[你们：百姓]夫妇以蕃[繁殖人口]。”令壮者无取[娶]老妇，令老者无取壮妻；女子十七不嫁，其父母有罪；丈夫二十不取，其父母有罪。将免[娩]者以告，公令医守之。生丈夫，二壶酒，一犬；生女子，二壶酒，一豚（tún小猪）；生三人，公与之母[乳母]；生二人，公与之饩（xì口粮）。当室者[负担家务的长子]死，三年释其政[征]；支子死，三月释其政；必哭泣葬埋之如其子。令孤子、寡妇、疾疹、贫病者，纳宦其子；其达士，洁其居，美其服，饱其食，而摩厉[磨砺]之于义。四方之士来者，必庙礼之。勾践载稻与脂于舟以行。国之孺子之游者，无不餔（bū）也，无不啜（chuò给水饮）也：必问其名。非其身之所种则不食，非其夫人之所织不衣。十年不收于国，民俱有三年之食。

国之父兄请曰：“昔者夫差耻吾君于诸侯之国，今越国亦节[克制]矣，请报之！”勾践辞曰：“昔者之战也，非二三子之罪也，寡人之罪也。如寡人者，安[哪里]与知耻？请姑无庸战！”父兄又请曰：“越四封之内，亲吾君也，犹父母也。子而思报父母之仇，臣而思报君之仇，其有敢不尽力者乎？请复战！”勾践既许之，乃致其众而誓之，曰：“寡人闻古之贤君，不患其众之不足也，而患其志行之少耻也。今夫差衣水犀之甲者亿有三千，不患其志行之少耻也，而患其众之不足也。今寡人将助天灭之。吾不欲匹夫之勇也，欲其旅[同]进旅退也。进则思赏，退则思刑；如此，则有常赏[合于常规的赏赐]。进不用命，退则无耻；如此，则有常刑。”

果行，国人皆劝[勉励]。父勉其子，兄勉其弟，妇勉其夫，曰：“孰是君也，而可无死乎？”是故败吴于囿（yòu），又败之没，又郊败之。遂灭吴。

伯牙善鼓琴 《列子》

伯牙善鼓琴，钟子期善听。伯牙鼓琴，志[意念]在登高山。钟子期曰："善哉，峨峨[山高]兮若泰山！"志在流水，钟子期曰："善哉，洋洋[盛大]兮若江河！"伯牙所念，钟子期必得[领会]之。

伯牙游于泰山之阴[山的北面]，卒[猝]逢暴雨，止于岩下，心悲，乃援琴而鼓之。初为霖雨之操，更造崩山之音。曲每奏，钟子期辄穷[穷尽]其趣。伯牙乃舍琴而叹曰："善哉，善哉！子之听夫志，想象犹吾心也。吾于何逃[隐藏]声哉？"

庄暴见孟子 《孟子》

庄暴见孟子，曰："暴见于王，王语暴以好乐，暴未有以对也。"曰："好乐何如？"

孟子曰："王之好乐甚，则齐国其庶几[差不多]乎！"

他日，见于王曰："王尝语庄子以好乐，有诸？"

王变乎色，曰："寡人非能好先王之乐也，直[只]好世俗之乐耳。"

曰："王之好乐甚，则齐其庶几乎！今之乐犹古之乐也。"

曰："可得闻与？"

曰："独乐（yuè）乐（lè），与人乐乐，孰乐？"

曰："不若与人。"

曰："与少乐乐，与众乐乐，孰乐？"

曰："不若与众。"

"臣请为王言乐。今王鼓乐于此，百姓闻王钟鼓之声、管籥（yuè）之音，举[都]疾首蹙（cù）頞（è鼻梁）而相告曰：'吾王之好鼓乐，夫何使我至于此极[极端穷困]也，父子不相见，兄弟妻子离散。'今王畋猎于此，百姓闻王车马之音，见羽[野鸡毛]旄（máo牦牛尾）[军旗]之美，举疾首蹙頞而相告曰：'吾王之好田猎，夫何使我至于此极也？父子不相见，兄弟妻子离散。'此无他，不与民同乐也。

"今王鼓乐于此，百姓闻王钟鼓之声、管籥之音，举欣欣然有喜色而相告曰：'吾王庶几无疾病与，何以能鼓乐也？'今王田猎于此，百姓闻王车马之音，见羽旄（máo）之美，举欣欣然有喜色而相告曰：'吾王庶几无疾病与，何以能田猎也？’此无他，与民同乐也。今王与百姓同乐，则王矣！”

孟子见梁襄王 《孟子》

孟子见梁襄王。出，语（yù）人曰：“望之不似人君，就之而不见所畏焉。

“卒[猝]然问曰：‘天下恶（wū怎样）乎定[安定]？’

“吾对曰：‘定于一[统一天下]。’

“‘孰能一之？’

“对曰：‘不嗜杀人者能一之。’

“‘孰能与[归附]之？’

“对曰：‘天下莫不与也。王知夫苗乎？七八月之间旱，则苗槁矣。天油然作云，沛然下雨，则苗浡（bó）然兴之矣！其若是，孰能御[阻止]之？今夫天下之人牧[统治者]，未有不嗜杀人者也。如有不嗜杀人者，则天下之民皆引领[脖子]而望之矣。诚如是也，民归之，由[犹]水之就下，沛然谁能御之？’”

齐人有一妻一妾 《孟子》

齐人有一妻一妾而处室[共同生活]者，其良人[丈夫]出，则必餍（yàn饱食）酒肉而后反[返]。其妻问所与饮食者，则尽富贵[富贵的人]也。其妻告其妾曰：“良人出，则必餍酒肉而后反；问其与饮食者，尽富贵也，而未尝有显者[有声望的人]来，吾将瞷（jiàn窥视）良人之所之也。”

蚤[早]起，施（yí迤）从良人之所之，遍国中无与立谈者。卒[最后]之[去]东郭墦（fán）间，之祭者乞其余；不足，又顾而之他——此其为餍足之道也。

其妻归，告其妾，曰：“良人者，所仰望而终身也，今若此。”与其妾讪（shàn讥讽）其良人，而相泣于中庭，而良人未之知也，施（yí）施[喜悦自得]从外来，骄其妻妾。

由君子观之，则人之所以求富贵利达者，其妻妾不羞也而不相泣者，几希矣。

齐桓晋文之事（节选） 《孟子》（战国）

曰："无恒产而有恒心者，惟士为能。若民，则无恒产，因无恒心。苟无恒心，放辟（pì）邪侈，无不为已。及陷于罪，然后从而刑之，是罔[张网陷害]民也。焉[哪]有仁人在位，罔民而可为也？是故明君制[规定]民之产，必使仰足以事父母，俯足以畜[养活]妻子；乐岁终身饱，凶年免于死亡；然后驱[督促]而之善，故民之从之也轻。今也制民之产，仰不足以事父母，俯不足以畜妻子；乐岁终身苦，凶年不免于死亡。此惟救死而恐不赡（shàn足），奚[何]暇[空闲时间]治礼义哉？王欲行之，则盍（hé何不）反其本矣：五亩之宅，树之以桑，五十者可以衣[穿]帛矣；鸡、豚（tún小猪）、狗、彘（zhì大猪）之畜，无失其时，七十者可以食肉矣；百亩之田，勿夺其时，八口之家可以无饥矣；谨庠序[学校]之教，申之以孝悌之义，颁白者不负戴于道路矣。老者衣帛食肉，黎民不饥不寒，然而不王者，未之有也。"

庄子钓于濮（pú）水 《庄子·外篇·秋水》（战国）

庄子钓于濮水，楚王使大夫二人往先焉，曰："愿以境内[国内的政事]累矣！"庄子持竿不顾[回头看]，曰："吾闻楚有神龟，死已三千岁矣，王以巾笥（sì竹匣）而藏之庙堂之上。此龟者，宁[宁愿]其死为留骨而贵[显示尊贵]乎？宁其生而曳（yè拖）尾于涂（tú泥）中乎？"二大夫曰："宁生而曳尾涂中。"庄子曰："往矣，吾将曳尾于涂中。"

至乐（节选） 《庄子·外篇》

庄子妻死，惠子吊之。庄子则方[正]箕（jī）踞（jù）鼓盆而歌。惠子曰："与人居，长子[生儿育女]老身[衰老而死]，死不哭亦足矣，又鼓盆而歌，不亦甚乎？"庄子曰："不然。是其始死也，我独何能无概[通"慨"]！然察其始而本无生，非徒无生也而本无形，非徒无形也而本无气。杂乎芒芴（wù）之间，变而有气，气变而有形，形变而有生，今又变而之死，是相与[一起]为春秋冬夏四时行也。人且偃（yǎn）然寝于巨室，而我嗷（áo）嗷然随而哭之，自以为不通乎命，故止也。"

庄子将死 《庄子·杂篇·列御寇》

庄子将死，弟子欲厚葬之。庄子曰：“吾以天地为棺椁（guǒ），以日月为连璧，星辰为珠玑（jī），万物为赍（jī）送。吾葬具岂不备邪？何以加此！”弟子曰：“吾恐乌鸢（yuān）之食夫子也。”庄子曰：“在上为乌鸢食，在下为蝼（lóu）蚁食，夺彼与此，何其偏也。”

谏逐客书 李斯（战国）

臣闻吏议逐客，窃以为过矣。昔穆公求士，西取由余于戎，东得百里奚于宛，迎蹇（jiǎn）叔于宋，求邳（pī）豹、公孙支于晋。此五子者，不产于秦，而穆公用之，并国二十，遂霸西戎。孝公用商鞅之法，移风易俗，民以殷盛，国以富强，百姓乐用，诸侯亲服，获楚、魏之师，举地千里，至今治强。惠王用张仪之计，拔三川之地，西并巴蜀，北收上郡，南取汉中，包[并吞]九夷，制鄢（yān）、郢（yǐng），东据成皋（gāo）之险，割膏腴之壤，遂散六国之从[纵]，使之西面事秦，功施（yì延续）到今。昭王得范雎（jū），废穰（ráng）侯，逐华阳，强公室，杜私门，蚕食诸侯，使秦成帝业。此四君者，皆以客之功。由此观之，客何负于秦哉！向使[假使]四君却客而不内[纳]，疏士而不用，是使国无富利之实，而秦无强大之名也。

今陛下致昆山之玉，有随和之宝，垂明月之珠，服太阿（ē）之剑，乘纤离[骏马名]之马，建翠凤之旗，树灵鼍（tuó）之鼓。此数宝者，秦不生一焉，而陛下说[悦]之，何也？必秦国之所生然后可，则是夜光之璧，不饰朝廷；犀象之器，不为玩好；郑、卫之女不充后宫，而骏良駃（jué）騠（tí）不实外厩（jiù），江南金锡不为用，西蜀丹青不为采。所以饰后宫，充下陈，娱心意，说耳目者，必出于秦然后可，则是宛珠之簪（zān）、傅[镶嵌]玑之珥（ěr）、阿缟（gǎo）之衣、锦绣之饰不进于前，而随俗雅化，佳冶窈（yǎo）窕（tiǎo），赵女不立于侧也。夫击瓮（wèng）叩缶（fǒu）弹筝搏髀（bì），而歌呼呜呜快耳者，真秦之声也；郑、卫、桑间、韶、虞、武、象者，异国之乐也。今弃击瓮叩缶而就郑卫，退弹筝而取韶虞，若是者何也？快意当前，适观而已矣。今取人则不然。不问可否，不论曲直，非秦者去，为客者逐。然则是所重者在乎色乐珠玉，而所轻者在乎人民也。此非所以跨海内、制诸侯之术也。

臣闻地广者粟多，国大者人众，兵强则士勇。是以太山不让土壤，故能成其大；河海不择细流，故能就其深；王者不却众庶，故能明其德。是以地无四方，民无异国，四时充美，鬼神降福，此五帝三王之所以无敌也。今乃弃黔首以资敌国，却宾客以业诸侯，使天下之士退而不敢西向，裹足不入秦，此所谓“借寇兵而赍（jī）盗粮”者也。夫物不产于秦，可宝者多；士不产于秦，而愿忠者众。今逐客以资敌国，损民以益雠[仇]，内自虚而外树怨于诸侯，求国无危，不可得也。

贵公 《吕氏春秋》

昔先圣王之治天下也，必先公，公则天下平矣，平得于公。尝试观于上志，有得天下者众矣，其得之以公，其失之必以偏。凡主之立也，生于公。故《鸿范》曰：“无偏无党，王道荡荡。无偏无颇，遵王之义。无或作好，遵王之道。无或作恶，遵王之路。”

天下，非一人之天下也，天下之天下也。阴阳之和，不长一类；甘露时雨，不私一物；万民之主，不阿一人。

伯禽将行，请所以治鲁。周公曰：“利[利民]而勿利[利己]也。”

荆人有遗弓者，而不肯索，曰：“荆人遗之，荆人得之，又何索焉？”孔子闻之曰：“去其‘荆’而可矣。”老聃闻之曰：“去其‘人’而可矣。”故老聃则至公矣。

天地大矣，生而弗子，成而弗有，万物皆被其泽，得其利，而莫知其所由始。此三皇五帝之德也。

管仲有病，桓公往问之，曰：“仲父之病矣。渍（zì）甚，国人弗讳[避讳]，寡人将谁属国？”管仲对曰：“昔者臣尽力竭智，犹未足以知之也。今病在于朝夕之中，臣奚[怎么]能言？”桓公曰：“此大事也，愿仲父之教寡人也。”管仲敬诺曰：“公谁欲相[担任宰相]？”公曰：“鲍叔牙可乎？”管仲对曰：“不可。夷吾善鲍叔牙。鲍叔牙之为人也，清廉洁直，视不己若者，不比[接近]于人；一闻人之过，终身不忘。”“勿已，则隰（xí）朋其可乎？”“隰朋之为人也，上志而下求，丑不若黄帝，而哀不己若者。其于国也，有不闻也；其于物也，有不知也；其于人也，有不见也。勿已乎，则隰朋可也。”

夫相，大官也。处大官者，不欲小察，不欲小智，故曰：“大匠不斫（zhuó），大庖（páo）不豆，大勇不斗，大兵不寇。”

桓公行公去私恶，用管子而为五伯[霸]长；行私阿所爱，用竖刀而虫出于户。

人之少也愚，其长也智。故智而用私，不若愚而用公。日醉而饰服，私利而立公，贪戾（lì）而求王，舜弗能为。

察传 《吕氏春秋》

夫得言不可以不察。数传而白为黑，黑为白。故狗似玃（jué），玃似母猴，母猴似人，人之与狗则远矣。此愚者之所以大过也。

闻而审，则为福矣；闻而不审，不若无闻矣。齐桓公闻管子于鲍叔，楚庄闻孙叔敖于沈尹筮（shì），审之也，故国霸诸侯也。吴王闻越王勾践于太宰嚭（pǐ），智伯闻赵襄子于张武，不审也，故国亡身死也。

凡闻言必熟论，其于人必验之以理。鲁哀公问于孔子曰：“乐正夔（kuí）一足，信乎？”孔子曰：“昔者舜欲以乐传教于天下，乃令重黎举夔于草莽之中而进之，舜以为乐正。夔于是正六律，和五声，以通八风，而天下大服。重黎又欲益求人，舜曰：‘夫乐，天地之精也，得失之节也，故唯圣人为能和乐之本也。夔能和之，以平天下，若夔者一而足矣。’故曰‘夔一足’，非‘一足’也。”宋之丁氏家无井，而出溉[浇灌]汲（jí从井里打水），常一人居外。及其家穿井，告人曰：“吾穿井得一人。”有闻而传之者曰：“丁氏穿井得一人。”国人道之，闻之于[被]宋君。宋君令人问之于丁氏，丁氏对曰：“得一人之使[使用]，非得一人于井中也。”求闻之若此，不若无闻也。子夏之晋，过卫，有读史记者曰：“晋师三豕（shǐ）涉河。”子夏曰：“非也，是己亥也。夫‘己’与‘三’相近，‘豕’与‘亥’相似。”至于晋而问之，则曰“晋师己亥涉河”也。

辞多类非而是，多类是而非。是非之经，不可不分。此圣人之所慎也。然则何以慎？缘[遵循]物之情及人之情，以为所闻，则得之矣。

论积贮疏 贾谊（西汉）

管子曰："仓廪（lǐn）实而知礼节。"民不足而可治者，自古及今，未之尝闻。古之人曰："一夫不耕，或受之饥；一女不织，或受之寒。"生之有时，而用之亡[无]度，则物力必屈。古之治天下，至纤（xiān细小）至悉也，故其畜[蓄]积足恃。今背本而趋末，食者甚众，是天下之大残[灾害]也；淫侈之俗，日日以长，是天下之大贼[伤害]也。残贼公行，莫之或止；大命[国家的命运]将泛，莫之振救。生之者甚少，而靡（mí浪费）之者甚多，天下财产何得不蹶（jué尽）！

汉之为汉，几四十年矣，公私之积，犹可哀痛！失时不雨，民且狼顾；岁[一年的收成]恶不入，请卖爵子。既闻耳矣，安有为天下阽（diàn面临）危者若是而上不惊者？世之有饥[荒年]穰（ráng丰年），天之行也，禹、汤被之矣。即[假如]不幸有方二三千里之旱，国胡[什么]以相恤（xù救济）？卒[猝]然边境有急，数千百万之众，国胡以馈之？兵旱相乘，天下大屈，有勇力者聚徒而衡[横]击，罢[疲]夫羸（léi）老易子而咬其骨；政治未毕[全都]通也，远方之能疑者并举而争起矣，乃骇而图之，岂将有及乎？

夫积贮者，天下之大命也。苟粟多而财有余，何为而不成？以攻则取，以守则固，以战则胜。怀[怀柔]敌附远，何招而不至！今殴[驱]民而归之农田，皆著于本；使天下各食其力，末技游食之民，转而缘南编[亩]，则畜积足而人乐其所矣。可以为富安天下，而直为此廪[懔]廪也，窃为陛下惜之。

太史公自序（节选） 司马迁（西汉）

太史公曰："先人[父亲司马谈]有言：'自周公卒[死]五百岁而有孔子。孔子卒后至于今五百岁，有能绍明世，正《易传》，继《春秋》、本《诗》、《书》、《礼》、《乐》之际？'意在斯乎！意在斯乎！小子[我]何敢让[推辞]焉！"

屈原列传（节选） 司马迁（西汉）

屈平疾王听之不聪也，谗谄之蔽明也，邪曲之害公也，方正之不容也，故忧愁幽思而作《离骚》。“离骚”者，犹离[罹]忧也。夫天者，人之始也；父母者，人之本也。人穷则反本，故劳苦倦极，未尝不呼天也；疾痛惨怛（dá），未尝不呼父母也。屈平正道直行，竭忠尽智以事其君，谗人间（jiàn）之，可谓穷矣！信而见[被]疑，忠而被谤，能无怨乎？屈平之作《离骚》，盖自怨生也。《国风》好色而不淫，《小雅》怨诽而不乱。若《离骚》者，可谓兼之矣。上称帝喾（kù），下道齐桓，中述汤、武，以刺世事。明道德之广崇，治乱之条贯，靡（mǐ无）不毕见[现]。其文约，其辞微，其志洁，其行廉。其称文小而其指极大，举类迩而见义远。其志洁，故其称物芳；其行廉，故死而不容。自疏[离开]濯（zhuó）淖（nào）污泥之中，蝉蜕（tuì）于浊秽，以浮游尘埃之外，不获世之滋垢，皭（jiào洁白）然泥（niè涅）而不滓（zǐ污黑）者也。推此志也，虽与日月争光可也。

管鲍之交（节选） 司马迁（西汉）

管仲曰：“吾始困时，尝与鲍叔贾[做生意]，分财利多自与，鲍叔不以我为贪，知我贫也。吾尝为鲍叔谋事而更穷困，鲍叔不以我为愚，知时有利不利也。吾尝三仕三见逐于君，鲍叔不以我为不肖[不贤]，知我不遭时也。吾尝三战三走，鲍叔不以我为怯，知我有老母也。公子纠败，召忽死之，吾幽囚受辱，鲍叔不以我为无耻，知我不羞小节而耻功名不显于天下也。生我者父母，知我者鲍子也。”

报任安书（节选） 司马迁（西汉）

太史公牛马[像牛马一样]走司马迁，再拜言。

少卿足下：曩（nǎng从前）者辱赐书[信]，教以慎于接物[与人交往]，推贤进士为务[责任]。意气[情意]勤勤恳恳，若[如果]望[怨恨]仆不相师，而用流俗[世俗]人之言，仆非敢如此也。

请[请让我]略陈固陋[固塞鄙陋的意见]。阙（quē缺）然久不报，幸

[希望]勿为过[责怪]！

夫人情莫不贪生恶死，念[挂念]父母，顾[顾虑]妻子；至[至于]激于义理者不然，乃有所不得已也。今仆不幸，早失父母，无兄弟之亲，独身孤立，少卿视仆于妻子何如哉？且[况且]勇者不必死节，怯夫慕义，何处不勉[勉励]焉！仆虽怯懦，欲苟活，亦颇识去就[弃生就死]之分[界限]矣，何至自沉溺缧（léi大绳）绁（xiè小绳）[牢狱]之辱哉？且夫臧[男奴]获[女奴]婢妾，犹能引决[自杀]，况仆之不得已乎？所以隐忍苟活，幽于粪土之中而不辞者，恨私心有所不尽，鄙陋[平平庸庸]没世而文采[文章]不表[显露]于后世也。

古者富贵而名摩（mó磨）灭，不可胜记，唯倜（tì）傥（tǎng）[卓异超群]非常之人称焉。盖文王拘而演[推演]《周易》；仲尼厄而作《春秋》；屈原放逐，乃[才]赋《离骚》；左丘失明，厥（jué才）有《国语》；孙子膑脚，《兵法》修列；不韦迁蜀，世传《吕览》；韩非囚秦，《说难》《孤愤》；《诗》三百篇，大底[抵]圣贤发[抒发]愤[愤懑]之所为作也。此人皆意有所郁结，不得通其道，故述[记述]往事，思来者。乃如左丘无目，孙子断足，终[终生]不可用，退而论书策，以舒其愤，思垂空文以自见[现]。

仆窃[私下]不逊，近自托于无能之辞[文辞]，网罗[收集]天下放失（yì佚：散失）旧闻，略考其行事，综[综述]其终始，稽[推究]其成败兴坏之纪[记：历史记录]，上计轩辕，下至于兹[当今]，为十表，本纪十二，书八章，世家三十，列传七十，凡百三十篇。亦欲以究[探求]天[天道]人[人类社会]之际[关系]，通[贯通]古今之变，成一家之言。草创未就[成功]，会[恰恰]遭此祸，惜其不成，是以[因此]就极刑而无愠色。仆诚[确实]以著此书，藏之名山，传之其人，通邑大都，则仆偿[抵偿]前辱之责[债]，虽[即使]万被戮，岂有悔哉！然此可为智者道，难为俗人言也。

且负下[处在屈辱的地位]未易居，下流[地位卑贱]多谤议，仆以[因为]口语遇遭此祸，重[更]为[被]乡党[乡里]所笑，以污辱先人，亦何面目复上父母之丘墓乎？虽[即使]累[经历]百世，垢弥甚耳！是以肠一日而九迴（huí回转），居则忽忽[惚惚]若有所亡，出则不知其所往。每念斯耻，汗未尝不发背沾衣也。身直为闺阁（gé）之臣[宦官]，宁[怎么]得自引深藏于岩穴邪？故且从俗浮沉，与时俯仰，以通其狂惑。今少卿乃教以推贤进士，无乃[恐怕]与仆私心剌（là）谬[违背]乎？今虽欲自雕琢，曼[美]辞以自饰，无益，于俗不信，适足取辱耳。要之，死日然后是非乃定。书不能尽意，略陈固陋。谨再拜。

晏子治东阿 刘向（西汉）

晏子治东阿，三年，景公召而数（shǔ责备）之曰 ：“吾以子为可，而使子治东阿（ē），今子治而乱，子退而自察也，寡人将加大诛[惩罚]于子。”晏子对曰 ：“臣请改道易[改变]行，而治东阿，三年不治，臣请死之 。”景公许之。于是明年上计，景公迎而贺之曰 ：“甚善矣！子之治东阿也！”晏子对曰：“前臣之治东阿也，属[嘱]托不行，货赂不至，陂（bēi）池之鱼，以利贫民，当此之时，民无饥，而君反以罪臣；今臣后之治东阿也，属托行，货赂至，并曾[增]赋敛，仓库少内[纳]，便事左右[近臣]，陂池之鱼，入于权家。当此之时，饥者过半矣，君乃反迎而贺。臣愚不能复治东阿，愿乞骸（hái）骨，避[避开]贤者之路。”再拜便辞。景公乃下席而谢[道歉]之曰：“子强复治东阿。东阿者，子之东阿也，寡人无复与（yù干预）焉。”

触龙说赵太后 《战国策》

赵太后新[刚刚]用事[掌管国事]，秦急攻之。赵氏求救于齐，齐曰：“必以长安君为质[人质]，兵乃出。”太后不肯，大臣强谏。太后明谓左右：“有复言令长安君为质者，老妇必唾其面。”

左师触龙愿见太后。太后盛气而揖之。入而徐[慢慢地]趋[小步快走]，至而自谢[道歉]曰：“老臣病足，曾不能疾走，不得见久矣，窃自恕，而恐太后玉体之有所郄（xì隙）也，故愿望见太后。”太后曰：“老妇恃辇而行。”曰：“日食饮得无衰乎？”曰：“恃粥耳。”曰：“老臣今者殊[特别]不欲食，乃自强（qiǎng）步，日三四里，少益耆（shì嗜）食，和于身也。”太后曰：“老妇不能。”太后之色[怒色]少解。

左师公曰：“老臣贱息[儿子]舒祺，最少，不肖（xiào）；而臣衰，窃爱怜之。愿令[让]得补黑衣[卫士]之数，以卫王宫。没死[冒着死罪]以闻。”太后曰：“敬诺。年几何矣？”对曰：“十五岁矣。虽少，愿及未填沟壑而托[托付]之。”太后曰：“丈夫亦爱怜其少子乎？”对曰：“甚于妇人。”太后笑曰：“妇人异甚。”对曰：“老臣窃以为媪

（ǎo）之爱燕后，贤[胜]于长安君。”曰：“君过[错]矣！不若长安君之甚。”左师公曰：“父母之爱子，则为之计深远。媪之送燕后也，持其踵为之泣，念悲其远也，亦哀之矣。已行，非弗思也，祭祀必祝[向神祈祷]之，祝曰：‘必勿使反。’岂非计[打算]久长有子孙相继为王也哉？”太后曰：“然。”

左师公曰：“今三世以前，至于赵之为赵，赵王之子孙侯者，其继有在者乎？”曰：“无有。”曰：“微[不]独赵，诸侯有在者乎？”曰：“老妇不闻也。”“此其近者祸及身，远者及其子孙。岂人主[国君]之子孙则必不善哉？位尊而无功，奉[俸]厚而无劳，而挟重器多也。今媪尊长安君之位，而封之以膏腴之地，多予之重器，而不及今令有功于国，一旦山陵崩，长安君何以自托于赵？老臣以媪为长安君计短也，故以为其爱不若燕后。”太后曰：“诺，恣[任凭]君之所使之。”

于是为长安君约车百乘（shèng），质于齐。齐兵乃出。

登楼赋　王粲（三国·魏）

登兹楼以四望兮，聊暇日以销忧。览斯宇之所处兮，实显敞而寡仇。挟清漳[漳水]之通浦兮，倚曲沮[沮水]之长洲。背坟[高]衍[平]之广陆兮，临皋隰（xí水边低洼之地）之沃流。北弥[接]陶牧，西接昭丘[楚昭王的坟墓]。华实蔽野，黍稷盈畴。虽信美而非吾土兮，曾[竟]何足以少留！

遭纷浊而迁[迁徙]逝[流亡]兮，漫[流亡生活]逾纪[十二年]以迄今。情眷眷而怀归兮，孰忧思之可任？凭轩槛以遥望兮，向北风而开襟。平原远而极目兮，蔽荆山之高岑。路逶迤而修迥兮，川既漾而济深。悲旧乡之壅[阻塞]隔兮，涕横坠而弗禁。昔尼父[孔子]之在陈兮，有归欤之叹音。钟仪幽[被囚]而楚奏兮，庄舄（xì）显而越[越地的声音]吟。人情同于怀土兮，岂穷达而异心！

惟日月之逾迈兮，俟[等待]河清其未极。冀[希望]王道之一平兮，假[凭借]高衢[大道]而骋力。惧匏（páo）瓜之徒悬兮，畏井渫（xiè淘井）之莫食。步栖迟[漫步]以徙倚[徘徊]兮，白日忽其将匿。风萧瑟而并兴兮，天惨惨而无色。兽狂顾以求群兮，鸟相鸣而举翼。原野阒（qù静寂）其无人兮，征夫行而未息。心凄怆以感发兮，意忉（dāo忧愁）怛（dá忧伤）而憯（cǎn惨）恻。循阶除[台阶]而下降兮，气交愤于胸臆。夜参半而不寐兮，怅盘桓[徘徊]以反侧。

诫子书　诸葛亮（三国·蜀）

夫（fú）君子之行，静以修身，俭以养德。非淡泊无以明志，非宁静无以致远。夫（fú）学须静也，才须学也。非学无以广才，非志无以成学。淫[过度]慢则不能励精，险躁则不能冶性。年与时驰，意与日去，遂成枯落，多不接世[接触社会]，悲守穷庐，将复何及！

与吴质书　曹丕（三国·魏）

二月三日，丕白。岁月易得，别来行复四年。三年不见，《东山》犹叹其远，况乃过之，思何可支！虽书疏[书信]往返，未足解其劳结。

昔年疾疫，亲故多离[罹]其灾，徐、陈、应、刘，一时俱逝，痛可言邪？昔日游处，行则连舆[车]，止则接席，何曾须臾相失！每至觞酌流行，丝竹并奏，酒酣耳热，仰而赋诗，当此之时，忽然不自知乐也。谓百年己分（fèn），可长共相保，何图[料想]数年之间，零落略尽，言之伤心。顷[近来]撰[撰集]其遗文，都[总]为一集[集子]，观其姓名，已为鬼录。追思昔游，犹在心目，而此诸子，化为粪壤[土]，可复道哉？

观古今文人，类[大多]不护细行[小节]，鲜[少]能以名节自立。而伟长[徐干]独怀文抱质，恬淡寡欲，有箕山之志，可谓彬彬君子者矣。著《中论》二十余篇，成一家之言，词义典雅，足传于后，此子为不朽矣。德琏[应玚]常斐然有述作之意，其才学足以著书，美志不遂，良可痛惜。间（jiàn）者[近来]历览诸子之文，对之抆（wěn擦拭）泪，既痛逝者，行[又]自念也。孔璋[陈琳]章表殊健[雄健]，微[稍微]为繁富[冗长]。公幹[刘桢]有逸气，但未遒耳；其五言诗之善者，妙绝时人。元瑜书记翩翩，致足乐也。仲宣独自善于辞赋，惜其体弱，不足起其文，至于所善，古人无以远过。昔伯牙绝弦于钟期，仲尼覆醢（hǎi肉酱）于子路，痛知音之难遇，伤门人之莫逮[赶上]。诸子但[只]为未及古人，自一时之儁（jùn俊）也，今之存者，已不逮矣。后生可畏，来者难诬[轻视]，然恐吾与足下不及见也。

年行已长大，所怀万端，时有所虑，至通夜不瞑，志意何时复类昔日？已成老翁，但未白头耳。光武言：“年三十余，在兵中十岁，所更[经历]非一。”吾德不及之，而年与之齐矣。以犬羊之质，服虎豹之文[花纹]，无众星之明，假日月之光，动见[被]瞻观，何时易[改变]乎？恐永不复得为昔日游也。少壮真当努力，年一过往，何可攀援，古人思秉烛夜游，良[确]有以[原因]也。

顷[最近]何以自娱？颇复有所述造不[否]？东望於（wū）邑，裁书[写信]叙心。丕白。

周处 《世说新语》

周处年少时，凶强侠气，为乡里所患。又义兴水中有蛟（jiāo），山中有白额虎，并皆暴犯百姓，义兴人谓为三横，而处尤剧。或说处杀虎斩蛟，实冀三横唯余其一。处即刺杀虎，又入水击蛟。蛟或浮或没，行数十里，处与之俱。经三日三夜，乡里皆谓已死，更相庆。竟杀蛟而出，闻里人相庆，始知为人情所患，有自改意。乃入吴寻二陆[陆机和陆云]。平原[陆机]不在，正见清河[陆云]，具以情告，并云欲自修改而年已蹉跎，终无所成。清河曰：“古人贵朝闻夕死，况君前途尚可。且人患志之不立，何忧令名不彰邪（yé）？”处遂改励，终为忠臣孝子。

小园赋 庾信（南北朝）

若夫一枝之上，巢父得安巢之所；一壶之中，壶公有容身之地。况乎管宁藜（lí）床，虽穿而可坐；嵇康锻灶，既暖而堪眠。岂必连闼[门]洞[通]房，南阳樊重之第[宅子]；赤墀（chí台阶）青锁，西汉王根之宅。余有数亩敝庐，寂寞人外，聊以拟伏[伏天]腊[腊月]，聊以避风霜。虽复晏婴近市，不求朝夕之利；潘岳面城，且适闲居之乐。况乃黄鹤戒[警觉]露[露水]，非有意于轮轩[高车]；爰居[海鸟名]避风，本无情于钟鼓。陆机则兄弟同居，韩康则舅甥不别。蜗角蚊睫，又足相容者也。

尔乃窟室徘徊，聊同凿坏（péi土墙）。桐间露落，柳下风来。琴号珠柱[琴名]，书名玉杯。有棠梨而无馆，足酸枣而非台[台馆]。犹得欹（qī倾斜）侧八九丈，纵横数十步，榆柳两三行，梨桃百余树。拔蒙密[树叶茂密]兮见窗，行攲斜兮得路。蝉有翳（yì荫蔽）兮不惊，雉无罗[网]兮何惧！草树混淆，枝格相交。山为篑（kuì筐子）覆，地有堂坳（ào）。藏狸并窟，乳鹊重巢。连珠细茵，长柄寒匏（páo葫芦）。可以疗饥，可以栖迟。崎岖兮狭室，穿漏兮茅茨（cí）。檐直倚而妨帽，户平行而碍眉。坐帐无鹤，支床有龟。鸟多闲暇，花随四时。心则历陵枯木，发则睢阳乱丝。非夏日而可畏，异秋天而可悲。

一寸二寸之鱼，三竿两竿之竹。云气荫于丛蓍（shī），金精养于秋菊。枣酸梨酢（cù醋），桃榹（sī山桃）李薁（yù山李）。落叶半床，狂花满屋。名为野人之家，是谓愚公之谷。试偃息于茂林，乃久羡于抽簪。虽有门而长闭，实无水而恒沉[隐居]。三春负锄相识，五月披裘[隐士]见寻。问葛洪之药性，访京房之卜林[占卜的学问]。草无忘忧之意，花无长乐之心。鸟何事而逐酒？鱼何情而听琴？

加以寒暑异令[时令]，乖违德性。崔骃（yīn）以不乐损年，吴质以长愁养病。镇宅神以薶（mái埋）石，厌山精而照镜。屡动庄舄（xì）之吟，几行魏颗之命。薄晚闲闺，老幼相携。蓬头王霸之子，椎髻梁鸿之妻。燋（jiāo）麦两瓮，寒菜一畦（qí）。风骚骚而树急，天惨惨而云低。聚空仓而雀噪，惊懒妇而蝉嘶。

昔草滥于吹嘘[吹竽]，籍[凭借]文言之庆余。门有通德，家承赐书。或陪玄武之观，时参凤凰之墟。观受釐（xī）于宣室，赋《长杨》于直庐。遂乃山崩川竭，冰碎瓦裂，大盗潜移，长离[星宿名]永灭。摧直辔（pèi）于三危[山名]，碎平途于九折。荆轲有寒水之悲，苏武有秋风之别。关山则风月凄怆，陇水则肝肠断绝。龟言此地之寒，鹤讶今年之雪。百龄兮倏忽，光华兮已晚。不雪雁门之踦（yǐ），先念鸿陆之远。非淮海兮可变，非金丹兮能转。不暴骨于龙门，终低头于马坂。谅[确实]天造[天运]兮昧昧，嗟生民兮浑浑。

颜氏家训（节选） *颜之推（北朝）*

上智不教而成，下愚虽教无益，中庸之人不教不知也。当及婴稚识人颜色、知人喜怒，便加教诲，使为则为，使止则止，比及数岁，可省笞（chī）罚。父母威严而有慈，则子女畏慎而生孝矣。吾见世间无教而有爱，每不能然，饮食运为，恣其所欲，宜诫翻奖，应呵反笑，至有识知，谓法当尔。骄慢已习，方复制之，捶（chuí）挞（tà）至死而无威，忿怒日隆而增怨，逮于成长，终为败德。孔子云："少成若天性，习惯如自然。"是也。俗谚曰："教妇初来，教儿婴孩。"诚哉斯语。父子之严，不可以狎；骨肉之爱，不可以简。简则慈孝不接，狎则怠慢生焉。贤俊者自可赏爱，顽鲁者亦当矜怜。有偏宠者，虽欲以厚之，更所以祸之。

兄弟者，分形连气之人也。方其幼也，父母左提右挈（qiè），前襟后裾（jū），食则同案，衣则传服，学则连业，游则共方，虽有悖乱之人，不能不相爱也。及其壮也，各妻其妻，各子其子，虽有笃厚之人，不能不少衰也。惟友悌深至，不为旁人之所移者免夫！兄弟之际，异于他人，望深则易怨，地亲则易弭。娣（dì）姒（sì）者，多争之地也，使骨肉居之，亦不若各归四海，感霜露而相思，伫日月之相望也。

笞怒废于家，则竖子之过立见；刑罚不中，则民无所措手足。治家之宽猛，亦犹国焉。世间名士，但务宽仁，至于饮食饷馈，僮仆减损，施惠然诺，妻子节量，狎侮宾客，侵耗乡党，此亦为家之巨蠹矣。

古人云："千载一圣，犹旦暮也；五百年一贤，犹比髆也。"言圣贤之难得疏阔如此。傥遭不世明达君子，安可不攀附景仰之乎！人在年少，神情未定，所与款狎，熏渍陶染，言笑举动，无心于学，潜移暗化，自然似之，何况操履艺能，较明易习者也！是以与善人居，如入芝兰之室，久而自芳也；与恶人居，如入鲍鱼之肆，久而自臭也。君子必慎交游焉。世人多蔽，贵耳贱目，重遥轻近。少长周旋，如有贤哲，每相狎侮，不加礼敬；他乡异县，微借风声，延颈企踵，甚于饥渴。校其长短，核其精粗，或彼不能如此矣，所以鲁人谓孔子为东家丘。

夫学者犹种树也，春玩其华，秋登其实；讲论文章，春华也，修身利行，秋实也。夫明《六经》之指，涉百家之书，纵不能增益德行，敦厉风俗，犹为一艺，得以自资。父兄不可常依，乡国不可常保。一旦流离，无人庇荫，当自求诸身耳。谚曰："积财千万，不如薄伎在身。"伎之易习而可贵者，无过读书也。世人不问愚智，皆欲识人之多，见事之广，而不肯读书，是犹求饱而懒营馔（zhuàn），欲暖而惰裁衣也。夫读书之人，自羲、农已来，宇宙之下，凡识几人，凡见几事，生民之成败好恶，固不足论，天地所不能藏，鬼神所不能隐也。

学问有利钝，文章有巧拙。钝学累功，不妨精熟；拙文研思，终归蚩鄙。但成学士，自足为人；必乏天才，勿强操笔。凡为文章，犹人乘骐骥，虽有逸气，当以衔勒制之，勿使流乱轨躅（zhú），放意填坑岸也。文章当以理致为心旅，气调为筋骨，事义为皮肤，华而为冠冕。

名之与实，犹形之与影也。德艺周厚，则名必善焉；容色姝（shū）丽，则影必美焉。今不修身而求个名于世者，犹貌甚恶而责妍影于镜也。上士忘名，中士立名，下士窃名。忘名者，体道合德，享鬼神之福祜（hù），非所以求名也；立名者，修身慎行，惧荣观之不显，非所以让名也；窃名者，厚貌深奸，于浮华之虚称，非所以得名也。

士君子之处世，贵能有益于物耳，不徒高谈虚论，左琴右书，以费人君禄位也！国之用材，大较不过六事：一则朝廷之臣，取其鉴达治体，经纶博雅；二则文史之臣，取其著述宪章，不忘前古；三则军旅之臣，取其断决有谋，强干习事；四则藩屏之臣，取其明练风俗，清白爱民；五则使命之臣，取其识变从宜，不辱君命；六则兴造之臣，取其程功节费，开略有术：此则皆勤学守行者所能办也。人性有长短，岂责具美于六涂哉？但当皆晓指趣，能守一职，便无愧耳。

铭金人云："无多言，多言多败；无多事，多事多患。"至哉斯戒也！能走者夺其翼，善飞者减其指，有角者无上齿，丰后者无前足，盖天道不使物有兼焉也。古人云："多为少善，不如执一；鼫（shí）鼠五能，不成伎术。"君子当守道崇德，蓄价待时，爵禄不登，信由天命。须求趋竞，不顾羞惭，比较材能，斟量功伐，厉色扬声，东怨西怒；或有劫持宰相瑕疵，而获酬谢，或有喧聒时人视听，求见发遣；以此得官，谓为才力，何异盗食致饱，窃衣取温哉！世见躁竞得官者，便谓"弗索何获"；不知时运之来，不求亦至也。见静退未遇者，便谓"弗为胡成"；不知风云不与，徒求无益也。凡不求而自得，求而不得者，焉可胜算乎！

《礼》云："欲不可纵，志不可满。"宇宙可臻（zhēn）其极，情性不知其穷，唯在少欲知止，为立涯限尔。天地鬼神之道，皆恶满盈，谦虚冲损，可以免害。人生衣趣以覆寒露，食趣以塞饥乏耳。形骸之内，尚不得奢靡，己身之外，而欲穷骄泰邪？

国之兴亡，兵之胜败，博学所至，幸讨论之。入帷（wéi）幄（wò）之中，参庙堂之上，不能为主尽规以谋社稷，君子所耻也。然而每见文士，颇读兵书，微有经略。若居承平之世，睥（pí）睨（nì）宫闱

（kǔn），幸灾乐祸，首为逆乱，诖（guà）误善良；如在兵革之时，构扇反覆，纵横说诱，不识存亡，强相扶戴：此皆陷身灭族之本也。诫之哉！诫之哉！

神仙之事，未可全诬；但性命在天，或难钟值。人生居世，触途牵絷（zhí）；幼少之日，既有供养之勤；成立之年，便增妻孥（nú）之累。夫养生者先须虑祸，全身保性，有此生然后养之，勿徒养其无生也。夫生不可不惜，不可苟惜。涉险畏之途，干祸难之事，贪欲以伤生，谗慝（tè）而致死，此君子之所惜哉！行诚孝而见贼[伤害]，履仁义而得罪，丧身以全家，泯（mǐn）躯而济国，君子不咎也。

世有痴人，不识仁义，不知富贵并由天命。为子娶妇，恨其生资不足，倚作舅姑之尊，蛇虺（huǐ）其性，毒口加诬，不识忌讳，骂辱妇之父母，却成教妇不孝己身，不顾他恨。但怜己之子女，不爱己之儿妇。如此之人，阴纪其过，鬼夺其算。慎不可与为邻，何况交结乎？避之哉！

南方水土和柔，其音清举而切诣，失在浮浅，其辞多鄙俗；北方山川深厚，其音沉浊而化钝，得其质直，其辞多古语。然冠冕君子，南方为优；闾里小人，北方为愈。易服而与之谈，南方士庶，数言可辩；隔垣而听其语，北方朝野，终日难分。而南染吴越，北杂夷虏，皆有深弊，不可具论。

死者，人之常分，不可免也。古人云："五十不为夭。"孔子之葬亲也，云："古者墓而不坟，丘东西南北之人也，不可以弗识也。"于是封之崇四尺。然则君子应世行道，亦有不守坟墓之时，况为事际所逼也。

谏太宗十思疏　魏征（唐）

臣闻求木之长者，必固其根本；欲流之远者，必浚（jùn疏通）其泉源；思国之安者，必积其德义。源不深而岂望流之远，根不固而何求木之长。德不厚而思国之治，虽在下愚，知其不可，而况于明哲乎！人君当神器[帝位]之重，居域中之大，将崇极天之峻，永保无疆之休[美]。不念于居安思危，戒奢以俭，德不处其厚，情不胜其欲，斯亦伐根以求木茂，塞（sè）源而欲流长者也。

凡百元首，承天景[大]命，莫不殷忧[深忧]而道著，功成而德衰。有善始者实繁，能克[能]终者盖[大概]寡，岂其取之易而守之难乎？昔取之而有余，今守之而不足，何也？夫在殷忧必竭诚以待下，既得志则纵情以傲物。竭诚则胡越为一体，傲物[别人]则骨肉为行路。虽董[督责]之以严刑，振[震]之以威怒，终苟免而不怀仁，貌恭而不心服。怨不在大，可畏[可怕的]唯人；载舟覆舟，所宜深慎。奔车朽索，其可忽乎？

君人者，诚能见可欲则思知足以自戒，将有所作[兴作]则思知止以安人，念高危则思谦冲[虚]而自牧[约束]，惧满溢则思江海而下百川，乐盘游[打猎取乐]则思三驱以为度，忧懈怠则思慎始而敬终，虑壅（yōng堵塞）蔽则思虚心以纳下，想谗邪则思正身以黜（chù罢黜）恶，恩所加则思无因喜以谬赏，罚所及则思无因怒而滥刑。总此十思，弘兹[这]九德，简[选拔]能而任之，择善而从之。则智者尽其谋，勇者竭其力，仁者播其惠，信者效[献出]其忠。文武争驰，君臣无事，可以尽豫游之乐，可以养松[赤松子]乔[王子乔]之寿，鸣琴垂拱[垂衣拱手]，不言而化。何必劳神苦思，代下司职，役聪明之耳目，亏无为之大道哉！

心经　玄奘（唐）

观自在菩萨，行深般（bō）若（rě）[智慧]波罗蜜[到彼岸]多[定]时照见五蕴[色蕴、受蕴、想蕴、行蕴、识蕴]皆空，度一切苦厄。舍利子，色不异空，空不异色，色即是空，空即是色，受想行识，亦复如是。舍利子，是诸法空相，不生不灭，不垢不净，不增不减。是故空中无色，无受想行识，无眼耳鼻舌身意，无色声香味触法，无眼界，乃至无意识界。无无明，亦无无明尽，乃至无老死，亦无老死尽。无苦集灭道，无智亦无得，以无所得故。菩提萨埵（duǒ）[菩萨]，依般若波罗蜜多故，心无挂碍，无挂碍故，无有恐怖，远离颠倒梦想，究竟涅槃。三世[过去、现在、未来]诸佛，依般若波罗蜜多故，得阿[无]耨（nòu）多罗[上]三藐[上而正]三菩提[普遍的智慧和觉悟]。故知般若波罗蜜多，是大神咒，是大明咒，是无上咒，是无等等咒，能除一切苦，真实不虚。故说般若波罗蜜多咒，即说咒曰：揭谛，揭谛，波罗揭谛，波罗僧揭谛，菩提萨婆诃（hē）[去吧！去！到彼岸去！大家都去！赶快觉悟！]。

荔枝赋并序　张九龄（唐）

南海郡出荔枝焉，每至季夏，其实乃熟，状甚环诡，味特甘滋，百果之中，无一可比。余往在西掖（yè）[中书省]，尝盛称之，诸公莫之知，而固未之信。唯舍人彭城刘侯，弱年迁累，经于南海，一闻斯谈，倍复喜叹，以为甘旨之极也。又谓龙眼凡果，而与荔枝齐名，魏文帝方引蒲桃及龙眼相比，是时二方[西域与南方]不通，传闻之大谬也。每相顾闲议，欲为赋述，而世务卒（cù）卒[匆促]，此志莫就。及理郡[治理郡务]暇日，追叙往心，夫物以不知而轻，味以无比而疑，远不可验，终然永屈。况士有未效之用，而身在无誉之间，苟无深知，与彼亦何以异也？因道扬[彰显]其实，遂作此赋。

果之美者，厥（jué其）有荔枝。虽受气于震方[东方]，实禀精于火离[南方]。乃作酸[植物生长]于此裔（yì偏远的地方），爰（yuán于是）负[向着]阳以从宜。蒙休[安逸]和[平和]之所播，涉寒暑而匪亏。下合围以擢（zhuó挺拔）本[主干]，傍荫亩而抱规[圆形]。紫纹绀（gàn深青色透出红色）理，黛叶缃（xiāng浅黄色）枝，蓊郁而霮（dàn）䨴[露重]，环合而棼（fén）缅（lí）[繁盛]。如盖之张，如帷之垂，云烟沃若，孔[孔雀]翠[翠鸟]于斯。灵根所盘，不高不卑，陋下泽之沮（jù）洳（rù）[低湿]，恶层崖之崄（xiǎn）巇（xī）[高险]，彼前志之或妄，何侧生之见疵？

尔其勾芒[主管树木的神]在辰，凯风[南风]入律，肇（zhào）气含滋，芬敷谧（mì）溢，绿穗靡（mǐ）靡，青英苾（bì）苾，不丰其华，但甘其实。如有意乎敦本，故微文而妙质。蒂药房而攒萃，皮龙鳞以骈比，肤玉英而含津，色江萍以吐日。朱苞剖，明珰出，冏（jiǒng亮晶晶）然数寸，犹不可匹，未玉齿而殆销，虽琼浆而可轶（yì超过）。彼众味之有五，此甘滋之不一，伊[它]醇（chún）淑之无准，非精言之能悉。闻者欢而竦企，见者讶而惊仡（yì），心恚（huì）可以蠲（juān平息）忿（fèn），口爽可以忘疾。且欲神于醴（lǐ）露，何比数[相比]之湘橘？援蒲桃而见拟，亦古人之深疾。

若乃卑轩[厅堂]洞开，嘉宾四会，时当燠（yù）煜（yù）[炎热]，客或烦愦（kuì）。而斯果在焉，莫不心侈而体忲（tài），信雕盘之仙液，实玳筵[宴席]之绮缋（huì）[文采华丽的珍品]。有终食于累百，愈益气而治内，故无厌于所甘，虽不贪而必爱。沉美李而莫取，浮甘瓜而自退。

岂一座之所荣，冠四时而为最。

夫其贵可以荐宗庙，其珍可以羞[进贡]王公，亭十里而莫致，门九重兮曷通？山五峤兮白云，江千里兮清枫，何斯美之独远？嗟尔命之不工[好运]。每被销于凡口，罕获知于贵躬[贵人品尝]。柿何称乎梁侯，梨何幸乎张公？亦因人之所遇，孰能辩乎其中哉！

山中与裴秀才迪书　王维（唐）

近腊月下，景气和畅，故山殊可过[过访]。足下方温经，猥不敢相烦，辄便独往山中，憩感配寺，与山僧饭讫（qì完）而去。

比涉[渡]玄灞（bà），清月映郭。夜登华子冈，辋（wǎng）水沦涟，与月上下。寒山远火，明灭林外。深巷寒犬，吠声如豹。村墟夜舂（chōng），复与疏钟相间（jiàn）。此时独坐，僮仆静默，多思曩（nǎng从前）昔，携手赋诗，步仄径，临清流也。

当待春中，草木蔓发，春山可望，轻鯈（tiáo）出水，白鸥矫翼，露湿青皋，麦陇朝雊（gòu），斯之不远，倘[如果]能从我游乎？非子天机[天性]清妙[超尘拔俗]者，岂能以此不急之务相邀？然是[这]中有深趣矣！无忽。因[凭借]驮黄檗（bò）人往，不一。山中人王维白。

陆文学自传　陆羽（唐）

陆子名羽，字鸿渐，不知何许人。或云字羽，名鸿渐，未知孰是。有仲宣、孟阳之貌陋，而有相如、子云之口吃，而为人才辩为性，褊（biǎn）噪多自用意。朋友规谏，豁然不惑。凡与人宴处，意有所适，不言而去。人或疑之，谓生多嗔（chēn）。又与人为信，虽冰雪千里，虎狼当道，而不愆（qiān延误）也。

上元初，结庐于苕（tiáo）溪之湄，闭关对书，不杂非类，名僧高士，谈宴永日。常扁舟往来山寺，随身惟纱巾、藤鞋、短褐、犊鼻[形如犊鼻的围裙]。往往独行野中，诵佛经，吟古诗，杖击林木，手弄流水，夷犹徘徊，自曙达暮，至日黑兴尽，号泣而归。故楚人相谓："陆子盖今之接舆也。"

始三岁，惸（qióng没有兄弟的人）露，育于竟陵大师积公之禅院。

九岁学属文[写文章]，积公示以佛书出世之业。子答曰："终鲜兄弟，无复后嗣（sì），染衣削发，号为释氏[和尚]，使儒者闻之，得称为孝乎？羽将授孔圣之文可乎？"公曰："善哉！子为孝，殊不知西方染削之道，其名大矣。"公执释典不屈，子执儒典不屈。公因矫[矫正]怜[怜悯]抚爱，历试贱务：扫寺地，洁僧厕，践泥圬（wū涂）墙，负瓦施屋，牧牛一百二十蹄。竟陵西湖无纸，学书以竹画牛背为字。他日于学者得张衡《南都赋》，不识其字，但于牧所仿青衿小儿，危[端正]坐展卷，口动而已。公知之，恐渐渍[沾染]外典，去道日旷，又束于寺中，令芟（shān除草）剪卉莽，以门人之伯[年长者]主[管教]焉。或时心记文字，懵然若有所遗，灰心木立，过日不作。主者以为慵惰，鞭之。因叹云："恐岁月往矣，不知其书"，呜咽不自胜。主者以为蓄怒，又鞭其背，折其楚[扑打之杖]乃释。因倦[厌倦]所役，舍主者而去，卷衣诣伶党[戏班]，著《谑（xuè）谈》三篇。以身为伶正，弄木人假吏藏珠之戏。公追之曰："念尔道丧，惜哉！吾本师有言，我弟子十二时中，许一时外学，令降伏外道也。以吾门人众多，今从尔所欲，可捐[抛掉]乐工书。"

天宝中，郢（yǐng）人酺（pú聚饮）于沧浪，邑吏召子[陆羽]为伶正之师。时河南尹李公齐物黜守[出任太守]见异，提手抚背，亲授诗集，于是汉沔（miǎn）之俗亦异焉。后负书于火门山邹夫子别墅。属礼部郎中崔公国辅出竟陵，因与之游处，凡三年，赠白驴、乌犎（fēng）牛一头，文槐书函一枚。白驴、乌犎，襄阳太守李憕（zhèng）见遗；文槐书函，故卢黄门侍郎所与。此物皆己之所惜也。宜野人[隐士]乘[骑坐]蓄[收藏]，故特以相赠。

洎（jì到）至德初，秦人过江，子亦过江，与吴兴释皎然为缁（zī黑衣）素[白衣]忘年之交。少好属文，多所讽谕。见人为善，若己有之；见人不善，若己羞之。苦言逆耳，无所回避，由是俗人多忌之。自禄山乱中原，为《四悲诗》；刘展窥江淮，作《天之未明赋》，皆见感激当时，行哭涕泗。著《君臣契》三卷，《源解》三十卷，《江表四姓谱》八卷，《南北人物志》十卷，《吴兴历官记》三卷，《湖州刺史记》一卷，《茶经》三卷，《占梦》上、中、下三卷，并贮[收藏]于褐布囊。上元年辛丑岁，子阳秋二十有九日。

始得西山宴游记 柳宗元（唐）

自余为僇（lù戮）人[罪人]，居是州，恒[常常]惴（zhuì）栗（lì）。其隙（xì空闲）也，则施施（yíyí缓慢行走）而行，漫漫而游。日与其徒上高山，入深林，穷[穷尽]回溪，幽泉怪石，无远不到。到则披[分开]草而坐，倾壶而醉。醉则更相枕以卧，卧而梦。意有所极，梦亦同趣[趋]。觉（jiào）而起，起而归。以为凡是州之山水有异态者，皆我有也，而未始知西山之怪特。

今年九月二十八日，因坐法华西亭，望西山，始指异之。遂命仆人过湘江，缘[沿着]染溪，斫（zhuó砍伐）榛莽，焚茅茷，穷山之高而止。攀援而登，箕踞而遨，则凡数州之土壤，皆在衽（rèn）席之下。其高下之势，岈（xiā山谷空阔）然洼[溪谷低下]然，若垤（dié蚁穴边的积土）若穴，尺寸千里，攒（cuán）蹙（cù）累积，莫得遁隐。萦青缭白，外与天际，四望如一。然后知是山之特立，不与培（pǒu）塿（lǒu）为类。悠悠乎与颢（hào）气俱，而莫得其涯；洋洋乎与造物者游，而不知其所穷。引觞满酌，颓然就醉，不知日之入。苍然暮色，自远而至，至无所见，而犹不欲归。心凝形释，与万化冥合。然后知吾向[从前]之未始游，游于是乎始。故为之文以志[记]。是岁，元和四年也。

钴（gǔ）鉧（mǔ）潭西小丘记 柳宗元（唐）

得西山后八日，寻山口西北道二百步，又得钴鉧潭，潭西二十五步，当湍而浚（jùn深水）者为鱼梁。梁之上有丘焉，生竹树。其石之突怒[突出隆起]偃蹇（jiǎn）[高耸]，负土而出，争为奇状者，殆[几乎]不可数。其嵚（qīn高峻）然相累[重叠]而下者，若牛马之饮于溪；其冲（chòng向上或向前）然角列而上者，若熊罴（pí棕熊）之登于山。

丘之小不能一亩，可以笼而有之。问其主，曰："唐氏之弃地，货[卖]而不售[卖不出去]。"问其价，曰："止四百。"余怜而售之。李深源、元克己时同游，皆大喜，出自意外。即更取器用，铲刈（yì）秽草，伐去恶木，烈火而焚之。嘉木立，美竹露，奇石显。由其中以望，则山之高，云之浮，溪之流，鸟兽之遨游，举熙熙[和悦]然回巧献技，以效[效力]兹丘之下。枕席而卧，则清泠（líng）之状与目谋[接触]，潆

（yíng）潆之声与耳谋，悠然而虚者与神谋，渊然而静者与心谋。不匝（zā周）旬而得异地者二，虽古好事之士，或未能至焉。

噫！以兹丘之胜[优美的景色]，致之沣（fēng）、镐（hào）、鄠（hù）、杜，则贵游之士争买者，日增千金而愈不可得。今弃是州也，农夫渔父过而陋之，贾四百，连岁[年]不能售。而我与深源、克己独喜得之，是其果有遭[遇合]乎！书于石，所以贺兹丘之遭也。

小石城山记　柳宗元（唐）

自西山道口径[直往]北，逾黄茅岭而下，有二道：其一西出，寻之无所得；其一少（shāo稍）北而东，不过四十丈，土断而川[河]分，有积石横当[挡]其垠（yín边际）。其上，为睥（pì埤）睨（nì垷）梁欐之形，其旁出堡坞（wù）[像小城堡的石头]，有若门焉。窥之正黑，投以小石，洞然有水声，其响之激越，良久乃已。环之可上，望甚远，无土壤而生嘉树美箭[小竹子]，益奇而坚，其疏数（cù密）偃（yǎn俯）仰，类[好像]智者所施设也。

噫！吾疑造物者之有无久矣。及是，愈以为诚[确实]有。又怪其不为之中州[中原地区]，而列是夷狄，更（gēng经过）千百年不得一售其伎[技]，是固劳而无用。神者傥（tǎng倘）不宜如是，则其[造物者]果[果真]无乎？或曰："以慰夫贤而辱于此者。"或曰："其气之灵，不为伟人，而独为是物，故楚之南少人而多石。"是二者，余未信之。

愚溪诗序　柳宗元（唐）

灌水之阳有溪焉，东流入于潇水。或曰：冉氏尝居也，故姓是溪为冉溪。或曰：可以染也，名之以其能，故谓之染溪。予以愚触罪，谪潇水上。爱是溪，入二三里，得其尤绝者家[安家]焉。古有愚公谷，今予家是溪，而名莫能定，土之居者，犹龂（yín争论）龂然，不可以不更也，故更之为愚溪。

愚溪之上，买小丘，为愚丘。自愚丘东北行六十步，得泉焉，又买居之，为愚泉。愚泉凡六穴，皆出山下平地，盖上出也。合流屈曲而南，为愚沟。遂负土累石，塞其隘，为愚池。愚池之东，为愚堂。其南，为愚亭。池之中，为愚岛。嘉木异石错置，皆山水之奇者，以[因为]予故，咸[都]以愚辱焉。

夫水，智者乐也。今是溪独见辱于愚，何哉？盖其流甚下，不可以溉灌。又峻急多坻（chí）石，大舟不可入也。幽邃浅狭，蛟龙不屑，不能兴云雨，无以利世，而适[正]类[像]于予，然则虽辱而愚之，可也。

宁武子“邦无道则愚”，智而为愚者也；颜子“终日不违如愚”，睿而为愚者也。皆不得为真愚。今予遭有道而违于理，悖于事，故凡为愚者，莫我若也。夫然，则天下莫能争是溪，予得专而名焉。

溪虽莫利于世，而善鉴[映照]万类，清莹秀澈，锵鸣金石，能使愚者喜笑眷慕，乐而不能去也。予虽不合于俗，亦颇以文墨自慰，漱（shù）涤（dí）万物，牢笼[囊括]百态，而无所避之。以愚辞歌愚溪，则茫然而不违，昏然而同归，超鸿蒙[混沌]，混希夷[陈抟隐士]，寂寥而莫我知也。于是作《八愚诗》，纪于溪石上。

鞭贾（gǔ） 柳宗元（唐）

市之鬻（yù卖）鞭者，人问之，其贾[价钱]宜五十，必曰五万。复之以五十，则伏而笑；以五百，则小怒；五千，则大怒；必以五万而后可。

有富者子，适[到]市买鞭，出五万，持以夸余，视其首[顶端]，则拳蹙（cù）而不遂；视其握[手握的地方]，则蹇（jiǎn）仄（zè）[卷曲]而不植[直]；其行水者，一去一来不相承；其节朽黑而无文，掐之灭爪，而不得其所穷；举之翲（piāo）然若挥虚焉。

余曰：“子何取于是而不爱五万？”曰：“吾爱其黄而泽，且贾者云。”余乃召僮爚（yuè烧）汤以濯（zhuó）之。则遬（sù）然枯，苍然白。向之黄者栀（zhī）也，泽者蜡也。富者不悦，然犹持之三年。后出东郊，争道长乐坡下，马相踶（dì踢），因大击，鞭折而为五六。马踶不已，坠于地，伤焉。视其内则空空然，其理[质地]若粪壤，无所赖者。

今之栀其貌、蜡其言，以求贾技于朝，当其分（fèn）则善。一误而过其分，则喜；当其分，则反怒，曰：“余曷不至于公卿？”然而至焉者亦良多矣。居无事，虽过三年不害。当其有事，驱之于陈力之列以御[治理]乎物，以夫空空之内，粪壤之理，而责其大击之效，恶（wū哪）有不折其用，而获坠伤之患者乎？

段太尉逸事状 柳宗元（唐）

太尉始[起初]为泾州刺史时，汾（fén）阳王以副元帅居蒲。王子晞（xī）为尚书，领[兼任]行营节度使，寓[驻]军邠（bīn）州，纵士卒无赖[横暴]。邠人偷嗜（shì）暴恶者，率[大都]以货[贿赂]窜名军伍中，则肆志，吏不得问。日群行丐取于市，不嗛（qiè慊：满足），辄奋击，折人手足，椎釜鬲（lì）瓮盎盈道上，袒（tǎn）臂徐去，至撞杀孕妇人。邠宁节度使白孝德以[因为]王故，戚[忧愁]不敢言。

太尉自州以状白[禀告]府，愿计事。至则曰："天子以生人[生民]付公理[治理]，公见人被暴害，因恬然，且大乱，若何？"孝德曰："愿奉教。"太尉曰："某为泾州，甚适[空闲]，少事。今不忍人无寇暴死，以乱天子边事。公诚[假如]以都虞候命某者，能为公已乱，使公之人不得害。"孝德曰："幸甚！如太尉请！"

既署一月，晞军士十七人入市取酒，又以刃刺酒翁，坏酿器，酒流沟中。太尉列[布置]卒取十七人，皆断头注槊（shuò）上，植[竖立]市门外。晞一营大噪，尽甲。孝德震恐，召太尉曰："将奈何？"太尉曰："无伤也！请辞于军。"孝德使数十人从太尉，太尉尽辞去。解佩刀，选老躄（bì跛脚）者一人持马，至晞门下。甲者出，太尉笑且入曰："杀一老卒，何甲也？吾戴吾头来矣。"甲者愕。因谕（yù告诉）曰："尚书固负若属[你们]耶？副元帅固负若属耶？奈何欲以乱败郭氏？为白尚书，出听我言。"晞出见太尉，太尉曰："副元帅勋塞天地，当务始终。今尚书恣卒为暴，暴且乱，乱天子边，欲谁归罪？罪且及副元帅。今邠人恶子弟以货窜名军籍中，杀害人，如是不止，几日不大乱？大乱由尚书出，人皆曰：尚书倚副元帅，不戢（jí管束）士。然则郭氏功名其与存者几何？"

言未毕，晞再拜曰："公幸教晞以道，恩甚大，愿奉军以从。"顾叱左右曰："皆解甲，散还火伍[队伍]中，敢哗者死！"太尉曰："吾未晡（bū）食[晚餐]，请假设[借备]草具[粗劣的食物]。"既食，曰："吾疾作，愿留宿门下。"命持马者去，旦日来。遂卧军中。晞不解衣，戒候卒击柝（tuò）卫太尉。旦，俱至孝德所，谢不能，请改过。邠州由是无祸。

先是，太尉在泾州为营田官。泾大将焦令谌（chén）取人田，自占数十顷，给与农，曰："且熟，归我半。"是岁大旱，野无草，农以告谌。谌曰："我知入数而已，不知旱也。"督责益急，农且饥死，无以偿，即告太尉。太尉判状，辞甚巽（xùn逊），使人求[请求]谕（yù告诉）谌。谌盛怒，召农者曰："我畏段某耶？何敢言我！"取判铺背上，以大杖击二十，垂死，舆来庭中。太尉大泣曰："乃我困汝！"即自取水洗去血，裂裳衣疮，手注善药，旦夕自哺（bǔ喂食）农者，然后食。取骑马卖，市谷代偿，使勿知。

淮西寓军帅尹少荣，刚直士也。入见谌，大骂曰："汝诚人耶？泾州野如赭（zhě赤褐色），人且饥死；而必得谷，又用大杖击无罪者。段公，仁信大人也，而汝不知敬。今段公唯一马，贱卖市谷入汝，汝又取不耻。凡为人傲天灾、犯大人、击无罪者，又取仁者谷，使主人出无马，汝将何以视天地？尚不愧奴隶耶？"谌虽暴抗，然闻言则大愧，流汗，不能食，曰："吾终不可以见段公！"一夕自恨死。

及太尉自泾州以司农征，戒其族："过岐，朱泚（cǐ）幸[如果]致货[物品]币，慎勿纳。"及过，泚固致大绫三百匹。太尉婿韦晤坚拒，不得命。至都，太尉怒曰："果[果真]不用吾言。"晤谢曰："处贱，无以拒也。"太尉曰："然终不以在吾第[住宅]。"以如[送到]司农治事堂，栖之梁木上。泚反，太尉终[死]。吏以告泚，泚取视，其故封识（zhì）具存。

太尉逸事如右。元和九年月日，永州司马员外置同正员柳宗元谨上史馆。

今之称太尉大节者，出入以为武人，一时奋不虑死，以取名天下。不知太尉之所立如是。宗元尝出入岐（qí）周邠（bīn）斄（tái）间，过真定，北上马岭，历亭障堡戍，窃好问老校退卒，能言其事：太尉为人姁（xǔ和善）姁，常低首拱手行步，言气卑弱，未尝以色[脸色]待物。人视之，儒者也。遇不可，必达其志，决非偶然者。会州刺史崔公来，言信行直，备得太尉遗事，覆校无疑。或恐尚逸坠，未集太史氏，敢以状私于执事，谨状。

荔枝图序　白居易（唐）

荔枝生巴峡间。树形团团如帷盖。叶如桂，冬青；华[花]如橘，春荣[开花]；实如丹，夏熟。朵如葡萄，核如枇（pí）杷（pá），壳如红缯（zēng），膜如紫绡（xiāo），瓤（ráng）肉莹白如冰雪，浆液甘酸如醴（lǐ）酪（lào）。大略如彼，其实过之。若离本枝，一日而色变，二日而香变，三日而味变，四五日外，色香味尽去矣。

元和十五年夏，南宾守乐天命工吏[画工]图[画]而书[写]之，盖为不识[认识]者与识而不及一、二、三日者云。

冷泉亭记　白居易（唐）

东南山水，余杭郡为最。就郡言，灵隐寺为尤[突出]。由寺观，冷泉亭为甲[数第一]。

亭在山下，水中央，寺西南隅。高不倍寻，广不累丈，而撮奇得要，地搜胜概[优美的山水]，物无遁形。春之日，吾爱其草薰薰，木欣欣，可以导和纳粹[精神滋养]，畅人血气。夏之夜，吾爱其泉渟渟，风泠泠，可以蠲（juān消除）烦析酲（chéng酒醉），起人心情。山树为盖[伞]，岩石为屏，云从栋生，水与阶平。坐而玩之者，可濯足于床下；卧而狎[亲昵]之者，可垂钓于枕上。矧（shěn况且）又潺湲洁澈，粹冷柔滑。若俗士，若道人，眼耳之尘，心舌之垢，不待盥（guàn）涤，见辄除去。潜利阴益，可胜[尽]言哉！斯所以最余杭而甲灵隐也。

杭自郡城抵四封，丛山复湖，易为形胜。先是领郡者，有相里君造虚白亭，有韩仆射皋作候仙亭，有裴庶子棠棣作观风亭，有卢给事元辅作见山亭，及右司郎中河南元藇最后作此亭。于是五亭相望，如指之列，可谓佳境殚矣，能事毕矣。后来者虽有敏心巧目，无所加焉。故吾继之，述而不作。

杨烈妇传　李翱（唐）

建中四年，李希烈陷[攻陷]汴州；既又将盗[侵略]陈州，分其兵数千人抵项城县。盖将掠其玉帛，俘累[捆绑]其男女，以会[会师]于陈州。

县令李侃，不知所为。其妻杨氏曰："君，县令也。寇至当守；力不足，死焉，职也。君如逃，则谁守？"侃曰："兵与财皆无，将若何？"杨氏曰："如不守，县为贼所得矣，仓廪皆其积也，府库皆其财也，百姓皆其战士也，国家何有？夺贼之财而食其食，重赏以令死士，其必济[成功]！"于是，召胥吏、百姓于庭，杨氏言曰："县令诚主也；虽然，岁满则罢去，非若吏人、百姓然。吏人、百姓，邑人也，坟墓存焉，宜相与致死[冒死]以守其邑，忍失其身而为贼之人耶？"众皆泣，许之。乃徇[对众宣示]曰："以瓦石中贼者，与之千钱；以刀矢兵刃之物中贼者，与之万钱。"得数百人，侃率之以乘[登上]城。杨氏亲为之爨[烧饭]以食[给…吃]之；无[无论]长少，必周而均[公平]。使侃与贼言曰："项城父老，义不为贼矣，皆悉力守死。得吾城不足以威，不如亟（jí赶快）去，徒失利无益也。"贼皆笑。有蜚[飞]箭集于侃之手，侃伤而归。杨氏责之曰："君不在，则人谁肯固[固守]矣，与其死于城上，不犹愈于家乎？"侃遂忍之，复登陴[城墙]。

项城，小邑也，无长戟劲弩、高城深沟之固。贼气吞焉，率其徒将超[越过]城而下。有以弱弓射贼者，中其帅，坠马死。其帅，希烈之婿也。贼失势，遂相与散走，项城之人无伤焉。

刺史上[上报]侃之功，诏迁绛州太平县令。杨氏至兹犹存。

妇人女子之德，奉父母舅姑尽恭顺，和于娣（dì）姒（sì）[妯娌]，于卑幼有慈爱，而能不失其贞者，则贤矣。辨行列，明攻守勇烈之道，此公卿大臣之所难。厥自兵兴，朝廷宠[褒宠]旌[表彰]守御之臣，凭坚城深池之险，储蓄山积，货财自若；冠胄服甲负弓矢而驰者，不知几人。其勇不能战，其智不能守，其忠不能死，弃其城而走者有矣。彼何人哉！若杨氏者，妇人也，孔子曰："仁者必有勇。"杨氏当之矣。

赞曰：凡人之情，皆谓后来者不及于古之人。贤者古亦稀，独后代耶？及其有之，与古人不殊也。若高愍（mǐn）女、杨烈妇者，虽古烈女其何加焉？予惧其行事湮灭而不传，故皆叙之，将告于史官。

苦昼短　李贺（唐）

飞光[光阴]飞光，劝尔一杯酒，吾不识青天高、黄地厚，唯见月寒日暖来煎[消损]人寿[寿命]。食熊则肥，食蛙则瘦。神君何在，太一[天帝]安

[哪里]有？天东有若木，下置衔烛龙。吾将斩龙足，嚼龙肉。使之朝不得回，夜不得伏。自然老者不死，少者不哭。何为服黄金，吞白玉。谁似任公子，云中骑碧驴？刘彻[汉武帝]茂陵多滞骨，嬴政[秦始皇]梓棺费鲍鱼。

李贺小传　李商隐（唐）

京兆杜牧为李长吉集叙，状[描绘]长吉之奇甚尽，世传之。长吉姊嫁王氏者，语长吉之事尤备[完备]。

长吉细瘦，通眉，长指爪，能苦吟疾书。最先为昌黎韩愈所知。所与游[交游]者，王参元、杨敬之、权璩、崔植辈[这些人]为密，每旦日出与诸公游，未尝得[确立]题然后为诗，如他人思量牵合[凑合]，以及程限[规范]为意。恒[常常]从小奚奴[小书童]，骑距驴，背一古破锦囊，遇有所得，即书投囊中。及暮归，太夫人使婢受囊出之，见所书多，辄曰："是儿要当呕出心乃已尔。"上灯，与食。长吉从婢取书，研墨叠纸足成之，投他囊中。非大醉及吊丧日率[全都]如此，过亦不复省[看]。王、杨辈时复来探取写去。长吉往往独骑往还京、洛，所至或时有著，随弃之，故沈子明家所余四卷而已。

长吉将死时，忽昼见一绯[红色丝帛]衣人，驾赤虬，持一板，书若太古篆或霹雳石文者，云[说]当召长吉。长吉了不能读，欻（xū忽然）下榻叩头，言："阿㜷[母亲]老且病，贺不愿去。"绯衣人笑曰："帝成白玉楼，立[马上]召君为记。天上差[比较]乐，不苦也。"长吉独泣，边人尽见之。少之，长吉气绝。常所居窗中，勃勃[袅袅向上]有烟气，闻行车嘒（huì微微）管之声。太夫人急止人哭，待之如炊五斗黍许时，长吉竟[最终]死。王氏姊非能造作[虚构]谓长吉者，实所见如此。

呜呼，天苍苍而高也，上果[确实]有帝耶？帝果有苑囿、宫室、观阁之玩耶？苟[如果]信然，则天之高邈，帝之尊严，亦宜有人物文采愈此世者，何独眷眷[眷顾]于长吉而使其不寿耶？噫，又岂世所谓才而奇者，不独[仅]地上少，即天上亦不多耶？长吉生二十七年，位不过奉礼太常，时人亦多排摈[排挤]毁斥[诽谤]之，又岂才而奇者，帝独[特别]重之，而人反不重[重视]耶？又岂人见[见识]会胜帝耶？

黄冈竹楼记 王禹（yǔ）偁（chēng）（北宋）

黄冈之地多竹，大者如椽（chuán）。竹工破之，刳（kū削剔）去其节，用代陶瓦。比屋[挨家挨户]皆然，以其价廉而工省也。

子城西北隅，雉堞（dié矮墙）圮（pǐ）毁，蓁（zhēn）莽荒秽，因作小楼二间，与月波楼通。远吞山光，平挹（yì）江濑（lài沙滩上的流水），幽阒（qù静寂）辽敻（xiòng远），不可具状。夏宜急雨，有瀑布声；冬宜密雪，有碎玉声。宜鼓琴，琴调虚畅；宜咏诗，诗韵清绝；宜围棋，子声丁丁然；宜投壶[一种游戏]，矢声铮（zhēng）铮然；皆竹楼之所助也。

公退[办完公事]之暇，被鹤氅（chǎng）衣，戴华阳巾，手执《周易》一卷，焚香默坐，消遣世虑。江山之外，第[只]见风帆沙鸟，烟云竹树而已。待其酒力醒，茶烟歇，送夕阳，迎素月，亦谪居之胜概[乐事]也。彼齐云、落星，高则高矣；井干、丽谯（qiáo），华则华矣；止[只]于贮妓女，藏歌舞，非骚人之事，吾所不取。

吾闻竹工云：“竹之为瓦，仅十稔（rěn）；若重覆之，得二十稔。”噫！吾以至道乙未岁，自翰林出滁（chú）上，丙申，移广陵[扬州]；丁酉（yǒu）又入西掖（yè）[中书省]；戊戌岁除日[除夕]，有齐安之命；己亥闰三月到郡。四年之间，奔走不暇；未知明年又在何处，岂惧竹楼之易朽乎！幸后之人与我同志，嗣（sì继承）而葺（qì修缮）之，庶斯楼之不朽也！

咸平二年八月十五日记。

六一居士传 欧阳修（北宋）

六一居士初谪滁山，自号醉翁。既老而衰且病，将退休于颍水之上，则又更号六一居士。

客有问曰：“六一，何谓也？”居士曰：“吾家藏书一万卷，集录三代以来金石遗文一千卷，有琴一张，有棋一局，而常置酒一壶。”客曰：“是为五一尔，奈何？”居士曰：“以吾一翁，老于此五物之间，是岂不为六一乎？”客笑曰：“子欲逃名者乎？而屡易其号。此庄生所诮（qiào讥讽）畏影而走乎日中者也。余将见子疾走大喘渴死，而名不得逃也。”居士曰：“吾固知名之不可逃，然亦知夫不必逃也；吾为此名，聊以志吾之乐尔。”客曰：“其乐如何？”居士曰：“吾之乐可胜道哉！方其得意于五物也，太山在前而不见，疾雷破柱而不惊；虽响九奏[九韶]于洞庭之野，阅大战于涿（zhuō）鹿之原，未足喻其乐且适也。然常患不得极吾乐于其间者，世事之为吾累者众也。其大者有二焉，轩裳珪组劳吾形于外，忧患思虑劳吾心于内，使吾形不病而已悴，心未老而先衰，尚何暇于五物哉？虽然，吾自乞其身于朝者三年矣，一日天子恻然哀之，赐其骸（hái）骨[告老退休]，使得与此五物皆返于田庐，庶几[差不多]偿其夙愿焉。此吾之所以志也。”客复笑曰：“子知轩[乘车驾]裳[着服饰]珪[执玉板]组[佩印绶]之累其形，而不知五物之累其心乎？”居士曰：“不然。累于彼者已劳矣，又多忧；累于此者既佚（yì）矣，幸无患。吾其何择哉？”于是与客俱起，握手大笑曰：“置之，区区不足较也。”

已而叹曰：“夫士少而仕，老而休，盖有不待七十者矣。吾素慕之，宜去一也。吾尝用于时矣，而讫（qì最终）无称焉，宜去二也。壮犹如此，今既老且病矣，乃以难彊（qiáng）之筋骸（hái）贪过分之荣禄，是将违其素志而自食其言，宜去三也。吾负三宜去，虽无五物，其去宜矣，复何道哉！”

熙宁三年九月七日，六一居士自传。

秋声赋 欧阳修（北宋）

欧阳子方夜读书，闻有声自西南来者，悚然而听之，曰：“异哉！”初淅沥以萧飒，忽奔腾而砰（pēng）湃[澎湃]，如波涛夜惊，风雨骤至。其触于物也，鏦（cōng）鏦铮铮，金铁皆鸣；又如赴敌之兵，衔枚疾走，不闻号令，但闻人马之行声。余谓童子：“此何声也？汝出视之。”童子曰：“星月皎洁，明河在天，四无人声，声在树间。”

余曰：“噫嘻悲哉！此秋声也。胡为而来哉？盖夫秋之为状也，其色惨淡，烟霏云敛；其容清明，天高日晶[亮]；其气栗冽，砭（biān）人肌骨；其意萧条，山川寂寥。故其为声也，凄凄切切，呼号愤发。丰草绿缛（rù）而争茂，佳木葱茏而可悦。草拂之而色变，木遭之而叶脱。其所以摧败零落者，乃其一气之余烈。夫秋，刑官也，于时为阴；又兵象也，于行用金。是谓天地之义气，常以肃杀而为心。天之于物，春生秋实，故其在乐也，商声主西方之音，夷则为七月之律。商，伤也，物既老而悲伤；夷，戮也，物过盛而当杀。”

“嗟呼！草木无情，有时[有固定时限]飘零。人为动物，惟物之灵。百忧感其心，万事劳其形，有动于中，必摇其精。而况思其力之所不及，忧其智之所不能，宜其渥（wò红润脸色）然丹者为槁木，黟（yī黑）然黑者为星星。奈何以非金石之质，欲与草木而争荣？念谁为之戕贼[残害]，亦何恨乎秋声！”

童子莫对，垂头而睡。但闻四壁虫声唧唧，如助余之叹息。

沧浪亭记 苏舜钦（qīn）（北宋）

予以罪废，无所归。扁舟吴中，始僦（jiù租）舍以处。时盛夏蒸燠（yù热），土居皆褊（biǎn）狭，不能出气，思得高爽虚辟之地，以舒所怀，不可得也。

一日过[拜访]郡学，东顾草树郁然，崇阜（fù）[高山]广水，不类乎城中。并[傍]水得微径于杂花修竹之间。东趋数百步，有弃地，纵广合五六十寻，三向皆水也。杠[独木桥]之南，其地益阔，旁无民居，左右皆林木相亏蔽。访诸旧老，云钱氏有国，近戚孙承右之池馆也。坳（ào）隆胜势，遗意尚存。予爱而徘徊，遂以钱四万得之，构亭北碕（qí），号“沧浪”焉。前竹后水，水之阳又竹，无穷极。澄川翠干，光影会合于轩户之间，尤与风月为相宜。

予时榜（bàng划）小舟，幅巾[用一块帛巾束首]以往，至则洒然忘其归。觞（shāng）而浩歌，踞（jù）而仰啸，野老不至，鱼鸟共乐。形骸既适则神不烦，观听无邪则道以明；返思向[以前]之汩汩荣辱之场，日与锱（zī）铢（zhū）利害相磨戛（jiá），隔此真趣，不亦鄙哉！

噫！人固动物耳。情横于内而性伏，必外寓于物而后遣。寓久则溺，以为当然；非胜是而易之，则悲而不开。惟仕宦溺人为至深。古之才哲君子，有一失而至于死者多矣，是未知所以自胜之道。予既废而获斯境，安于冲旷，不与众驱，因之复能乎内外失得之原，沃然有得，笑闵[悯]万古。尚未能忘其所寓目，用是以为胜焉！

心术 苏洵（北宋）

为将之道，当先治心。泰山崩于前而色不变，麋（mí）鹿兴于左而目不瞬[眨眼]，然后可以制利害，可以待敌。

凡兵上[尚]义，不义，虽利勿动。非一动之为害，而他日将有所不可措手足也。夫惟义可以怒士，士以义怒，可与百战。

凡战之道，未战养其财，将战养其力，既战养其气，既胜养其心。谨烽[白天放烟]燧（suì夜间燃火），严斥堠（hòu），使耕者无所顾忌，所以养其财；丰犒（kào）而优游之，所以养其力；小胜益急，小挫益厉[激励]，所以养其气；用人不尽其所欲为，所以养其心。故士常蓄其怒、怀其欲而不尽。怒不尽则有余勇，欲不尽则有余贪。故虽并天下，而士不厌兵，此黄帝之所以七十战而兵不殆也。不养其心，一战而胜，不可用矣。

凡将欲智而严，凡士欲愚。智则不可测，严则不可犯，故士皆委[委屈]己而听命，夫安得不愚？夫惟士愚，而后可与之皆死。

凡兵之动，知敌之主，知敌之将，而后可以动于险。邓艾缒（zhuì）兵于穴中，非刘禅之庸，则百万之师可以坐缚，彼固有所侮[轻侮]而动也。故古之贤将，能以兵尝[试探]敌，而又以敌自尝，故去就可以决。

凡主将之道，知理而后可以举兵，知势而后可以加兵，知节而后可以用兵。知理而不屈，知势则不沮，知节则不穷。见小利不动，见小患不避。小利小患，不足以辱[玷污]吾技也。夫然后有以支[经得起]大利大患。夫惟养技而自爱者，无敌于天下。故一忍可以支百勇，一静可以制百动。

兵有长短，敌我一也。敢问："吾之所长，吾出而用之，彼将不与我校[较量]；吾之所短，吾蔽而置之，彼将强与吾角，奈何？"曰："吾之所短，吾抗[高]而暴（pú）之，使之疑而却；吾之所长，吾阴而养之，使之狎[轻忽]而堕其中。此用长短之术也。"

善用兵者，使之无所顾、有所恃。无所顾，则知死之不足惜；有所恃，则知不至于必败。尺箠（chuí）当猛虎，愤呼而操击；徒手遇蜥蜴，变色而却步，人之情也。知此者，可以将矣。袒（tǎn）裼（xī脱衣）而按剑，则乌获不敢逼；冠胄衣甲，据兵而寝，则童子弯弓杀之矣。故善用兵者以形固。夫能以形固，则力有余矣。

道山亭记　曾巩（北宋）

闽，故隶周者也。至秦，开其地，列于中国，始并为闽中郡。自粤之太末，与吴之豫章，为其通路。其路在闽者，陆出则阸（ài阻隔）于两山之间，山相属无间断，累数驿乃一得平地，小为县，大为州，然其四顾亦山也。其途或逆坂（bǎn）如缘[顺着]絙（gēng粗绳），或垂崖如一发，或侧径钩出于不测之溪上，皆石芒峭发，择然后可投步。负戴者虽其土人，犹侧足然后能进。非其土人，罕不踬（zhì跌倒）也。其溪行，则水皆自高泻下，石错出其间，如林立，如士骑满野，千里下上，不见首尾。水行其隙间，或衡缩蟉（liú曲折）糅（róu），或逆走旁射，其状若蚓结，若虫镂[雕刻]，其旋若轮，其激若矢。舟溯沿者，投便利，失毫分，辄破溺。虽其土长川居之人，非生而习水事者，不敢以舟楫自任也。其水陆之险如此。汉尝处其众江淮之间而虚其地，盖以其陿（xiá狭）多阻，岂虚也哉？

福州治侯官，于闽为土中，所谓闽中也。其地于闽为最平以广，四出之山皆远，而长江（闽江）其南，大海在其东，其城之内外皆涂，旁有沟，沟通潮汐，舟载者昼夜属[聚集]于门庭。麓（lù）多桀（jié特立）木，而匠多良能，人以屋室巨丽相矜[夸耀]，虽下贫必丰其居，而佛、老子之徒，其宫又特盛。城之中三山，西曰闽山，东曰九仙山，北曰粤王山，三山者鼎趾立。其附山，盖佛、老子之宫以数十百，其瑰诡殊绝之状，盖已尽人力。

光禄卿、直昭文馆程公为是州，得闽山嵚（qīn高峻）崟（yín高耸）之际，为亭于其处，其山川之胜，城邑之大，宫室之荣，不下簟（diàn竹）席而尽于四瞩。程公以谓在江海之上，为登览之观，可比于道家所谓蓬莱、方丈、瀛（yíng）州之山，故名之曰“道山之亭”。闽以险且远，故仕者常惮往，程公能因其地之善，以寓其耳目之乐，非独忘其远且险，又将抗其思于埃壒（ài尘埃）之外，其志壮哉！

程公于是州以治行闻，既新其城，又新其学，而其余功又及于此。盖其岁满[任期届满]就更[改任]广州，拜谏议大夫，又拜给事中、集贤殿修撰，今为越州，字公辟，名师孟云。

义田记 钱公辅（北宋）

范文正公，苏人也，平生好施与，择其亲而贫，疏而贤者，咸施之。

方贵显时，置负[靠近]郭[外城]常稔（rěn谷物成熟）之田千亩，号曰义田，以养济群族之人。日有食，岁有衣，嫁娶凶葬皆有赡（shàn）。择族之长而贤者主其计，而时共出纳焉。日食，人一升；岁衣，人一缣（jiān）。嫁女者五十千，再嫁者三十千；娶妇者三十千，再娶者十五千；葬者如再嫁之数，葬幼者十千。族之聚者九十口，岁入给稻八百斛（hú），以其所入，给其所聚，沛然有余而无穷。屏[弃：丢了官]而家居俟代者，与焉；仕而居官者，罢其给。此其大较也。

初，公之未贵显也，尝有志于是矣，而力未逮（dǎi）者二十年。既而为西帅，及参大政，于是始有禄赐之入，而终其志。公既殁（mò），后世子孙修其业，承其志，如公之存也。公虽位充禄厚，而贫终其身。殁之日，身无以为敛（liǎn收敛尸体），子无以为丧，唯以施贫活族之义，遗其子而已。

昔晏平仲敝车羸（léi）马，桓子曰："是隐君之赐也。"晏子曰："自臣之贵，父之族，无不乘车者；母之族，无不足于衣食者；妻之族，无冻馁（něi）者；齐国之士，待臣而举火者，三百余人。以此而为隐君之赐乎？彰君之赐乎？"于是齐侯以晏子之觞（shāng）而觞桓子。予尝爱晏子好仁，齐侯知贤，而桓子服义也。又爱晏子之仁有等级，而言有次第[次序]也。先父族，次母族，次妻族，而后及其疏远之贤。孟子曰："亲亲而仁民，仁民而爱物。"晏子为近[接近]之。今观文正公之义田，贤于平仲；其规模远举，又疑过之。

呜呼！世之都三公位，享万钟禄，其邸（dǐ）第之雄，车舆之饰，声色之多，妻孥（nú）之富，止乎一己而已。而族之人不得其门而入者，岂少也哉！况于施贤乎！其下为卿，为大夫，为士，廪稍[公家给予的粮食]之充，奉养之厚，止乎一己而已。而族之人操瓢囊为沟中瘠（jí）[饿死在沟渠中]者，又岂少哉？况于他人乎！是皆公之罪人也。

公之忠义满朝廷，事业满边隅（yú），功名满天下，后必有史官书之者，予可无录也。独高其义，因以遗于世云。

兴贤 王安石（北宋）

国以任贤使能而兴，弃贤专己而衰。此二者必然之势，古今之通义，流俗[一般人]所共知耳。何治安之世有之而能兴，昏乱之世虽有之亦不兴，盖用之与不用之谓矣。有贤而用，国之福也，有之而不用，犹无有也。商之兴也有仲虺（huǐ）、伊尹，其衰也亦有三仁。周之兴也同心者十人，其衰也亦有祭公谋父、内史过。两汉之兴也有萧、曹、寇、邓之徒，其衰也亦有王嘉、傅喜、陈蕃、李固之众。魏、晋而下，至于李唐，不可遍举，然其间兴衰之世，亦皆同也。由此观之，有贤而用之者，国之福也，有之而不用，犹无有也，可不慎欤？

今犹古也，今之天下亦古之天下，今之士民亦古之士民。古虽扰攘（rǎng）之际，犹有贤能若是之众，况今太宁[太平安宁]，岂曰无之，在君上用之而已。博询众庶，则才能者进矣；不有忌讳，则谠（dǎng）直[正直的言论]之路开矣；不迩[接近]小人，则谗谀者自远矣；不拘文牵[受制]俗，则守职者辨[明辨]治矣；不责人以细过，则能吏之志得以尽其效矣。苟行此道，则何虑不跨[超越]两汉、轶[超过]三代，然后践五帝、三皇之涂哉。

后赤壁赋 苏轼（北宋）

是岁十月之望[十五日]，步自雪堂，将归于临皋（gāo）。二客从予，过黄泥之坂[山坡]。霜露既降，木叶尽脱。人影在地，仰见明月。顾而乐之，行歌相答。已而叹曰："有客无酒，有酒无肴，月白风清，如此良夜何？"客曰："今者薄[逼近]暮，举网得鱼，巨口细鳞，状似松江之鲈。顾[但是]安所得酒乎？"归而谋诸[之于]妇。妇曰："我有斗酒，藏之久矣，以待子不时之须[需]。"

于是携酒与鱼，复游于赤壁之下。江流有声，断岸千尺。山高月小，水落石出。曾[才]日月之几何，而江山不可复识矣。予乃摄衣而上，履巉（chán险峻）岩，披[拨开]蒙茸（róng）[乱草]，踞（jù）虎豹，登虬龙。攀栖鹘（hú）之危巢，俯冯夷之幽宫。盖二客不能从焉。划然长啸，草木震动。山鸣谷应，风起水涌。予亦悄然而悲，肃然而恐，凛[恐惧]乎其不可久留也。反[返]而登舟，放乎中流，听[任凭]其所止而休焉。

时夜将半，四顾寂寥。适有孤鹤，横江东来，翅如车轮，玄[黑]裳缟（gǎo白）衣，戛（jiá）然长鸣，掠予舟而西也。须臾客去，予亦就睡，梦一道士；羽衣蹁（pián）跹（xiān），过临皋之下，揖予而言曰："赤壁之游乐乎？"问其姓名，俛（fǔ俯）而不答。"呜呼噫嘻！我知之矣，畴（chóu）昔之夜，飞鸣而过我者，非子也耶？"道士顾[回头看]笑，予亦惊寤（wù醒）。开户视之，不见其处。

超然台记　苏轼（北宋）

凡物皆有可观，苟有可观皆有可乐，非必怪奇玮丽者也。铺（bū吃）糟（zāo）啜（chuò喝）醨（lí）皆可以醉，果蔬草木皆可以饱。推此类也，吾安往而不乐？

夫所为求福而辞祸者，以福可喜而祸可悲也。人之所欲无穷，而物之可以足吾欲者有尽。美恶之辨战乎中，而去取之择交乎前，则可乐者常少，而可悲者常多，是谓求祸而辞福。夫求祸而辞福，岂人之情也哉？物有以[可以用来]盖[蒙蔽]之矣。彼游于物之内，而不游于物之外。物非有大小也，自其内而观之，未有不高且大者也。彼挟其高大以临我，则我常眩乱反复，如隙中之观斗，又乌[哪里]知胜负之所在？是以美恶横生，而忧乐出焉，可不大哀乎！

余自钱塘移守胶西，释舟楫之安，而服车马之劳；去雕墙之美，而蔽采椽（chuán）之居；背湖山之观，而行桑麻之野。始至之日，岁[年收成]比[连续]不登[丰收]，盗贼满野，狱讼充斥；而斋厨索然，日食杞菊，人固疑余之不乐也。处之期（jī）年，而貌加丰，发之白者，日以反黑。余既乐其风俗之淳，而其吏民亦安予之拙也，于是治其园圃，洁其庭宇，伐安丘、高密之木，以修补破败，为苟完[大致完备]之计。而园之北，因城以为台者旧矣，稍葺（qì）而新之。时相与登览，放意肆志焉。南望马耳、常山，出没隐见，若近若远，庶几[或许]有隐君子乎！而其东则庐山，秦人卢敖之所从遁也。西望穆陵，隐然如城郭，师尚父，齐威公之遗烈，犹有存者。北俯潍（wéi）水，慨然太息，思淮阴之功，而吊其不终。台高而安，深而明，夏凉而冬温。雨雪之朝，风月之夕，余未尝不在，客未尝不从。撷（xié采摘）园蔬，取池鱼，酿秫（shú）酒，瀹（yuè）脱粟而食之，曰："乐哉游乎！"

方是时，余弟子由适在济南，闻而赋之，且名其台曰“超然”，以见余之无所往而不乐者，盖[大概]游于物之外也。

石钟山记 苏轼（北宋）

《水经》云：“彭蠡（lí）之口有石钟山焉。”郦元以为下临深潭，微风鼓浪，水石相搏，声如洪钟。是说也，人常疑之。今以钟磬置水中，虽大风浪不能鸣也，而况石乎！至唐李渤始访其遗踪，得双石于潭上，扣而聆之，南声函胡[含糊]，北音清越，桴止响腾，余韵徐歇。自以为得之矣。然是说也，余尤[更加]疑之。石之铿然有声者，所在皆是也，而此独以钟名，何哉？

元丰七年六月丁丑，余自齐安舟行适[往]临汝，而长子迈将赴饶之德兴尉，送之至湖口，因得观所谓石钟者。寺僧使小童持斧，于乱石间择其一二扣之，硿（kōng）硿焉。余固笑而不信也。至莫[暮]夜月明，独与迈乘小舟，至绝壁下。大石侧立千尺，如猛兽奇鬼，森然欲搏人；而山上栖鹘（hú），闻人声亦惊起，磔（zhé）磔云霄间；又有若老人咳且笑于山谷中者，或曰此鹳鹤也。余方心动欲还，而大声发于水上，噌（cēng）吰（hóng）如钟鼓不绝。舟人大恐。徐而察之，则山下皆石穴罅（xià裂缝），不知其浅深，微波入焉，涵淡澎湃而为此也。舟回至两山间，将入港口，有大石当中流，可坐百人，空中而多窍，与风水相吞吐，有窾坎镗（táng）鞳（tà）之声，与向之噌吰者相应，如乐作焉。因笑谓迈曰：“汝识之乎？噌吰者，周景王之无射（yì）也；窾坎镗鞳者，魏庄子之歌钟也。古之人不余欺也！”

事不目见耳闻，而臆断其有无，可乎？郦元之所见闻，殆[大概]与余同，而言之不详；士大夫终不肯以小舟夜泊绝壁之下，故莫能知；而渔工水师虽知而不能言。此世所以不传也。而陋者乃以斧斤考击而求之，自以为得其实。余是以记之，盖叹郦元之简，而笑李渤之陋也。

日喻 苏轼（北宋）

生而眇（miǎo）者[瞎子]不识日，问之有目者。或告之曰：“日之状如铜盘。”扣盘而得其声，他日闻钟，以为日也。或告之曰：“日之光如烛。”扪（mén）烛而得其形，他日揣籥（yuè笛类乐器），以为日也。日之与钟、籥（yuè）亦远矣，而眇者不知其异，以其未尝见而求之人也。

道之难见也甚于日，而人之未达也，无以异于眇。达者告之，虽有巧譬（pì）善导，亦无以过于盘与烛也。自盘而之钟，自烛而之籥，转而相之，岂有既乎？故世之言道者，或即其所见而名之，或莫之见而意之，皆求道之过也。

然则道卒不可求欤（yú）？苏子曰：“道可致而不可求。”何谓致？孙武曰：“善战者致人，不致于人。”子夏曰：“百工居肆，以成其事，君子学以致其道。”莫之求而自至，斯以为致也欤？

南方多没人[能潜入深水的人]，日与水居也，七岁而能涉，十岁而能浮，十五而能浮没矣。夫没者岂苟然哉？必将有得于水之道者。日与水居，则十五而得其道；生不识水，则虽壮，见舟而畏之。故北方之勇者，问于没人，而求其所以浮没矣，以其言试之河，未有不溺者也。故凡不学而务求道，皆北方之学没者也。

昔者以声律取士，士杂学而不志于道；今者以经术取士，士求道而不务学。渤海吴君彦律，有志于学者也，方求举于礼部，作《日喻》以告之。

方山子传　苏轼（北宋）

方山子，光、黄间隐人也。少时慕朱家、郭解为人，闾（lǘ）里之侠皆宗[尊奉]之。稍壮，折节[改变志向]读书，欲以此驰骋当世[驰名当代]，然终不遇。晚乃遁[隐居]于光、黄间，曰岐亭。庵居蔬食，不与世相闻。弃车马，毁冠服，徒步往来山中，人莫识也。见其所著帽，方屋[帽顶]而高，曰：“此岂古方山冠之遗象乎？”因谓之方山子。

余谪居于黄，过岐亭，适见焉。曰：“呜呼！此吾故人陈慥（zào）季常也。何为而在此？”方山子亦矍（jué）然，问余所以至此者，余告之故。俯而不答，仰而笑，呼余宿其家。环堵萧然，而妻子奴婢皆有自得之意；余既耸然异之。

独念方山子少时使酒[酗酒任性]好剑，用财如粪土。前十有九年，余在岐下，见方山子从两骑，挟二矢，游西山。鹊起于前，使骑逐而射之，不获。方山子怒马独出，一发得之。因与余马上论用兵及古今成败，自谓一世豪士。今几日耳，精悍之色，犹见于眉间，而岂山中之人哉？

然方山子世有勋阀，当得官，使从事于其间，今已显[显达]闻[闻名]。而其家在洛阳，园宅壮丽，与公侯等[等同]；河北有田，岁得帛千匹，亦足以富乐。皆弃不取，独来穷山中，此岂无得而然哉？

余闻光、黄间多异人，往往阳[佯]狂垢污，不可得而见，方山子傥[或许]见之与？

黄州快哉亭记　苏辙（北宋）

江[长江]出西陵，始得平地。其流奔放肆大，南合湘、沅（yuán），北合汉、沔（miǎn），其势益张。至于赤壁之下，波流浸灌，与海相若。清河张君梦得，谪居齐安，即[就着]其庐之西南为亭，以览观江流之胜，而余兄子瞻名之曰 “快哉”。

盖亭之所见，南北百里，东西一舍（shè三十里）。涛澜汹涌，风云开阖。昼则舟楫出没于其前，夜则鱼龙悲啸于其下，变化倏（shū）忽，动心骇目，不可久视。今乃得玩之几[茶几]席之上，举目而足。西望武昌诸山，冈陵起伏，草木行列，烟消日出，渔夫樵父之舍皆可指[用手指]数。此其所以为“快哉”者也。至于长洲之滨，故城之墟，曹孟德、 孙仲谋之所睥（bì）睨（nì），周瑜、陆逊之所骋骛，其流风遗迹，亦足以称快世俗。

昔楚襄王从宋玉、景差于兰台之宫，有风飒然至者，王披[敞开]襟当之，曰：“快哉，此风！寡人所与庶人[百姓]共者耶？”宋玉曰：“此独大王之雄风耳，庶人安得共之！”玉之言，盖有讽[讽喻]焉。夫风无雌雄之异，而人有遇[遇时]、不遇之变。楚王之所以为乐，与庶人之所以为忧，此则人之变也，而风何与（yù）焉？士生于世，使[假使]其中[心中]不自得，将何往而非病？使其中坦然，不以物伤性，将何适[往]而非快？

今张君不以谪为患，窃会计之余功，而自放山水之间，此其中宜有以过人者。将蓬户瓮牖（yǒu）无所不快，而况乎濯（zhuó）长江之清流，揖西山之白云，穷耳目之胜以自适[自求安适]也哉！不然，连山绝壑，长林古木，振之以清风，照之以明月，此皆骚人思士之所以悲伤憔悴而不能胜[承受]者，乌[哪里]睹其为快也哉！

元丰六年十一月朔日，赵郡苏辙记。

金石录后序　李清照（北宋）

余建中辛巳（sì），始归[嫁]赵氏。时先君[过世的父亲]作礼部员外郎，丞相[赵明诚父]时作吏部侍郎。侯年二十一，在太学[最高学府]作学生。赵、李族寒，素贫俭。每朔[初一]望[十五]谒告出，质[典当]衣，取半千钱，步入相国寺，市[买]碑文果实归，相对展玩咀嚼，自谓葛天氏之民也。

后二年，出仕宦，便有饭蔬衣练[粗帛]，穷[走遍]遐[远]方绝[荒僻]域，尽天下古文奇字之志。日就月将，渐益堆积。丞相居政府，亲旧或在馆阁，多有亡诗、逸史，鲁壁、汲冢所未见之书，遂尽力传写，浸[渐渐]觉有味，不能自已。后或见古今名人书画，一代奇器，亦复脱衣市易。尝记崇宁间，有人持徐熙《牡丹图》，求钱二十万。当时虽贵家子弟，求二十万钱，岂易得耶。留信宿[两夜]，计无所出而还之。夫妇相向惋怅者数日。

后屏[退职]居乡里十年，仰取俯拾，衣食有余。连守两郡，竭其俸入，以事铅椠（qiàn）[校勘刻写]。每获一书，即同共勘校，整集签题。得书、画、彝、鼎，亦摩玩舒卷，指摘疵病，夜尽一烛为率[限度]。故能纸札精致，字画完整，冠诸收书家。余性偶强记，每饭罢，坐归来堂烹茶，指堆积书史，言某事在某书、某卷、第几叶[页]、第几行，以中否角[较量]胜负，为饮茶先后。中即举杯大笑，至茶倾覆怀中，反不得饮而起。甘心老是乡矣！故虽处忧患困穷，而志不屈。收书既成，归来堂起书库，大橱簿甲乙，置书册。如要讲读，即请[取]钥上簿[登记]，关出[检出]卷帙。或少损污，必惩责揩完涂改，不复向时之坦夷[随意]也。是欲求适意，而反取憀（liáo悲）慄。余性不耐[无能]，始谋食去重肉，衣去重采，首无明珠、翠羽之饰，室无涂金、刺绣之具。遇书史百家，字不刓（wán）缺，本不讹谬者，辄市之，储作副本。自来家传《周易》《左氏传》，故两家者流，文字最备。于是几案罗列，枕席枕藉，意会心谋，目往神授，乐在声色狗马之上。

至靖康丙午岁，侯守淄川，闻金寇犯京师，四顾茫然，盈箱溢箧[小箱子]，且恋恋，且怅怅，知其必不为己物矣。建炎丁未春三月，奔太夫人[赵明诚之母]丧南来。既长物不能尽载，乃先去书之重大印本者，又去画之多幅者，又去古器之无款识者，后又去书之监本者，画之平常者，器之重大者。凡屡减去，尚载书十五车。至东海，连舻渡淮，又渡江，至建康。青州故第，尚锁书册什物，用屋十余间，冀望来春再备船载之。十二月，金人陷青州，凡所谓十余屋者，已皆为煨（wēi）烬矣。

陆游家训　陆游（南宋）

后生[年轻人]才锐[才思敏捷]者，最易坏。若有之，父兄当以为忧，不可以为喜也。切须常加简束[约束]，令熟读经学，训之以宽厚恭谨，勿令与浮薄者游处[来往]。自此十许年，志趣自成。不然，其可虑之事，盖非一端。吾此言，后生之药石[良药]也，各须谨之，毋贻后悔。

百丈山记　朱熹（南宋）

登百丈山三里许，右俯绝壑，左控[临]垂崖；叠石为磴（dèng），十余级乃得度，山之胜盖自此始。

循磴而东，即得小涧，石梁跨于其上，皆苍藤古木，虽盛夏亭午[正午]无暑气。水皆清澈，自高淙下，其声溅溅然。度石梁，循两崖曲折而上，得山门。小屋三间，不能容十许人。然前瞰（kàn）涧水，后临石池，风来两峡间，终日不绝。门内跨池，又为石梁，度而北，蹑石梯数级入庵[尼姑的寺庙]。庵才[仅仅]老屋数间，卑庳（bēi）[低矮]迫隘，无足观。独其西阁为胜。水自西谷中循石罅（xià裂缝）奔射出阁下，南与东谷水并注池中。自池而出，乃为前所谓小涧者。阁据其上流，当水石峻激相搏处，最为可玩。乃壁其后无所睹。独夜卧其上，则枕席之下，终夕潺潺，久而益悲，为可爱耳。

出山门而东十许步，得石台。下临峭岸，深昧险绝。于林薄间东南望，见瀑布自前岩穴瀵（fèn）涌而出，投空下数十尺。其沫乃如散珠喷雾，日光烛[照]之，璀璨夺目，不可正视。台当山西南缺，前揖（yī）芦山，一峰独秀出；而数百里间峰峦高下，亦历历在眼。日薄[迫近]西山，余光横照，紫翠重叠，不可殚数。旦起下视，白云满川[平野]，如海波起伏；而远近诸山出其中者，皆若飞浮往来，或涌或没，顷刻万变。台东径断，乡人凿石容磴以度，而作神祠于其东，水旱祷焉。畏险者或不敢度。然山之可观者，至是则亦穷矣。

余与刘充父、平父、吕叔敬、表弟徐周宾游之，既皆赋诗，以纪[记]其胜，余又叙次[次序]其详如此。而最其可观者：石磴、小涧、山门、石台、西阁、瀑布也。因各别为小诗以识其处，呈同游诸君，又以告夫欲往而未能者。年月日记。

指南录后序　文天祥（南宋）

德祐二年二月十九日，予除[任职]右丞相兼枢密使，都督诸路军马。时北兵[元兵]已迫[逼近]修门[城门]外，战、守、迁皆不及施。缙绅、大夫、士萃[聚]于左丞相府，莫知计所出。会[适逢]使[使者]辙[车辆]交驰，北邀当国者相见，众谓予一行为可以纾（shū解除）祸。国事至此，予不得爱身；意[料想]北亦尚可以口舌动也。初，奉使往来，无留北者，予更欲一觇（chān侦察）北，归而求救国之策。于是辞相印不拜[就任]，翌日，以资政殿学士行。

初至北营，抗辞慷慨，上下颇惊动，北亦未敢遽轻吾国。不幸吕师孟构恶于前，贾余庆献谄于后，予羁縻（mí）不得还，国事遂不可收拾。予自度不得脱，则直前诟[责骂]虏帅失信，数（shǔ谴责）吕师孟叔侄为逆，但欲求死，不复顾利害。北虽貌敬，实则愤怒，二贵酋（qiú）名曰“馆伴”，夜则以兵围所寓舍，而予不得归矣。未几，贾余庆等以祈请使诣北。北驱予并往，而不在使者之目。予分当引决[自杀]，然而隐忍以行。昔人云：“将以有为也。”

至京口，得间奔真州，即具以北虚实告东西二阃（kǔn），约以连兵大举。中兴机会，庶几在此。留二日，维扬[扬州]帅下逐客之令。不得已，变姓名，诡踪迹，草行露宿，日与北骑相出没于长淮间。穷饿无聊，追购又急，天高地迥，号呼靡及。已而得舟，避渚洲，出北海，然后渡扬子江，入苏州洋，展转四明、天台，以至于永嘉。

呜呼！予之及于死者，不知其几矣！诋[辱骂]大酋当死；骂逆贼当死；与贵酋处二十日，争曲直，屡当死；去京口，挟匕首以备不测，几自刭死；经北舰十余里，为巡船所物色，几从鱼腹死；真州逐之城门外，几彷徨死；如扬州，过瓜洲扬子桥，竟使遇哨，无不死；扬州城下，进退不由，殆[几乎]例送死；坐桂公塘土围中，骑数千过其门，几落贼手死；贾家庄几为巡徼（jiào巡查）所陵迫死；夜趋高邮，迷失道，几陷死；质明[黎明]，避哨竹林中，逻者数十骑，几无所逃死；至高邮，制府檄下，几以捕系死；行城子河，出入乱尸中，舟与哨相后先，几邂逅死；至海陵，如高沙，常恐无辜死；道海安、如皋，凡三百里，北与寇往来其间，无日而非可死；至通州，几以不纳死；以小舟涉鲸波出，无可奈何，而死固付之度外矣。呜呼！死生，昼夜事也。死而死矣，而境界危恶，层见错出，非人世所堪。痛定思痛，痛何如哉！

予在患难中，间以诗记所遭，今存其本不忍废。道中手自抄录。使北营，留北关外，为一卷；发北关外，历吴门、毗陵，渡瓜洲，复还京口，为一卷；脱京口，趋真州、扬州、高邮、泰州、通州，为一卷；自海道至永嘉、来三山，为一卷。将藏之于家，使来者读之，悲予志焉。

呜呼！予之生也幸，而幸生也何为？所求乎为臣，主辱，臣死有余僇（lù侮辱）；所求乎为子，以父母之遗[留给]体[身体]行殆[险]，而死有余责。将请罪于君，君不许；请罪于母，母不许；请罪于先人之墓，生无以救国难，死犹为厉鬼以击贼，义也；赖天之灵，宗庙之福，修我戈矛，从王于师，以为前驱，雪九庙之耻，复高祖之业，所谓誓不与贼俱生，所谓鞠躬尽力，死而后已，亦义也。嗟夫！若予者，将无往而不得死所矣。向[以前]也使予委骨于草莽，予虽浩然无所愧怍，然微以[无以]自文[自我表白]于君亲，君亲其谓予何！诚不自意返吾衣冠[衣冠之乡]，重见日月[皇帝和皇后]，使旦夕得正丘首，复何憾哉！复何憾哉！

是年夏五，改元景炎，庐陵文天祥自序其诗，名曰《指南录》。

长亭送别（《西厢记》节选） 王实甫（元）

【正宫】【端正好】碧云天，黄花地，西风紧，北雁南飞。晓来谁染霜林醉？总是离人泪。

【滚绣球】恨相见得迟，怨归去得疾。柳丝长玉骢（cōng）难系（jì），恨不倩（qiàn央求）疏林挂住斜晖。马儿迍（tún）迍的行，车儿快快的随，却告了相思回避，破题儿又早别离。听得道一声去也，松了金钏；遥望见十里长亭，减了玉肌：此恨谁知？

【耍孩儿】淋漓襟袖啼红泪，比司马青衫更湿。伯劳东去燕西飞，未登程先问归期。虽然眼底人千里，且尽生前酒一杯。未饮心先醉，眼中流血，心内成灰。

【四煞】这忧愁诉与谁？相思只自知，老天不管人憔悴。泪添九曲黄河溢，恨压三峰华岳低。到晚来闷把西楼倚，见了些夕阳古道，衰柳长堤。

【一煞】青山隔远行，疏林不做美，淡烟暮霭相遮蔽。夕阳古道无人语，禾黍秋风听马嘶。我为甚么懒上车儿内，来时甚急，去后何迟？

【尾煞】四围山色中，一鞭残照里。遍人间烦恼填胸臆，量这些大小车儿如何载得起？

李白传　辛文房（元）

白，字太白，山[崤山]东人。母梦长庚星而诞，因以命之。十岁通《五经》，自梦笔头生花，后天才赡逸，名闻天下。喜纵横[纵横之术]，击剑为任侠，轻财好施。更[又]客[客居]任城，与孔巢父、韩准、裴政、张叔明、陶沔居徂徕山中，日沉饮，号“竹溪六逸”。

天宝初，自蜀至长安，道未振，以所业[所作的诗歌]投贺知章，读至《蜀道难》，叹曰：“子谪[贬谪]仙人也。”乃解金龟换酒，终日相乐。遂荐于玄宗。召见金銮殿，论时事。因奏颂一篇。帝喜，赐食，亲为调羹，诏供奉翰林。尝大醉上前，草诏，使高力士脱靴。力士耻之，摘其《清平调》中飞燕事，以激怒贵妃。帝每欲与[授]官，妃辄沮[阻止]之。白益傲放，与贺知章、李适之、汝阳王琎、崔宗之、苏晋、张旭、焦遂为“饮酒八仙人”。恳求还山。赐黄金，诏放归。

白浮游四方，欲登华山，乘醉跨驴经县治，宰不知，怒，引至庭下曰：“汝何人，敢无礼！”白供状不书姓名，曰：“曾令龙巾拭吐，御手调羹，贵妃捧砚，力士脱靴。天子门前，尚容走马；华阴县里，不得骑驴？”宰惊愧，拜谢曰：“不知翰林至此。”白长笑而去。尝乘舟，与崔宗之自采石[采石矶]至金陵，著[穿]宫锦袍坐，傍若无人。禄山反，明皇在蜀，永王璘节度东南，白时卧庐山，辟[聘]为僚佐。璘起兵反，白逃还彭泽。璘败，累[受牵连]系浔阳狱。初[当初]，白游并州，见郭子仪，奇之，曾救其[郭子仪]死罪。至是，郭子仪请官以赎，诏长流[流放]夜郎。

白晚节好黄、老，度牛渚矶，乘酒捉月，遂沉水中。初，悦谢家青山，今墓在焉。有文集二十卷，行世。

或云：白，凉武昭王暠（hào）九世孙也。

工之侨献琴　刘基（明）

工之侨得良桐焉，斫而为琴，弦而鼓之，金声而玉应。自以为天下之美也，献之太常[太常寺]。使国工视之，曰："弗古。"还之。

工之侨以归，谋诸漆工，作断纹焉；又谋诸篆工，作古窾（kuǎn款）焉。匣而埋诸[之于]土，期（jī）年出之，抱以适市。贵人过而见之，易之以百金，献诸朝[朝廷]。乐官传视，皆曰："稀世之珍也。"

工之侨闻之，叹曰："悲哉世也！岂独一琴哉？莫不然矣！而不早图[打算]之，其与亡矣。"遂去，入于宕（dàng）之山，不知其所终。

虎丘记　袁宏道（明）

虎丘去城可六七里，其山无高岩邃壑，独以近城，故箫鼓楼船，无日无之。凡月之夜，花之晨，雪之夕，游人往来，纷错如织，而中秋为尤胜。

每至是日，倾城阖（hé）户，连臂而至。衣冠士女，下迨（dài至）蔀（bù草席）屋，莫不靓妆丽服，重茵累席，置酒交衢（qú）间，从千人石上至山门，栉比如鳞。檀板丘积，樽罍（léi）云泻，远而望之，如雁落平沙，霞铺江上，雷辊（gǔn）电霍，无得而状。布席之初，唱者千百，声若聚蚊，不可辨识。分曹部署，竞以歌喉相斗；雅俗既陈，妍（yán美）媸（chī丑）自别。未几而摇头顿足者，得数十人而已。已而明月浮空，石光如练，一切瓦釜[粗俗的歌声]，寂然停声，属（zhǔ）而和（hè）者，才三四辈。一箫，一寸管，一人缓板而歌，竹[箫管]肉[歌喉]相发，清声亮彻，听者魂销。比至夜深，月影横斜，荇藻凌乱，则箫板亦不复用，一夫登场，四座屏息，音若细发，响彻云际，每度一字，几尽一刻，飞鸟为之徘徊，壮士听而下泪矣。

剑泉深不可测，飞岩如削。千顷云（山名）得天池诸山作案[几案]，峦壑竞秀，最可觞客。但过午则日光射人，不堪久坐耳。文昌阁亦佳，晚树尤可观。面北为平远堂旧址，空旷无际，仅虞山一点在望。堂废已久，余与江进之谋所以复之，欲祠韦苏州、白乐天诸公于其中；而病寻作，余既乞归，恐进之之兴亦阑[减淡]矣。山川兴废，信有时哉！

吏吴两载，登虎丘者六。最后与江进之、方子公同登，迟月生公石上，歌者闻令来，皆避匿去，余因谓进之曰："甚矣，乌纱[官吏]之横[横暴]，皂隶[差役]之俗[庸俗]哉！他日去官，有不听曲此石上者，如月！"今余幸得解官称吴客矣。虎丘之月，不知尚识余言否耶？

徐文长传　袁宏道（明）

余少时过里肆[店铺]中，见北杂剧有《四声猿》，意气豪达，与近时书生所演[编写]传奇绝异，题曰"天池生"，疑为元人作。后适[到]越，见人家单幅上有署"田水月"者，强心铁骨，与夫一种磊块不平之气，字画之中，宛宛可见。意甚骇之，而不知田水月为何人。

一夕，坐陶编修楼，随意抽架上书，得《阙编》诗一帙。恶楮[差纸]毛书，烟煤败黑，微有字形。稍就灯间读之，读未数首，不觉惊跃，忽呼石篑："《阙编》何人作者？今耶？古耶？"石篑曰："此余乡先辈徐天池先生书也。先生名渭，字文长，嘉、隆间人，前五六年方卒。今卷轴题额上有田水月者，即其人也。"余始悟前后所疑，皆即文长一人。又当诗道荒秽之时，获此奇秘，如魇[梦]得醒。两人跃起，灯影下，读复叫，叫复读，僮仆睡者皆惊起。

余自是或向人，或作书[写信]，皆首称文长先生。有来看余者，即出诗与之读。一时名公巨匠，浸浸[渐渐]知向[向往]慕[仰慕]云。

文长为山阴秀才，大试辄不利，豪荡不羁。总督胡梅林公知之，聘为幕客。文长与胡公约："若欲客某者，当具宾礼，非时辄得出入。"胡公皆许之。文长乃葛衣乌巾，长揖就坐，纵谈天下事，旁若无人。胡公大喜。是时公督[统率]数边兵，威振东南，介胄[披甲戴盔]之士，膝[跪着]语[说话]蛇行，不敢举头。而文长以部下一诸生傲之，信心而行，恣臆谈谑[开玩笑]，了无忌惮。会[正逢]得白鹿，属文长代作表。表上，永陵[嘉靖皇帝]喜甚。公以是益重之，一切疏记，皆出其手。

文长自负才略，好奇计，谈兵多中。凡公所以饵[诱降]汪、徐诸虏者，皆密相议，然后行。尝饮一酒楼，有数健儿亦饮其下，不肯留钱。文长密以数字驰公，公立命缚健儿至麾下，皆斩之，一军[全军]股[大腿]栗。有沙门[和尚]负资而秽，酒间偶言于公，公后以他事杖杀之。其信任多此类。

胡公既怜[爱]文长之才，哀其数困[屡试不中]，时方省试，凡入帘者[考官]，公密属[嘱托]曰："徐子，天下才，若在本房，幸勿脱失。"皆曰："如命。"一知县以他羁后至，至期方谒[拜见]公，偶忘属，卷适[正好]在其房，遂不偶[遇]。

文长既已不得志于有司[官员]，遂乃放浪曲蘖（niè）[酒]，恣情山水，走齐、鲁、燕、赵之地，穷览朔[北方]漠。其所见山奔海立，沙起云行，风鸣树偃，幽谷大都，人物鱼鸟，一切可惊可愕之状，一一皆达之于诗。其胸中又有一段不可磨灭之气，英雄失路、托足无门之悲，故其为诗，如嗔[生气]如笑，如水鸣峡，如种出土，如寡妇之夜哭，羁人[旅客]之寒起。当其放意，平畴千里，偶尔幽峭，鬼语秋坟。文长眼空千古，独立一时，当时所谓达官贵人、骚士墨客，文长皆叱而奴之，耻不与交，故其名不出于越。悲夫！

一日，饮其乡大夫家。乡大夫指筵上一小物求赋，阴[暗]令童仆续纸丈余进，欲以苦之。文长援笔立成，竟满其纸，气韵遒逸，物无遁情，一座大惊。

文长喜作书，笔意奔放如其诗，苍劲中姿媚跃出。余不能书，而谬谓文长书决当在王雅宜、文征仲之上。不论书法，而论书神：先生者，诚八法之散圣，字林之侠客也。间[有时]以其余旁溢为花草竹石，皆超逸有致。

卒[最终]以[因]疑[猜忌]杀其继室[续妻]，下狱论死。张阳和力解，乃得出。既出，倔强如初。晚年愤益深，佯狂益甚。显者至门，皆拒不纳。当道官至，求一字不可得。时携钱至酒肆，呼下隶与饮。或自持斧击破其头，血流被面，头骨皆折，揉之有声。或以利锥锥其两耳，深入寸余，竟不得死。

石篑言：晚岁，诗文益奇，无刻本，集藏于家。余所见者，《徐文长集》《阙编》二种而已。然文长竟以不得志于时，抱愤而卒[死]。

石公[作者]曰：先生数奇（jī）不已，遂为狂疾；狂疾不已，遂为囹（líng）圄（yǔ）。古今文人，牢骚困苦，未有若先生者也。虽然，胡公间世豪杰，永陵英主，幕中礼数异等，是胡公知有先生矣；表上，人主悦，是人主知有先生矣。独身未贵[显贵]耳。先生诗文崛起，一扫近代芜秽之习，百世而下，自有定论，胡为不遇哉！

梅客生尝寄余书曰："文长，吾老友，病[怪病]奇于人，人奇于诗，诗奇于字，字奇于文，文奇于画。"余谓：文长，无之而不奇者也。无之而不奇，斯无之而不奇也哉！悲夫！

《游唤》序 王思任（明）

天地定位，山泽通气，事毕矣。而又必生人，以充塞往来其间，则人也者，大天、大地、大山、大水之所托以恒不朽者也。人有两目，不第[仅，但，只]谓其昼视日，夜视月也；又赋之两足，亦不第欲其走街衢（qú）田陌，上长安道已也。瓦一压，而人之识低；城一规，而人之魄狭。天之下，三山六水，土处一焉。一土之中，蠕（rú）蠕攘（rǎng）动，以尽其疆场，是恶（wū）能破蜂之房，而出蚁之穴耶？

台荡诸山，乃吾乡几案间物。今年始得看尽。归以语人，疑信相半，彼其眼足在胸中自立一隔扇耳。司马子长[司马迁]聪明绝世，犹曰无昆仑；刘梦得[刘禹锡]初见太华，以为奇尽，后识九子[九华山]，而悔其言之失。贤者如此，是安可以责蠕蠕攘动之百姓乎？

夫天地之精华，未生贤者，先生山水。故其造名山大川也，英思巧韵，不知费几炉冶，而但为野仙山鬼、蛟龙虎豹之所啸据。或不平而争之，非樵（qiáo）牧，则缁（zī僧人）黄[道士]耳。而所谓贤者，方如儿女守闺阈（yù），不敢空阔一步，是蜂蚁也，尚不若鱼鸟，不几于负天地之生，而羞山川之好耶？

病老将至，炳烛犹迟。郄（qiè）诜（shēn）言，山行一度，洗尽五年尘土肠胃。吾欲七千由旬中贤者共识其大，无被尘土竟埋其眼足也。作《游唤》。

士商十要 憺（dàn）漪（yī）子（明）

凡出门，先告路引为凭，关津不敢阻滞；投抄不可隐漏，诸人难以挟（xié）制。系守法，一也。

凡行船，宜早湾泊口岸，切不可图快行夜；陆路宜早投宿，睡卧勿脱内衣，为防备不测，二也。

凡店房门窗，常宜随手关锁，不得出入无忌；铺设切勿华丽，诚恐人动耳目。此为谨慎小心，三也。

凡在外，秦楼楚馆之处，不可私自潜行；适与酌杯，不可夜饮无度。此为少年老成，四也。

凡待人，必须和颜悦色，不得暴躁骄奢。高年务宜尊敬，幼辈不可欺凌。此为忠良厚善，五也。

凡收账，全要腿勤口紧，不可蹉（cuō）跎（tuó）怠惰。收支随手入账，不致失记错吪（é）。此为勤慎细心，六也。

凡与人交接，便宜察言观色，必要避恶向善。处世最宜斟酌，切勿欺软畏强。此为刚柔相济，七也。

凡议事，必须公众商议，不可一意为主。买卖见景生情，不得胶柱鼓瑟。此为活动乖巧，八也。

凡工席，务宜谦恭逊让，不得酒后喧哗。出言要观前顾后，切勿胡言乱谈。此为笃实至诚，九也。

见人博变赌戏，宜远不宜近。遇人挟妓作乐，切勿沾染作耍。此为至诚君子，十也。

《朱子家训》精选　朱用纯（明）

黎明即起，洒扫庭除，要内外整洁；既昏便息，关锁门户，必亲自检点。一粥一饭，当思来处不易；半丝半缕，恒念物力维艰。宜未雨而绸（chóu）缪（móu），毋临渴而掘井。自奉必须俭约，宴客切勿流连。器具质而洁，瓦缶（fǒu）胜金玉；饮食约而精，园蔬愈珍馐。勿营华屋，勿谋良田。

祖宗虽远，祭祀不可不诚；子孙虽愚，经书不可不读。居身务期质朴，教子要有义方。勿贪意外之财，勿饮过量之酒。与肩挑贸易，毋占便宜；见穷苦亲邻，须加温恤（xù同情救济）。刻薄成家，理无久享；伦常乖舛（chuǎn违背），立见消亡。兄弟叔侄，须分多润寡；长幼内外，宜法肃辞严。听妇言，乖[背离]骨肉，岂是丈夫；重资财，薄父母，不成人子。

见富贵而生谄容者，最可耻；遇贫穷而作骄态者，贱莫甚。居家戒争[争斗]讼[诉讼]，讼则终凶；处世戒多言，言多必失。勿恃势力而凌逼孤寡；毋贪口腹而恣杀生禽。乖僻（pì）[性格古怪]自是[自以为是]，悔误必多；颓惰自甘，家道难成。狎（xiá过分）昵（nì亲近）恶少，久必受其累；屈志老成，急则可相依。轻听发言，安知非人之谮（zèn诬蔑）诉，当忍耐三思；因事相争，焉知非我之不是，须平心暗想。

施惠无念，受恩莫忘。凡事当留余地，得意不宜再往。人有喜庆，不可生妒忌心；人有祸患，不可生喜幸心。善欲人见，不是真善；恶恐人知，便是大恶。见色而起淫心，报在妻女；匿怨而用暗箭，祸延子孙。家门和顺，虽饔（yōng早饭）飧（sūn晚饭）不济，亦有余欢；国课[国家的赋税]早完，即囊（náng）橐（tuó）[口袋]无余，自得至乐。

读书志在圣贤，非徒科第；为官心存君国，岂计身家。守分安命，顺时听天。为人若此，庶[差不多]乎近焉。

《菜根谭》精选 洪应明（明）

一念错，便觉百行皆非，防之当如渡海浮囊，勿容一针之罅（xià裂缝）漏；万善全，始得一生无愧，修之当如凌云宝树，须假众木以撑持。

立百福之基，只在一念慈祥；开万善之门，无如寸心挹（yì抑）损。

完得心上之本来，方可言了心；尽得世间之常道，才堪论出世。

从静中观物动，向闲处看人忙，才得超尘脱俗的趣味；遇忙处会偷闲，处闹中能取静，便是安身立命的工。

天地景物，如山间之空翠，水上之涟漪，潭中之云影，草际之烟光，月下之花容，风中之柳态，若有若无，半真半幻，最足以悦人心目而豁人性灵，真天地间一妙境也。

黄鸟情多，常向梦中呼醉客；白云意懒，偏来僻处媚幽人。

满室清风满几月，坐中物物见天心；一溪流水一山云，行处时时观妙道。

心地上无风涛，随在皆青山绿树；性天中有化育，触处都鱼跃鸢飞。

宠辱不惊，闲看庭前花开花落；去留无意，漫随天外云卷云舒。

交友须带三分侠气 做人要存一点素心。

放得功名富贵之心下，便可脱凡；放得道德仁义之心下，才可入圣。

心不可不虚，虚则义理来居；心不可不实，实则物欲不入。

千金难结一时之欢，一饭竟致终生之感。

觉人之诈，不形于言；受人之侮，不动于色。

忙里要偷闲，须先向闲时讨个把柄；闹中要取静，须先从静里立个根基。

为善不见其益，如草里冬瓜，自能暗长；为恶不见其损，如庭前春雪，势必潜消。

忙处不乱性，须闲处心神养得清；死时不动心，须生时事情看得破。

一字不识而有诗意者，得诗家之真趣；一偈不参而有禅味者，悟禅教玄机。

忙处事为，常向闲中先检点，过举自稀；动时念想，预从静里密操持，非心自息。

纷扰固溺志之场，而枯寂亦槁心之地。故学者当栖心元默，以宁吾真体；亦当适志恬愉，以养吾圆机。

无事便思有闲杂念想否，有事便思有粗浮意气否。得意便思有骄矜辞色否，失意便思有怨望情怀否。时时检点，到得从多入少、从有入无处，才是学问的真消息。

人生祸区福境，皆念想造成。故释氏云：刊欲炽然，即是火坑。贪爱沉溺，便为苦海。一念清净，烈焰成池。一念惊觉，航登彼岸。念头稍异，境界顿殊。可不慎哉！绳锯材断，水滴石穿，学道者须要努索；水到渠成，瓜熟蒂落，得道者一任天机。

天地中万物，人伦中万情，世界中万事，以俗眼观，纷纷各异，以道眼观，种种是常，何须分别，何须取舍！

缠脱只在自心，心了则屠肆糟糠居然净土。不然纵一琴一鹤、一花一竹，嗜好虽清，魔障终在。语云："能休尘境为真境，未了僧家是俗家。"

以我转物者得，固不喜失亦不忧，大地尽属逍遥；以物役我者逆，固生憎顺亦生爱，一毫便生缠缚。

试思未生之前有何象貌，又思既死之后有何景色，则万念灰冷，一性寂然，自可超物外而游象先。

天地有万古，此身不再得；人生只百年，此日最易过。幸生其间者，不可不知有生之乐，亦不可不怀虚生之忧。

醲（nóng）肥辛甘非真味，真味只是淡；神奇卓异非至人，至人只是常。

土床石枕冷家风，拥衾时梦魂亦爽；麦饭豆羹淡滋味，放箸处齿颊

（jiá）犹香。

奢者富而不足，何如俭者贫能有余；能者劳而伏怨，何如拙者逸而全真？

文章做到极处，无有他奇，只是恰好；人品做到极处，无有他异，只是本然。

山市　蒲松龄（清）

奂（huàn）山山市，邑（yì）八景之一也，然数（shù）年恒不一见。孙公子禹（yǔ）年与同人饮楼上，忽见山头有孤塔耸起，高插青冥（míng），相顾惊疑，念[想]近中无此禅（chán）院。无何[不久]，见宫殿（diàn）数十所，碧瓦飞甍（méng），始悟为山市。未几，高垣（yuán）睥（pì）睨（nì）[凹凸形的矮墙]，连亘（gèn）六七里，居然城郭矣。中有楼若[像]者，堂若者，坊若者，历历在目，以亿万计。忽大风起，尘气莽（mǎng）莽然，城市依稀而已。既而风定天清，一切乌有，惟危[高]楼一座，直接霄（xiāo）汉。楼五架，窗扉（fēi）皆洞开；一行有五点明处，楼外天也。层层指数（shǔ），楼愈（yù）高，则明愈小。数（shǔ）至八层，裁[才]如星点。又其上，则黯（àn）然缥（piāo）缈（miǎo），不可计其层次矣。而楼上人往来屑（xiè）屑[忙碌]，或凭或立，不一状[形状]。逾（yú越过）时，楼渐低，可见其顶；又渐如常楼；又渐如高舍；倏（shū）忽如拳如豆，遂（suì）不可见。又闻有早行者，见山上人烟[人家]市肆（sì店铺），与世无别，故又名“鬼市”云。

促织　蒲松龄（清）

宣德间，宫中尚促织之戏，岁征民间。此物故非西产；有华阴令欲媚上官，以一头进，试使斗而才，因责常供。令以责之里正。市中游侠儿得佳者笼养之，昂其直，居为奇货。里胥猾黠，假此科敛丁口，每责一头，辄倾数家之产。

邑有成名者，操[从事]童子业，久不售[考取]。为人迂讷，遂为猾胥报充里正役，百计营谋不能脱。不终岁，薄产累尽。会征促织，成不敢敛户口，而又无所赔偿，忧闷欲死。妻曰：“死何裨益？不如自行搜觅，冀有万一之得。”成然之。早出暮归，提竹筒丝笼，于败堵丛草处，探石发穴，靡计不施，迄无济。即捕得三两头，又劣弱不中于款。宰[县令]严限追比，旬余，杖至百，两股间脓血流离，并虫亦不能行捉矣。转侧床头，惟思自尽。

时村中来一驼背巫，能以神卜。成妻具资诣问。见红女白婆，填塞门户。入其舍，则密室垂帘，帘外设香几。问者爇（ruò焚烧）香于鼎，再拜。巫从旁望空代祝，唇吻翕辟[开]，不知何词。各各竦立以听。少间，帘内掷一纸出，即道人意中事，无毫发爽。成妻纳钱案上，焚拜如前人。食顷，帘动，片纸抛落。拾视之，非字而画：中绘殿阁，类兰若；后小山下，怪石乱卧，针针丛棘，青麻头伏焉；旁一蟆，若将跃舞。展玩不可晓。然睹促织，隐中胸怀。折藏之，归以示成。

成反复自念，得无教我猎虫所耶？细瞻景状，与村东大佛阁逼似。乃强起扶杖，执图诣寺后，有古陵蔚起。循陵而走，见蹲石鳞鳞，俨然类画。遂于蒿莱中侧听徐行，似寻针芥。而心目耳力俱穷，绝无踪响。冥搜未已，一癞头蟆猝然跃去。成益愕，急逐趁之，蟆入草间。蹑迹披求，见有虫伏棘根。遽（jù）扑之，入石穴中。掭（tiàn）以尖草，不出；以筒水灌之，始出，状极俊健。逐而得之。审视，巨身修尾，青项金翅。大喜，笼归，举家庆贺，虽连城拱璧不啻（chì）也。上于盆而养之，蟹白栗黄，备极护爱，留待限期，以塞官责。

成有子九岁，窥父不在，窃发盆。虫跃掷径出，迅不可捉。及扑入手，已股落腹裂，斯须就毙。儿惧，啼告母。母闻之，面色灰死，大惊曰：“业根[祸种]，死期至矣！而翁归，自与汝复算耳！”儿涕而去。

未几，成归，闻妻言，如被冰雪。怒索儿，儿渺然不知所往。既而得其尸于井，因而化怒为悲，抢呼欲绝。夫妻向隅，茅舍无烟，相对默然，不复聊赖。日将暮，取儿稿（gǎo草席）葬。近抚之，气息惙（chuò）然。喜置榻上，半夜复苏。夫妻心稍慰，但儿神气痴木，奄奄思睡。成顾蟋蟀笼虚，则气断声吞，亦不复以儿为念，自昏达曙，目不交睫。东曦既驾，僵卧长愁。忽闻门外虫鸣，惊起觇（chān）视，虫宛然尚在。喜而捕之，一鸣辄跃去，行且速。覆之以掌，虚若无物；手裁[才]举，则又超忽而跃。急趋之，折过墙隅，迷其所在。徘徊四顾，见虫伏壁上。审谛[细察]之，短小，黑赤色，顿非前物。成以其小，劣之。惟彷徨瞻顾，寻所逐者。壁上小虫忽跃落襟袖间，视之，形若土狗，梅花翅，方首，长胫，意似良。喜而收之。将献公堂，惴惴恐不当意，思试之斗以觇之。

村中少年好事者，驯养一虫，自名“蟹壳青”，日与子弟角，无不胜。欲居之以为利，而高其直，亦无售者。径造[到]庐访成，视成所蓄，掩口胡卢而笑。因出己虫，纳比笼中。成视之，庞然修伟，自增惭怍，不敢与较。少年固强之。顾念蓄劣物终无所用，不如拚博一笑，因合纳斗盆。小虫伏不动，蠢若木鸡。少年又大笑。试以猪鬣（liè）毛撩拨虫须，仍不动。少年又笑。屡撩之，虫暴怒，直奔，遂相腾击，振奋作声。俄见小虫跃起，张尾伸须，直龁（hé咬）敌领。少年大骇，急解令休止。虫翘然矜鸣，似报主知。成大喜。方共瞻玩，一鸡瞥来，径进以啄。成骇立愕呼，幸啄不中，虫跃去尺有咫。鸡健进，逐逼之，虫已在爪下矣。成仓猝莫知所救，顿足失色。旋见鸡伸颈摆扑，临视，则虫集冠上，力叮不释。成益惊喜，掇（duō）置笼中。

翼[翌]日进宰，宰见其小，怒呵成。成述其异，宰不信。试与他虫斗，虫尽靡。又试之鸡，果如成言。乃赏成，献诸抚军。抚军大悦，以金笼进上，细疏[陈述]其能。既入宫中，举天下所贡蝴蝶、螳螂、油利挞（tà）、青丝额一切异状遍试之，莫出其右者。每闻琴瑟之声，则应节而舞。益奇之。上大嘉悦，诏赐抚臣名马衣缎。抚军不忘所自，无何，宰以卓异闻。宰悦，免成役。又嘱学使[管教育和考试的官]俾（bǐ使）入邑庠[学校]。后岁余，成子精神复旧，自言身化促织，轻捷善斗，今始苏耳。抚军亦厚赉（lài赠送）成。不数年，田百顷，楼阁万椽，牛羊蹄躈（qiào）各千计；一出门，裘马过世家焉。

异史氏曰：“天子偶用一物，未必不过此已忘；而奉行者即为定例。加以官贪吏虐，民日贴[抵押]妇卖儿，更无休止。故天子一跬（kuǐ）步，皆关民命，不可忽也。独是成氏子以蠹（dù）贫，以促织富，裘马扬扬。当其为里正，受扑责时，岂意其至此哉！天将以酬长厚者，遂使抚臣、令尹，并受促织恩荫。闻之：一人飞升，仙及鸡犬。信夫！”

哀江南（节选） 孔尚任（清）

【哀江南】【北新水令】山松野草带花挑，猛抬头秣陵[南京]重到。残军留废垒，瘦马卧空壕；村郭萧条，城对着夕阳道。

【驻马听】野火频烧，护墓长楸（qiū）多半焦。山羊群跑，守陵阿监几时逃。鸽翎蝠粪满堂抛，枯枝败叶当阶罩；谁祭扫，牧儿打碎龙碑帽。

【沈醉东风】横白玉八根柱倒，堕红泥半堵墙高。碎琉璃瓦片多，烂翡翠窗棂少。舞丹墀（chí）燕雀常朝，直入宫门一路蒿，住几个乞儿饿殍（piǎo）。

【折桂令】问秦淮旧日窗寮，破纸迎风，坏槛当潮，目断魂消。当年粉黛，何处笙箫？罢灯船端阳不闹，收酒旗重九无聊。白鸟飘飘，绿水滔滔，嫩黄花有些蝶飞，新红叶无个人瞧。

【沽美酒】你记得跨青溪半里桥，旧红板没一条。秋水长天人过少，冷清清的落照，剩一树柳弯腰。

【太平令】行到那旧院门，何用轻敲，也不怕小犬哰哰（láo）。无非是枯井颓巢，不过些砖苔砌草。手种的花条柳梢，尽意儿采樵；这黑灰是谁家厨灶？

【离亭宴带歇拍煞】俺曾见金陵玉殿莺啼晓，秦淮水榭花开早，谁知容易冰消！眼看他起朱楼，眼看他宴宾客，眼看他楼塌了！这青苔碧瓦堆，俺曾睡风流觉，将五十年兴亡看饱。那乌衣巷不姓王，莫愁湖鬼夜哭，凤凰台栖枭鸟。残山梦最真，旧境丢难掉，不信这舆图换稿！诌（zhōu）一套《哀江南》，放悲声唱到老。

《幽梦影》精选　张潮（清）

读经宜冬，其神专也；读史宜夏，其时久也；读诸子宜秋，其致别也；读诸集宜春，其机畅也。经传宜独坐读，史鉴宜与友共读。

无善无恶是圣人，善多恶少是贤者，善少恶多是庸人，有恶无善是小人，有善无恶是仙佛。

天下有一人知己，可以不恨。不独人也，物亦有之。如菊以渊明为知己，梅以和靖为知己，竹以子猷为知己，莲以濂溪为知己，桃以避秦人为知己，杏以董奉为知己，石以米颠为知己，荔枝以太真为知己，茶以卢仝、陆羽为知己，香草以灵均为知己，莼鲈以季鹰为知己，瓜以邵平为知己，鸡以宋宗为知己，鹅以右军为知己，鼓以祢衡为知己，琵琶以明妃为知己……一与之订，千秋不移。若松之于秦始，鹤之于卫懿，正所谓不可与作缘者也。

花不可以无蝶，山不可以无泉，石不可以无苔，水不可以无藻，乔木不可以无藤萝，人不可以无癖。

春听鸟声，夏听蝉声，秋听虫声，冬听雪声。白昼听棋声，月下听箫声，山中听松风声，水际听内乃声，方不虚生此耳。若恶少斥辱，悍妻诟谇（suì），真不若耳聋也。

上元须酌豪友，端午须酌丽友，七夕须酌韵友，中秋须酌淡友，重九须酌逸友。

鳞虫中金鱼，羽虫中紫燕，可云物类神仙，正如东方曼倩避世金马门，人不得而害之。入世须学东方曼倩，出世须学佛印了元。

赏花宜对佳人，醉月宜对韵人，映雪宜对高人。

对渊博友如读异书，对风雅友如读名人诗文，对谨饬（chì）友如读圣贤经传，对滑稽友如阅传奇小说。

楷书须如文人，草书须如名将。行书介乎二者之间，如羊叔子缓带轻裘，正是佳处。

人须求可入诗，物须求可入画。

少年人须有老成之识见，老成人须有少年之襟怀。

春者天之本怀，秋者天之别调。

昔人云：若无花、月、美人，不愿生此世界。予益一语云：若无翰、墨、棋、酒，不必定作人身。

愿作木而为樗（chū），愿在草而为蓍（shī），愿在鸟而为鸥，愿在兽而为鹿，愿在虫而为蝶，愿在鱼而为鲲。

古人以冬为三余。予谓当以夏为三余——晨起者，夜之余；夜坐者，昼之余；午睡者，应酬人事之余。古人诗云“我爱夏日长”，洵（xún实在）不诬也。

庄周梦为蝴蝶，庄周之幸也；蝴蝶梦为庄周，蝴蝶之不幸也。

艺花可以邀蝶，垒石可以邀云，栽松可以邀风，贮水可以邀萍，筑台可以邀月，种蕉可以邀雨，植柳可以邀蝉。

景有言之极幽，而实萧索者，烟雨也；境有言之极雅，而实难堪者，贫病也；声有言之极韵，而实粗鄙者，卖花声也。

才子而富贵，定从福慧双修得来。新月恨其易沉，缺月恨其迟上。躬耕吾所不能，学灌园而已矣；樵薪吾所不能，学刈草而已矣。

一恨书囊易蛀，二恨夏夜有蚊，三恨月台易漏，四恨菊叶多焦，五恨松多大蚁，六恨竹多落叶，七恨桂荷易谢，八恨薜萝藏虺（huǐ），九恨架花生刺，十恨河豚有毒。

楼上看山，城头看雪，灯前看花，舟中看霞，月下看美人，另是一番情景。

山之光，水之声，月之色，花之香，文人之韵致，美人之姿态，皆无可名状，无可执着。真足以摄召魂梦，颠倒情思！

假使梦能自主，虽千里无难命驾，可不羡长房之缩地；死者可以晤对，可不需少君之招魂；五岳可以卧游，可不俟婚嫁之尽毕。

以爱花之心爱美人，则领略自饶别趣；以爱美人之心爱花，则护惜倍有深情。美人之胜于花者，解语也；花之胜于美人者，生香也。二者不可得兼，舍生香而取解语者也。

少年读书如隙中窥月，中年读书如庭中望月，老年读书如台上玩月，皆以阅历之浅深，为所得之浅深耳。

吾欲致书雨师：春雨，宜始于上元节后，至清明十日前之内，及谷雨节中；夏雨，宜于每月上弦之前，及下弦之后；秋雨，宜于孟秋之上下二旬；至若三冬，正可不必雨也。

为浊富不若为清贫，以忧生不若以乐死。蝶为才子之化身，花乃美人之别号。雨之为物，能令昼短，能令夜长。

因雪想高士，因花想美人，因酒想侠客，因月想好友，因山水想得意诗文。

闻鹅声如在白门，闻橹声如在三吴，闻滩声如在浙江，闻羸马项下铃铎声，如在长安道上。

诗僧时复有之，若道士之能诗者，不啻（chì只）空谷足音，何也？当为花中之萱草，毋为鸟中之杜鹃。

女子自十四五岁至二十四五岁，此十年中，无论燕、秦、吴、越，其音大都娇媚动人。一睹其貌，则美恶判然矣。耳闻不如目见，于此益信。

寻乐境乃学仙，避苦趣乃学佛。佛家所谓极乐世界者，盖谓众苦之所不到也。

富贵而劳悴，不若安闲之贫贱；贫贱而骄傲，不若谦恭之富贵。

目不能自见，鼻不能自嗅，舌不能自舐，手不能自握，惟耳能自闻其声。目不能识字，其闷尤过于盲；手不能执管，其苦更甚于哑。并头联句，交颈论文，宫中应制，历使属国，皆极人间乐事。

《水浒传》武松诘蒋门神云："为何不姓李。"此语殊妙。盖姓实有佳有劣——如华、如柳、如云、如苏、如乔，皆极风韵；若夫毛也、赖也、焦也、牛也，则皆尘于目而棘于耳也。

花之宜于目而复宜于鼻香，梅也、菊也、兰也、水仙也、珠兰也、莲也；止宜于鼻者，橼（yuán）也、桂也、瑞香也、栀（zhī）子也、茉莉也、木香也、玫瑰也、腊梅也。余则皆宜于目者也。花与叶俱可观者，秋海棠为最，荷次之。海棠、酴醾（tú qián）、虞美人、水仙， 又次之。叶胜于花者，止雁来红、美人蕉而已。花与叶俱不足观者，紫薇也、辛夷也。

高语山林者，辄不喜谈市朝事。审若此，则当并废史汉诸书而不读矣。盖诸书所载者，皆古之市朝也。

云之为物，或崔巍如山，或潋滟如水；或如人，或如兽，或如鸟毳（cuì细毛），或如鱼鳞；故天下万物皆可画，惟云不能画，世所画云亦强名耳。

值太平世，生湖山郡，官长廉静，家道优裕，娶妇贤淑，生子聪慧，人生如此，可云全福。

养花胆瓶，其式之高低大小，须与花相称。而色之浅深浓淡，又须与花相反。

春雨如恩诏，夏雨如赦书，秋雨如挽歌。

十岁为神童，二十三十为才子，四十五十为名臣，六十为神仙，可谓全人矣。

武人不苟战，是为武中之文；文人不迂腐，是为文中之武。文人讲武事，大都纸上谈兵；武将论文章，半属道听途说。

斗方止三种可存：佳诗文一也，新题目二也，精款式三也。

情必近于痴而始真，才必兼乎趣而始化。

凡花色之娇媚者，多不甚香；瓣之千层者，多不结实。甚矣全才之难也。兼之者， 其惟莲乎。

著得一部新书，便是千秋大业；注得一部古书，允为万世弘功。延名师，训子弟；入名山，习举业；丐名士，代捉刀，三者都无是处。

积画以成字，积字以成句，积句以成篇，谓之文。文体日增，至八股而遂止。如古文、如诗、如赋、如词、如曲、如说部、如传奇小说，皆自无而有。方其未有之时，固不料后来之有此一体也。逮既有此一体之后，又若天造地设，为世所应有之物。然自明以来，未见有创一体裁新人耳目者。遥计百年之后，必有其人，惜乎不及见耳。

云映日而成霞，泉挂岩而成瀑。所托者异，而名亦因之。此友道之所以可贵也。

大家之文，吾爱之、慕之，吾愿学之；名家之文，吾爱之、慕之，吾不敢学之。学大家而不得，所谓刻鹄不成，尚类鹜也；学名家而不得，则是画虎不成，反类狗矣。

由戒得定，由定得慧，勉强渐近自然；炼精化气，炼气化神，清虚有何渣滓。

虽不善书，而笔砚不可不精；虽不业医，而验方不可不存；虽不工弈，而楸（qiū）枰（píng）不可不备。

方外不必戒酒，但须戒俗；红裙不必通文，但须得趣。

梅边之石宜古，松下之石宜拙，竹傍之石宜瘦，盆内之石宜巧。

律己宜带秋气，处世宜带春气。

松下听琴，月下听箫，涧边听瀑布，山中听梵（fàn）呗（bei），觉耳中别有不同。

月下谈禅，旨趣益远；月下说剑，肝胆益真；月下论诗，风致益幽；月下对美人，情意益笃。

有地上之山水，有画上之山水，有梦中之山水，有胸中之山水。地上者妙在丘壑深邃，画上者妙在笔墨淋漓，梦中者妙在景象变幻，胸中者妙在位置自如。

一日之计种蕉，一岁之计种竹，十年之计种柳，百年之计种松。春雨宜读书，夏雨宜弈棋，秋雨宜检藏，冬雨宜饮酒。

诗文之体，得秋气为佳；词曲之体，得春气为佳。钞写之笔墨，不必过求其佳，若施之缣（jiān）素，则不可不求其佳；诵读之书籍，不必过求其备，若以供稽考，则不可不求其备；游历之山水，不必过求其妙，若因之卜居，则不可不求其妙。

人非圣贤，安能无所不知。只知其一，惟恐不止其一，复求知其二者，上也；止知其一，因人言，始知有其二者，次也；止知其一，人言有其二而莫之信者，又其次也；止知其一，恶人言有其二者，斯下之下矣。

藏书不难，能看为难；看书不难，能读为难；读书不难，能用为难；能用不难，能记为难。

有工夫读书谓之福，有力量济人谓之福，有学问著述谓之福，无是非到耳谓之福，有多闻直谅之友谓之福。

人莫乐于闲，非无所事事之谓也。闲则能读书，闲则能游名胜，闲则能交益友，闲则能饮酒，闲则能著书。天下之乐，孰大于是。

文章是案头之山水，山水是地上之文章。

《水浒传》是一部怒书，《西游记》是一部悟书，《金瓶梅》是一部哀书。

读书最乐，若读史书，则喜少怒多，究之怒处亦乐处也。

发前人未发之论，方是奇书；言妻子难言之情，乃为密友。

左忠毅公逸事 方苞（清）

先君子[父亲]尝言，乡先辈左忠毅公视学京畿（jī），一日，风雪严寒，从数骑出微行[穿着平民衣服出行]，入古寺，庑（wǔ）下一生[书生]伏案卧，文方成草；公阅毕，即解貂覆生，为掩户。叩之寺僧，则史公可法也。及试，吏呼名至史公，公瞿[惊]然注视，呈卷，即面署第一。召入，使拜夫人，曰："吾诸儿碌碌，他日继吾志者，惟此生耳。"

及左公下厂狱[监狱]，史朝夕狱门外；逆阉[太监]防伺甚严，虽家仆不得近。久之，闻左公被炮烙，旦夕且死；持五十金，涕泣谋于禁卒，卒感焉。一日，使史更敝衣草屦，背筐，手长镵，为除不洁者，引入，微指左公处。则席地倚墙而坐，面额焦烂不可辨，左膝以下，筋骨尽脱矣。史前跪，抱公膝而呜咽。公辨其声而目不可开，乃奋臂以指拨眦[眼眶]；目光如炬，怒曰："庸奴，此何地也？而汝来前！国家之事，糜烂至此。老夫已矣，汝复轻身而昧大义，天下事谁可支拄者！不速去，无俟奸人构陷[诽谤陷害]，吾今即扑杀汝！"因摸地上刑械，作投击势。史噤不敢发声，趋而出。后常流涕述其事以语人，曰："吾师肺肝，皆铁石所铸造也！"

崇祯末，流贼张献忠出没蕲、黄、潜、桐间。史公以凤庐道[长官]奉檄守御。每有警，辄数月不就寝，使壮士更[轮流]休，而自坐幄幕外。择健卒十人，令二人蹲踞而背倚之，漏鼓移，则番代[轮流代替]。每寒夜起立，振衣裳，甲上冰霜迸落，铿然有声。或劝以少休，公曰："吾上恐负朝廷，下恐愧吾师也。"

史公治兵，往来桐城，必躬造[亲临]左公第[府第]，候太公、太母起居，拜夫人于堂上。

余宗老涂山，左公甥也，与先君子善，谓狱中语，乃亲得之于史公云。

为学　彭端淑（清）

天下事有难易乎？为之，则难者亦易矣；不为，则易者亦难矣。人之为学有难易乎？学之，则难者亦易矣；不学，则易者亦难矣。

吾资之昏，不逮[及]人也，吾材之庸，不逮人也；旦旦而学之，久而不怠焉，迄（qì等到）乎成，而亦不知其昏与庸也。吾资之聪，倍人也，吾材之敏，倍人也；屏弃而不用，其与昏与庸无以异也。圣人[孔子]之道，卒[最终]于鲁[曾参]也传之。然则昏庸聪敏之用，岂有常哉？

蜀之鄙（bǐ边远的地方）有二僧，其一贫，其一富。贫者语（yù告诉）于富者曰："吾欲之[到]南海，何如？"

富者曰："子何恃（shì凭借）而往？"

曰："吾一瓶一钵（bō）足[足够]矣。"

富者曰："吾数年来欲买舟而下，犹未能也。子[你]何恃而往！"

越明年，贫者自南海还，以告富者。富者有惭色。

西蜀之去[距离]南海，不知几千里也，僧富者不能至而贫者至焉。人之立志，顾[难道]不如蜀鄙之僧哉？是故聪与敏，可恃而不可恃也；自恃其聪与敏而不学者，自败者也。昏与庸，可限而不可限也；不自限其昏与庸，而力学不倦者，自力者也。

黄生借书说　袁枚（清）

黄生允修借书。随园主人授[交给]以书，而告之曰：

"书非借不能读也。子不闻藏书者乎？七略、四库，天子之书，然天子读书者有几？汗牛塞屋，富贵家之书，然富贵人读书者有几？其他祖父积，子孙弃者无论[不用说]焉。非独书为然，天下物皆然。非夫人[那人]之物而强（qiǎng勉强）假焉，必虑人逼取，而惴惴焉摩玩[抚弄]之不已，曰：'今日存，明日去，吾不得而见之矣。'若业[已经]为吾所有，必高束焉，庋（guǐ放置）藏焉，曰：'姑俟异日观'云尔。"

"余幼好书，家贫难致。有张氏藏书甚富。往借，不与，归而形诸[之于]梦。其切如是。故有所览辄省（xǐng）记。通籍[出仕]后，俸[俸禄]去书来，落落[堆积]大满，素蟫（yín书里蠹虫）灰丝时蒙卷（juàn）轴。然后叹借者之用心专，而少时[年轻时]之岁月为可惜也！"

今黄生贫类[像]予，其借书亦类予；惟予之公书与张氏之吝书若不相类。然则予固不幸而遇张乎，生固幸而遇予乎？知幸与不幸，则其读书也必专，而其归书也必速。

为一说，使与书俱。

祭妹文　袁枚（清）

乾隆丁亥冬，葬三妹素文于上元之羊山，而奠以文曰：

呜呼！汝生于浙，而葬于斯，离吾乡七百里矣。当时虽觭（qí奇）梦幻想，宁[怎么]知此为归骨所耶？

汝以一念之贞，遇人仳（pǐ遗弃）离，致孤危托落[落拓]，虽命之所存，天实为之；然而累汝至此者，未尝非予之过也。予幼从先生授经，汝差（cī并）肩而坐，爱听古人节义事；一旦长成，遽躬蹈之。呜呼！使[如]汝不识诗书，或未必艰贞若是。

余捉蟋蟀，汝奋臂出其间；岁寒虫僵[死]，同临其穴。今予殓（liàn）汝葬汝，而当日之情形，憬（jǐng醒悟）然赴目。予九岁，憩书斋，汝梳双髻，披单缣来，温《缁衣》一章。适先生奓（zhà开）户入，闻两童子音琅琅然，不觉莞尔，连呼则则。此七月望日事也，汝在九原，当分明记之。予弱冠[成年]粤行，汝掎（jǐ拉住）裳悲恸。逾三年，予披宫锦还家，汝从东厢扶案出，一家瞠视而笑，不记语从何起，大概说长安登科，函使[送信的人]报信迟早云尔。凡此琐琐，虽为陈迹，然我一日未死，则一日不能忘。旧事填膺，思之凄梗[塞]，如影历历，逼取便逝。悔当时不将嫛（yī）婗（ní）[儿时]情状，罗缕记存。然而汝已不在人间，则虽年光倒流，儿时可再，而亦无与为证印者矣。

汝之义绝高氏而归也，堂上阿奶[母亲]仗汝扶持，家中文墨眣（shùn以目示意）汝办治。尝谓女流中最少明经义、谙雅故者，汝嫂非不婉嫕（yì柔和），而于此微[稍]缺[欠缺]然。故自汝归后，虽为汝悲，实为予喜。予又长汝四岁，或人间长者先亡，可将身后托汝，而不谓汝之先予以去也！

前年予病，汝终宵刺探，减一分则喜，增一分则忧。后虽小[稍]差（chà减），犹尚殗（yè）殜（dié）[病不甚重]，无所娱遣。汝来床前，为说稗官野史可喜可愕之事，聊资一欢。呜呼！今而后吾将再病，教从何处呼汝耶？

汝之疾也，予信医言无害，远吊扬州。汝又虑戚吾心，阻人走报。及至绵惙已极，阿奶问望兄归否，强应曰“诺”。予已先一日梦汝来诀，心知不祥，飞舟渡江。果予以未时还家，而汝以辰时气绝。四支[肢]犹温，一目未瞑，盖犹忍死待予也。呜呼痛哉！早知诀汝，则予岂肯远游？即游，亦尚有几许心中言要汝知闻，共汝筹画也。而今已矣！除吾死外，当无见期。吾又不知何日死，可以见汝，而死后之有知无知，与得见不得见，又卒难明也。然则抱此无涯之憾，天乎，人乎！而竟已乎！

汝之诗，吾已付梓[付印]；汝之女，吾已代嫁；汝之生平，吾已作传；惟汝之窀（zhūn）穸（xī）[墓穴]尚未谋耳。先茔在杭，江广河深，势难归葬，故请母命而宁汝于斯，便祭扫也。其傍，葬汝女阿印。其下两冢，一为阿爷[父]侍者[妾]朱氏，一为阿兄侍者陶氏。羊山旷渺，南望原[平原]隰（xí低湿之地），西望栖霞，风雨晨昏，羁魂有伴，当不孤寂。所怜者，吾自戊寅年读汝哭侄诗后，至今无男，两女牙牙，生汝死后，才周晬（zhuì周岁）耳。予虽亲[母]在未敢言老，而齿危发秃，暗里自知，知在人间尚复几日！阿品远官河南，亦无子女，九族无可继者。汝死我葬，我死谁埋？汝倘有灵，可能告我？

呜呼！身前既不可想，身后又不可知，哭汝既不闻汝言，奠汝又不见汝食。纸灰飞扬，朔风野大，阿兄归矣，犹屡屡回头望汝也。呜呼哀哉！呜呼哀哉！

登泰山记　姚鼐（清）

泰山之阳[南]，汶（wèn）水西流；其阴[北]，济水东流。阳谷皆入汶，阴谷皆入济。当其南北分者，古长城也。最高日观峰，在长城南十五里。

余以[在]乾隆三十九年十二月，自京师乘[趁：冒着]风雪，历齐河、长清，穿泰山西北谷，越长城之限[城墙]，至于泰安。是月丁未，与知府朱孝纯子颖（yǐng）由南麓（lù）登。四十五里，道皆砌石为磴（dèng），其级七千有余。

泰山正南面有三谷。中谷绕泰安城下，郦（lì）道元所谓环水也。余始循以入，道少半，越中岭，复循西谷，遂至其巅。古时登山，循东谷入，道有天门。东谷者，古谓之天门溪水，余所不至也。今所经中岭及山巅崖限当道者，世皆谓之天门云。道中迷雾冰滑，磴（dèng）几不可登。及既上，苍山负雪，明烛天南；望晚日照城郭，汶水、徂（cú）徕（lái）如画，而半山居雾若带然。

戊申晦，五鼓，与子颖坐日观亭，待日出。大风扬积雪击面。亭东自足下皆云漫。稍见云中白若摴（chū）蒱（pú）[色shǎi子]数十立者，山也。极天云一线异色，须臾成五彩；日上，正赤如丹，下有红光，动摇承之。或曰，此东海也。回视日观以西峰，或得日，或否，绛（jiàng红色）皓（hào白色）驳色，而皆若偻（lǚ曲背）。

亭西有岱祠，又有碧霞元君祠；皇帝行宫[皇帝出巡时的住所]在碧霞元君祠东。是日，观道中石刻，自唐显庆以来，其远古刻尽漫失。僻不当道者，皆不及往。

山多石，少土；石苍黑色，多平方，少圜（yuán圆）。少杂树，多松，生石罅（xià），皆平顶。冰雪，无瀑水，无鸟兽音迹。至日观数里内无树，而雪与人膝齐。

童趣 沈复（清）

余忆童稚时，能张目对日，明察秋毫，见藐小之物必细察其纹理[条纹]，故时有物外之趣。

夏蚊成雷，私[暗自]拟[比]作群鹤舞于空中，心之所向，则或千或百，果然鹤也；昂首观之，项[脖子]为之强（jiāng僵）。又留蚊于素帐中，徐喷以烟，使之冲烟而飞鸣，作青云白鹤观，果如鹤唳（lì鸟鸣）云端，为之怡然称快。

余常于土墙凹（āo）凸处，花台小草丛杂处，蹲其身，使与台齐；定神细视，以丛草为林，以虫蚁为兽，以土砾凸者为丘，凹者为壑，神游其中，怡然自得。

一日，见二虫斗草间，观之，兴正浓，忽有庞然大物，拔山倒树而来，盖[原来是]一癞虾（há）蟆（má），舌一吐而二虫尽为所吞。余年幼，方[正]出神，不觉呀然一惊。神定，捉虾蟆，鞭数十，驱之别院。

病梅馆记　龚自珍（清）

江宁之龙蟠，苏州之邓尉，杭州之西溪，皆产梅。或曰："梅以曲为美，直则无姿；以欹（qī倾斜）为美，正则无景；以疏为美，密则无态。"固也。此文人画士，心知其意，未可明诏[宣告]大号[疾呼]以绳[约束]天下之梅也；又不可以使天下之民斫（zhuó砍削）直，删密，锄正，以夭梅病梅为业以求钱也。梅之欹之疏之曲，又非蠢蠢求钱之民能以其智力为也。有以文人画士孤癖之隐明告鬻（yù卖）梅者，斫（zhuó）其正，养其旁条，删其密，夭其稚枝，锄其直，遏其生气，以求重价，而江浙之梅皆病。文人画士之祸之烈至此哉！

予购三百盆，皆病者，无一完者。既泣之三日，乃誓疗之：纵之顺之，毁其盆，悉埋于地，解其棕缚；以五年为期，必复之全之。予本非文人画士，甘受诟（gòu）厉（lì病）[辱骂]，辟病梅之馆以贮之。

呜呼！安[怎么]得使予多暇日，又多闲田，以广贮江宁、杭州、苏州之病梅，穷予生之光阴以疗梅也哉！

少年中国说（节选）　梁启超（清末民初）

中国如称霸宇内，主盟地球，则指挥顾盼之尊荣，惟我少年享之。于彼气息奄奄与鬼为邻者何与焉？彼[老朽们]而漠然置之，犹可言也。我而漠然置之，不可言也。使举国之少年而果为少年也，则吾中国为未来之国，其进步未可量也。使举国之少年而亦为老大也，则吾中国为过去之国，其澌亡可翘（qiáo）足而待也。故今日之责任，不在他人，而全在我少年。少年智则国智，少年富则国富；少年强则国强，少年独立则国独立；少年自由则国自由，少年进步则国进步；少年胜于欧洲则国胜于欧洲，少年雄于地球则国雄于地球。红日初升，其道大光。河出伏流，一泻汪洋。潜龙腾渊，鳞爪飞扬。乳虎啸谷，百兽震惶。鹰隼（sǔn）试翼，风尘吸张。奇花初胎，矞（yù）矞皇皇[光明盛大]。干将[宝剑]发硎（xíng磨刀石），有作其芒。天戴其苍，地履其黄。纵有千古，横有八荒。前途似海，来日方长。美哉我少年中国，与天不老！壮哉我中国少年，与国无疆！

论毅力 梁启超（清末民初）

天下古今成败之林，若是其莽[众多]然不一途[途径]也。要[概要]其何以成，何以败？曰：有毅力者成，反是者败。

盖人生历程，大抵[大概]逆境居十六七，顺境亦居十三四，而顺逆两境又常相间[相互交替]以迭乘[轮流出现]。无论事之大小，必有数次乃至十数次之阻力，其阻力虽或大或小，而要之必无可逃避者也。其在志力薄弱之士，始固曰吾欲云云，其意以为天下事固易易也，及骤尝焉而阻力猝[突然]来，颓然丧矣；其次弱者，乘一时之意气，透过此第一关，遇再挫而退；稍强者，遇三四挫而退；更稍强者，遇五六挫而退；其事愈大者，其遇挫愈多；其不退也愈难，非至强之人，未有能善于其终者也。

夫苟[如果]其挫而不退矣，则小逆之后，必有小顺。大逆之后，必有大顺。盘根错节之既经[经过]，而随有应刃而解之一日。旁观者徒艳羡其功之成，以为是殆[大概]幸运儿，而天有以宠[宠爱]彼也，又以为我蹇（jiǎn不顺利）于遭逢[遭遇]，故所就不彼若也。庸讵（jù岂）知所谓蹇焉、幸焉者，皆彼与我之相同，而其能征服此蹇焉，利用此幸焉与否，即彼成我败所由判也。更譬诸操舟，如以兼旬[二十天]之期，行千里之地者，其间风潮之或顺或逆，常相参伍。彼以坚苦忍耐之力，冒其逆而突过之，而后得从容以进度其顺。我则或一日而返焉，或二三日而返焉，或五六日而返焉，故彼岸终不可达也。

孔子曰："譬如为山，未成一篑（kuì），止，吾止也；譬如平地，虽复一篑，进，吾往也。"孟子曰："有为者，譬若掘井，掘井九仞，而不及泉，犹为弃井也。"成败之数，视此而已。

与妻书　林觉民（清）

意映[妻子名字]卿卿如晤（wù），吾今以此书与汝永别矣！吾作此书时，尚是世中一人；汝看此书时，吾已成为阴间一鬼。吾作此书，泪珠和笔墨齐下，不能竟[完]书而欲搁笔，又恐汝不察吾衷，谓吾忍舍汝而死，谓吾不知汝之不欲吾死也，故遂忍悲为汝言之。

吾至爱汝，即此爱汝一念，使吾勇于就死也。吾自遇汝以来，常愿天下有情人都成眷属；然遍地腥云，满街狼犬，称心快意，几家能彀（gòu够）？司马青衫，吾不能学太上之忘情也。语云：仁者 “老吾老，以及人之老；幼吾幼，以及人之幼”。吾充[扩充]吾爱汝之心，助天下人爱其所爱，所以敢先汝而死，不顾汝也。汝体[体谅]吾此心，于啼泣之余，亦以天下人为念，当亦乐牺牲吾身与汝身之福利，为天下人谋永福也。汝其勿悲！

汝忆否？四五年前某夕，吾尝语（yù）曰："与[与其]使吾先死也，无宁汝先我而死。"汝初闻言而怒，后经吾婉解，虽不谓吾言为是，而亦无词相答。吾之意盖谓以汝之弱，必不能禁失吾之悲，吾先死留苦与汝，吾心不忍，故宁请汝先死，吾担悲也。嗟夫！谁知吾卒[终究]先汝而死乎？吾真真不能忘汝也！回忆后街之屋，入门穿廊，过前后厅，又三四折，有小厅，厅旁一室，为吾与汝双栖之所。初婚三四个月，适冬之望日[农历每月十五日]前后，窗外疏梅筛月影，依稀掩映；吾与（汝）并肩携手，低低切切，何事不语？何情不诉？及今思之，空余泪痕。又回忆六七年前，吾之逃家复归也，汝泣告我："望今后有远行，必以告妾，妾愿随君行。"吾亦既许汝矣。前十余日回家，即欲乘便以此行之事语汝，及与汝相对，又不能启口，且以汝之有身[怀孕]也，更恐不胜悲，故惟日日呼酒买醉。嗟夫！当时余心之悲，盖不能以寸管[笔]形容之。

吾诚[确实]愿与汝相守以死，第[但]以今日事势观之，天灾可以死，盗贼可以死，瓜分之日可以死，奸官污吏虐民可以死，吾辈处今日之中国，国中无地无时不可以死，到那时使吾眼睁睁看汝死，或使汝眼睁睁看吾死，吾能之乎？抑[或者]汝能之乎？即可不死，而离散不相见，徒使两地眼成穿而骨化石，试问古来几曾见破镜能重圆？则较死为苦也，将奈之何？今日吾与汝幸双健。天下人不当死而死与不愿离而离者，不可数计，钟情如我辈者，能忍之乎？此吾所以敢率性就死不顾汝也。吾今死无余憾，国事成不成自有同志者在。依新已五岁，转眼成人，汝其善抚之，使之肖（xiào像）我。汝腹中之物，吾疑其女也，女必像汝，吾心甚慰。或又是男，则亦教其以父志为志，则吾死后尚有二意洞在也。甚幸，甚幸！吾家后日当甚贫，贫无所苦，清静过日而已。

吾今与汝无言矣。吾居九泉之下遥闻汝哭声，当哭相和也。吾平日不信有鬼，今则又望其真有。今人又言心电感应有道，吾亦望其言是实，则吾之死，吾灵尚依依旁汝也，汝不必以无侣悲。

吾平生未尝以吾所志语汝，是吾不是处；然语之，又恐汝日日为吾担忧。吾牺牲百死而不辞，而使汝担忧，的的非吾所忍。吾爱汝至，所以为汝谋者惟恐未尽。汝幸而偶我[以我为配偶]，又何不幸而生今日中国！吾幸而得汝，又何不幸而生今日之中国！卒不忍独善其身。嗟夫！巾短情长，所未尽者，尚有万千，汝可以模拟得之。吾今不能见汝矣！汝不能舍吾，其时时于梦中得我乎！一恸（tòng）！辛未三月廿（niàn）六夜四鼓，意洞手书。

家中诸母皆通文，有不解处，望请其指教，当尽吾意为幸。

3 第三部分 先秦国学经典选读

语文记忆

《孙子兵法·谋攻》精选 孙子

孙子曰：夫用兵之法，全国为上，破国次之；全军为上，破军次之；全旅为上，破旅次之；全卒为上，破卒次之；全伍为上，破伍次之。是故百战百胜，非善之善也；不战而屈人之兵，善之善者也。

故上兵伐谋，其次伐交，其次伐兵，下政攻城。攻城之法，为不得已。修橹轒（fén战车）辒（wēn卧车），具器械，三月而后成；距[筑]闉（yīn城防工事），又三月而后已。将不胜其忿而蚁附之，杀士卒三分之一而城不拔者，此攻之灾也。

故善用兵者，屈人之兵而非战也，拔人之城而非攻也，毁人之国而非久也，必以全争于天下，故兵不顿而利可全。此谋攻之法也。

故用兵之法，十则围之，五则攻之，倍则分之，敌则能战之，少则能逃之，不若则能避之。故小敌之坚，大敌之擒也。

夫将者，国之辅也。辅周则国必强，辅隙[疏漏]则国必弱。

故君之所以患于军者三：不知军之不可以进而谓之进，不知军之不可以退而谓之退，是谓縻（mí束缚）军；不知三军之事而同三军之政，则军士惑矣；不知三军之任而同三军之权，则军士疑矣。三军既惑且疑，则诸侯之难至矣。是谓乱军引胜。

故知胜有五：知可以战与不可以战者胜，识众寡之用者胜，上下同欲者胜，以虞待不虞者胜，将能而君不御者胜。此五者，知胜之道也。

故曰：知己知彼，百战不殆；不知彼而知己，一胜一负；不知彼不知己，每战必殆。

《兼爱》精选 墨子

圣人以治天下为事者也，必知乱之所自起，焉能治之；不知乱之所自起，则不能治。譬之如医之攻人之疾者然：必知疾之所自起，焉能攻之；不知疾之所自起，则弗能攻。治乱者何独不然！必知乱之所自起，焉能治之；不知乱之所自起，则弗能治。圣人以治天下为事者也，不可不察乱之所自起。

当察乱何自起？起不相爱。臣子之不孝君父，所谓乱也。子自爱不爱父，故亏父而自利；弟自爱不爱兄，故亏兄而自利；臣自爱不爱君，故亏君而自利；此所谓乱也。虽父之不慈子，兄之不慈弟，君之不慈臣，此亦天下之所谓乱也。父自爱也，不爱子，故亏子而自利；兄自爱也，不爱弟，故亏弟而自利；君自爱也，不爱臣，故亏臣而自利。是何也？皆起不相爱。

虽至天下之为盗贼亦然：盗爱其室，不爱异室，故窃异室以利其室；贼爱其身，不爱人，故贼人以利其身。此何也？皆起不相爱。

虽至大夫之相乱家，诸侯之相攻国者亦然：大夫各爱其家，不爱异家，故乱异家以利其家；诸侯各爱其国，不爱异国，故攻异国以利其国。天下之乱物，具此而已矣。察此何自起？皆起不相爱。

若使天下兼相爱，爱人若爱其身，犹有不孝者乎？视父兄与君若其身，恶（wū怎么）施不孝？犹有不慈者乎？视弟子与臣若其身，恶（wū）施不慈？故不孝不慈亡有。犹有盗贼乎？故视人之室若其室，谁窃？视人身若其身，谁贼？故盗贼亡有。犹有大夫之相乱家，诸侯之相攻国者乎？视人家若其家，谁乱？视人国若其国，谁攻？故大夫之相乱家，诸侯之相攻国者亡有。若使天下兼相爱，国与国不相攻，家与家不相乱，盗贼亡有，君臣父子皆能孝慈，若此，则天下治。

故圣人以治天下为事者，恶得不禁恶而劝爱？故天下兼相爱则治，交相恶则乱。故子墨子曰：“不可以不劝爱人者，此也。”

【墨子名言：1．仁人之所以为事者，必兴天下之利，除去天下之害，以此为事者也。2．夫爱人者，人必从而爱之；利人者，人必从而利之；恶[憎恨]人者，人必从而恶之；害人者，人必从而害之。3．不义不富，不义不贵，不义不亲，不义不近。4．故官无常贵，而民无终贱。有能则举之，无能则下之。】

捭（bǎi开）阖（hé合）第一　鬼谷子

粤[语助词]若稽（jī考察）古，圣人之在天地间也，为众生之先。观阴阳之开阖以名命物，知存亡之门户，筹策[谋划]万类之终始，达人心之理，见变化之朕（zhèn征兆）焉，而守司[看守加以管理]其门户。故圣人之在天下也，自古及今，其道一也。

变化无穷，各有所归，或阴或阳，或柔或刚，或开或闭，或驰或张。是故圣人一守司其门户，审察其所先后，度权[权变]量能，校

（jiào）其伎（jì）巧短长。

夫贤不肖、智愚、勇怯、仁义有差，乃可捭，乃可阖，乃可进，乃可退，乃可贱，乃可贵，无为以牧[进行调查]之。

审定有无，与其虚实，随其嗜欲以见其志意。微排其言而捭反之，以求其实，贵得其指[宗旨]。阖而捭之，以求其利。或开而示之，或阖而闭之。开而示之者，同其情也。阖而闭之者，异其诚也。可与不可，审明其计谋，以原其同异。离合有守，先从[顺从]其志。即欲捭之，贵周[详备]；即欲阖之，贵密[隐密]。周密之贵微，而与道相追。

捭之者料其情[实情]也，阖之者结其诚[诚意]也，皆见其权衡轻重，乃为之度数，圣人因而为之虑[谋虑]。其不中权衡度数，圣人因而自为之虑。故捭者，或捭而出之，或捭而纳之。阖者，或阖而取之，或阖而去之。捭阖者，天地之道。捭阖者，以变动阴阳，四时开闭，以化万物；纵横反出，反复反忤（wǔ逆），必由此矣。

捭阖者，道之大化。说[游说]之变也，必豫审[预先考察]其变化。吉凶大命系焉。口者，心之门户也。心者，神[精神]之主也。志意、喜欲、思虑、智谋，此皆由门户出入。故关之以捭阖，制之以出入。

捭之者，开也，言也，阳也。阖之者，闭也，默也，阴也。阴阳其和，终始其义。

故言：长生、安乐、富贵、尊荣、显名、爱好、财利、得意、喜欲，为“阳”，曰“始”。

故言：死亡、忧患、贫贱、苦辱、弃损、亡利、失意、有害、刑戮、诛罚，为“阴”，曰“终”。

诸言法阳之类者，皆曰“始”；言善以始其事。诸言法阴之类者，皆曰“终”；言恶以终其谋。

捭阖之道，以阴阳试之。故与阳言者，依崇高。与阴言者，依卑小。以下求小，以高求大。由此言之，无所不出，无所不入，无所不可。可以说[游说]人，可以说家，可以说国，可以说天下。

为小无内，为大无外；益损、去就、倍[背叛]反[复归]，皆以阴阳御其事。

阳动而行，阴止而藏；阳动而出，阴隐而入；阳远终阴，阴极反阳。

以阳动者，德相生也。以阴静者，形相成也。以阳求阴，苞（bāo包容）以德也；以阴结阳，施以力也。阴阳相求，由捭阖也。此天地阴阳之道，而说人之法也。为万事之先，是谓圆方之门户。

《齐物论》精选　庄子

物无非彼，物无非是。自彼则不见，自知[自是]则知之。故曰：彼出于是，是亦因彼，彼是方生之说也。虽然，方生方死，方死方生；方可方不可，方不可方可；因[任由]是因非，因非因是。是以圣人不由而照[观照]之于天[自然大道]，亦因[任由]是也。是亦彼也，彼亦是也。彼亦一是非，此亦一是非，果[果真]且有彼是乎哉？果且无彼是乎哉？彼是莫得其偶[相对立]，谓之道枢（shū枢纽关键）。枢始[才]得其环中[环之中心般空空如也]，以应无穷。是亦一无穷，非亦一无穷也。故曰：莫若以明。

以指[拇指]喻[譬喻]指[拇指]之非指[手指]，不若以非指喻指之非指也；以马[白马]喻马[白马]之非马，不若以非马喻马之非马也。天地一指也，万物一马也。

可乎可，不可乎不可。道[道路]行之而成，物谓之而然。恶乎然？然于然。恶乎不然？不然于不然。恶乎可？可于可。恶乎不可？不可于不可。物固有所然，物固有所可；无物不然，无物不可。故为是举莛（tíng）与楹，厉[丑陋女子]与西施，恢恑（guǐ）憰（jué）怪，道通为一。

其分[分散]也，成[聚成]也；其成也，毁[毁灭]也。凡物无成与毁，复通[通融]为一。唯达者知通为一，为是不用[不用偏执于成心己见]而寓诸[之于]庸[循环变化]。庸也者，用也；用也者，通也；通也者，得也；适得[达到德]而几矣。因是已[达到了万物的本根]。已而不知其然谓之道。劳神明[心思智巧]为一而不知其同也，谓之朝三。何谓朝三？狙（jū）公赋芧（xù橡栗）曰："朝三而暮四。"众狙[猕猴]皆怒。曰："然则朝四而暮三。"众狙皆悦。名实未亏而喜怒为用，亦因是也。是以圣人和之以是非而休乎天钧[天然均衡的状态]，是之谓两行[任由对立双方自然演化]。

既使我与若辩矣，若胜我，我不若胜，若果[果然]是[正确]也？我果非也邪？我胜若，若不吾胜，我果是也？若果非也邪？其或[一方]是也，其或[另一方]非也邪？其俱是也，其俱非也邪？我与若不能相知也。则人固受其黮（dàn）暗，吾谁使正[评判]之？使同乎若者正之？既与若同矣，恶能正之？使同乎我者正之，既同乎我矣，恶能正之？使异乎我与若者正之，既异乎我与若矣，恶能正之？使同乎我与若者止之，既同乎我与若矣，恶能正之？然则我与若与人俱不能相知也，而待彼也邪？

昔者庄周梦为胡蝶，栩栩然胡蝶也。自喻适志[得意顺畅]与！不知周也。俄然觉，则蘧（qú惶恐）蘧然周也。不知周之梦为胡蝶与？胡蝶之梦为周与？周与胡蝶则必有分矣。此之谓物化[物我两化而融为纯一]。

《秋水》精选 庄子

秋水时至，百川灌河。泾流之大，两涘（sì）渚（zhǔ）崖之间，不辩牛马。于是焉，河伯欣然自喜，以天下之美为尽在己。顺流而东行，至于北海。东面而视，不见水端。于是焉，河伯始[才]旋[改变]其面目，望洋向若而叹曰："野语有之曰：'闻道百，以为莫己若'者，我之谓也。且夫我尝闻少[小看]仲尼之闻，而轻伯夷之义者，始吾弗信，今吾睹子之难穷也，吾非至于子之门，则殆（dài危险）矣，吾长见笑于[被]大方之家。"

北海若曰："井蛙不可以语于海者，拘[限制]于虚[空间]也；夏虫不可以语于冰者，笃于时[时间]也；曲士不可以语于道者，束[束缚]于教也。今尔出于崖涘，观于大海，乃知尔丑，尔将可与语大理矣。天下之水，莫大于海。万川归之，不知何时止而不盈；尾闾（lǘ）泄[泄漏]之，不知何时已而不虚；春秋不变，水旱不知[知觉]。此其过江河之流，不可为量数。而吾未尝以此自多者，自以比形于天地，而受气于阴阳，吾在天地之间，犹小石小木之在大山也。方[正]存乎见少，又奚（xī哪里）以自多！计四海之在天地之间也，不似礨（lěi）空[小穴]之在大泽乎？计中国[中原]之在海内，不似稊（tí）米之在大（tài）仓乎？号[号称]物之数[数字]谓之万，人处一焉；人卒[聚集]九州，谷食之所生，舟车之所通，人处一焉。此其比万物也，不似毫末之在于马体乎？五帝之所连[续连]，三王之所争[争夺]，仁人之所忧[忧患]，任士之所劳[操劳]，尽此矣！伯夷辞[辞让]之以为名[名声]，仲尼语[谈论]之以为博[渊博]。此其自多也，不似尔向[先前]之自多于水乎？"

河伯曰："然则吾大天地而小毫末，可乎？"

北海若曰"否。夫物，量无穷，时无止，分[禀分]无常[常规]，终始无故[定因]。是故大知[智]观[观察]于远近，故小而不寡，大而不多：知量无穷。证[证验]向今故，故遥[久远]而不闷[厌倦]，掇（duō）而不跂（qí）：知时无止。察[洞悉]乎盈虚，故得而不喜，失而不忧：知分之无常也。明乎坦涂，故生而不说[悦]，死而不祸：知终始之不可故也。计人之所知，不若其所不知；其生[生存]之时，不若未生之时；以其至小，求穷其至大之域，是故迷乱而不能自得也。由此观之，又何以知毫末之足以定至细之倪[边际]，又何以知天地之足以穷至大之域！”

河伯曰：“世之议者皆曰：‘至精[细]无形，至大不可围。’是信情乎？”

北海若曰：“夫自细视大者不尽，自大视细者不明。夫精，小之微[小]也；郛（fú），大之殷[大]也：故异[不同]便[合宜]。此势[态势]之有也。夫精粗者，期[限]于有形者也；无形者，数之所不能分也；不可围者，数之所不能穷也。可以言论者，物之粗也；可以意致者，物之精也；言之所不能论，意之所不能察致者，不期[限]精粗焉。是故大人之行：不出乎害人，不多仁恩；动不为利，不贱门隶；货财弗争，不多辞让；事焉不借人，不多食乎力，不贱贪污；行殊乎俗，不多辟[邪僻]异[乖异]；为在从众，不贱佞谄；世之爵禄不足以为劝[劝勉]，戮（lù）耻不足以为辱；知是非之不可为分，细大之不可为倪[界限]。闻曰：‘道人不闻[闻达于世]，至德不得，大人无己。’约[约束]分之至也。”

河伯曰：“若物之外，若物之内，恶（wū何）至而倪贵贱？恶（wū）至而倪小大？”

北海若曰：“以道观之，物无贵贱；以物观之，自贵而相贱；以俗观之，贵贱不在己。以差[差别]观之，因其所大而大之，则万物莫不大；因其所小而小之，则万物莫不小。知天地之为稊米也，知毫末之为丘山也，则差数睹矣。以功[功用]观之，因其所有而有之，则万物莫不有；因其所无而无之，则万物莫不无。知东西之相反而不可以相无[缺少]，则功分[本分]定矣。以趣[趋向]观之，因其所然而然之，则万物莫不然；因其所非而非之，则万物莫不非。知尧、桀（jié）之自然而相非[否定]，则趣操[持守]睹矣。昔者尧、舜让[禅让]而帝，之、哙（kuài）让而绝[灭亡]；汤、武争而王，白公争而灭。由此观之，争让之礼，尧、桀之行，贵贱有时，未可以为常也。梁丽可以冲城而不可以窒穴，言殊器也；骐骥骅（huá）骝（liú）一日而驰千里，捕鼠不如狸狌（xīng），言殊技也；鸱

（chī）鸺（xiū）夜撮[抓取]蚤，察毫末，昼出瞋（chēn）目而不见丘山，言殊性[禀性]也。故曰：盖师[看重]是而无非，师治而无乱乎？是未明天地之理，万物之情[实情]也。是犹师天而无地，师阴而无阳，其不可行明矣！然且语[谈论]而不舍，非愚则诬[欺骗]也！帝王殊禅，三代殊继。差其时，逆其俗者，谓之篡夫[篡逆之徒]；当其时，顺其俗者，谓之义之徒。默默乎河伯，女[你]恶[怎么]知贵贱之门，小大之家！”

河伯曰：“然则我何为乎？何不为乎？吾辞[推辞]受趣[趋就]舍，吾终奈何？”

北海若曰：“以道观之，何贵何贱，是谓反衍（yǎn）[循环往复]；无拘[束缚]而志，与道大蹇（jiǎn违碍）。何少何多，是谓谢施[更替续延]；无一而行，与道参差。严[威严]乎若国之有君，其无私德；繇（yáo）繇[优游自得]乎若祭之有社，其无私福；泛泛乎其若四方之无穷，其无所畛（zhěn界限）域。兼怀万物，其孰承[承受]翼[庇护]？是谓无方[不偏执于事物的任何一个方面]。万物一齐，孰短孰长？道无终始，物有死生，不恃其成。一虚一满，不位乎其形。年不可举，时不可止。消息盈虚，终则有始。是所以语[谈论]大义之方[准则]，论万物之理也。物之生也，若骤若驰。无动而不变，无时而不移。何为乎，何不为乎？夫固将自[自然]化[变化]。”

河伯曰：“然则何贵于道邪？”

北海若曰：“知道者必达于理，达于理者必明于权[应变]，明于权者不以物害己。至德者，火弗能热，水弗能溺，寒暑弗能害，禽兽弗能贼。非谓其薄[逼近]也，言察[明察]乎安危，宁[安]于祸福，谨于去就，莫之能害也。故曰：‘天[天然]在内，人[人为]在外，德在乎天。’知天人之行，本乎天，位乎得，踯（zhí）躅（zhú）而屈伸，反[返归]要[大道的要冲]而语[谈论]极[至极的道理]。”曰：“何谓天？何谓人？”北海若曰：“牛马四足，是谓天；落马首，穿牛鼻，是谓人。故曰：‘无以人灭天，无以故灭命，无以得殉名。谨守而勿失，是谓反其真[返归本真]。’”

【庄子名言：1. 井鱼不可以语于海者，拘于虚也；夏虫不可以语于冰者，笃于时也；曲士不可以语于道者，束于教也。2. 夫千里之远，不足以举其大；千仞之高，不足以极其深。3. 日出而作，日入而息，逍遥于天地之间，而心意自得。】

《扬权》精选　韩非子

天有大命，人有大命。夫香美脆味，厚酒肥肉，甘口而疾形；曼理[纹理]皓齿，说[悦]情而捐[耗费]精。故去甚[异常安乐]去泰[过分]，身乃无害。权[权力]不欲见[现]，素无为也。事在四方，要[纲要]在中央。圣人执要，四方来效。虚而待之，彼自以之。四海既藏，道[引导]阴见阳。左右既立，开门而当。勿变勿易，与二俱行。行之不已，是谓履[践行]理[治理]也。

夫物者有所宜，材者有所施，各处其宜，故上下无为。使鸡司夜，令狸执鼠，皆用其能，上乃无事。上有所长，事乃不方。矜（jīn）而好能，下之所欺；辩惠好生，下因[依靠]其材。上下易用，国故不治。

用一之道，以名为首。名正物定，名倚[偏]物徙。故圣人执一以静，使名自命，令事自定。不见其采，下故素正。因而任之，使自事之；因而予之，彼将自举之；正与处之，使皆自定之。上以名举之，不知其名，复修其形。形名参同，用其所生。二者诚信，下乃贡情。

谨修所事，待命于天，毋失其要，乃为圣人。圣人之道，去智与巧。智巧不去，难以为常。民人用之，其身多殃；主上用之，其国危亡。因天之道，反[反求]形之理，督[察]参鞠之，终则有始。虚以静后，未尝用己。凡上之患，必同其端。信而勿同，万民一从。

《六反》精选　韩非子

古者有谚曰："为政犹沐也，虽有弃发，必为之。"爱弃发之费而忘长发之利，不知权[权衡]者也。

夫弹[针刺]痤（cuó）者痛，饮药者苦，为苦惫之故不弹痤饮药，则身不活，病不已矣。

今上下之接，无子父之泽[恩泽]，而欲以行义禁下，则交必有郄（xì隙）矣。且父母之于子也，产男则相贺，产女则杀之。此俱出[生]父母之怀衽（rèn），然男子受贺，女子杀之者，虑其后便，计之长利也。故父母之于子也，犹用计算之心以相待也，而况无父子之泽乎？

今学者之说（shuì游说）人主[君主]也，皆去求利之心，出相爱之道，是求人主之过[超过]父母之亲也，此不熟于论恩，诈而诬也，故明主不受也。圣人之治也，审于法禁，法禁明著，则官治；必于赏罚，赏罚不阿[偏私]，则民用。民用官治则国富，国富则兵强，而霸王之业成矣。霸王者，人主之大利也。人主挟大利以听治，故其任官者当能[才能]，其赏罚无私。使士民明焉，尽力致死，则攻伐可立而爵禄可致，爵禄致而富贵之业成矣。富贵者，人臣之大利也。人臣挟大利以从事，故其行危至死，其力尽而不望[怨望]。此谓君不仁，臣不忠，则可以霸王矣。

《大体》精选　韩非子

古之全大体[顾全大局]者：望天地，观江海，因[凭借]山谷，日月所照，四时所行，云布风动；不以智累心，不以私累己；寄治乱于法术，托是非以赏罚，属[托]轻重于权衡；不逆天理，不伤情性；不吹毛而求小疵，不洗垢而察难知；不引绳之外，不推绳之内；不急法之外，不缓法之内；守成理，因自然；祸福生乎道法，而不出乎爱恶；荣辱之责在乎己而不在乎人。故至安之世，法如朝露，纯朴不散，心无结怨，口无烦言。故车马不疲弊于远路，旌旗不乱于大泽，万民不失命于寇戎，雄骏[英雄猛士]不创寿[短命]于旗幢（zhuàng）；豪杰不著名于图书，不录功于盘[圆盘]盂（yú方盂），记年之牒[史册]空虚。故曰：利莫长于简，福莫久于安[安定]。

使[让]匠石以千岁之寿[寿命]，操钩，视规矩，举绳墨，而正太山；使贲（bēn）[孟贲]、育[夏育]带干将[宝剑]而齐万民：虽尽力于巧，极盛于寿，太山不正，民不能齐。故曰：古之牧天下者，不使匠石极巧以败太山之体，不使贲、育尽威以伤万民之性，因[依]道全法，君子乐而大奸止；澹（dàn）然闲静，因天命，持大体，故使人无离法之罪，鱼无失水之祸。如此，故天下少不可。

上不[没有]天则下不遍覆[覆盖]，心不地[大地]则物不毕[全部]载。太山不立好恶，故能成其高；江海不择小助，故能成其富。故大人寄形于天地而万物备，历心[重视]于山海而国家富。上无忿怒之毒，下无伏怨之患，上下交朴[真]，以道为舍[归宿]。故长利积，大功立，名成于前，德垂于后，治之至也。

【韩非子名言：1. 圣人见微以知萌，见端以知末，故见象箸而怖，知天下不足也。2. 美者自美，吾不知其美也；恶者自恶，吾不知其恶

也。】

《礼论》精选　荀子

礼有三本：天地者，生之本也；先祖者，类之本也；君师者，治之本也。无天地，恶（wū哪里）生？无先祖，恶出？无君师，恶治？三者偏亡[部分地缺失]，焉[则]无安人。故礼，上事天，下事地，尊先祖，而隆君师，是礼之三本也。

天地以合，日月以明，四时以序，星辰以行，江河以流，万物以昌；好恶以节[节制]，喜怒以当[正当]；以为[治理]下[臣民]则顺，以为[整饬]上[君主]则明，万变不乱，贰[背离礼]之则丧也。礼岂不至矣哉！立隆以为极[准则]，而天下莫之能损益也。

《乐论》精选　荀子

夫乐者，乐（lè）也，人情之所必不免也，故人不能无乐[欢乐]。乐则必发于声音，形于动静；而人之道，声音动静，性[性情]术之变尽是矣。故人不能不乐，乐则不能无形，形而不为道[引导]，则不能无乱。先王恶其乱也，故制《雅》《颂》之声以道[引导]之，使其声足以乐[快乐]而不流[放纵]，使其文足以辨而不偲（sī倭），使其曲直、繁省[简]、廉肉[丰]、节奏足以感动人之善心，使夫邪污之气无由[途径]得接焉。是先王立乐[音乐]之方也。

且乐也者，和之不可变者也；礼也者，理之不可易者也。乐合同，礼别异；礼乐之统，管乎人心矣。穷本[源]极变[化]，乐之情也；著[彰]诚去伪，礼之经也。

《性恶》精选　荀子

人之性恶，其善者伪也。

凡人之欲为善者，为性恶也。夫薄愿厚，恶愿美，狭愿广，贫愿富，贱愿贵，苟无之中者，必求于外，故富而不愿财[裁]，贵而不愿执（yì满足），苟有之中者必不及于外。用此观之，人之欲为善者，为性恶也。今人之性，固无礼义，故强学而求有之也；性不知礼义，故思虑而求知之也。然则生而已，则人无礼义，不知礼义。人无礼义则乱，不知礼义则悖。然则生而已，则悖乱在己。用此观之，人之性恶明矣，其善者伪也。

《大学》精选 曾子

大学之道，在明明德，在亲民，在止于至善。知止而后有定，定而后能静，静而后能安，安而后能虑，虑而后能得。物有本末，事有终始。知所先后，则近道矣。

古之欲明明德于天下者，先治其国；欲治其国者，先齐其家；欲齐其家者，先修其身；欲修其身者，先正其心；欲正其心者，先诚其意；欲诚其意者，先致其知；致知在格物。物格而后知至，知至而后意诚，意诚而后心正，心正而后身修，身修而后家齐，家齐而后国治，国治而后天下平。自天子以至于庶人[百姓]，壹[一切]是皆以修身为本。其本乱，而末治者否矣。其所厚者薄，而其所薄者厚，未之有也！

所谓诚其意者，毋自欺也，如恶（wù）恶（è）臭（xiù），如好（hào）好（hǎo）色，此之谓自谦（qiè慊，满足）。故君子必慎其独也。

小人闲居为不善，无所不至。见君子而后厌然[掩藏、闪躲的样子]，掩其不善，而著其善。人之视己，如见其肺肝然，则何益矣。此谓诚于中，形于外。故君子必慎独也。

曾子曰：“十目所视，十手所指，其严乎。”

富润屋，德润身，心广体胖（pán）。故君子必诚其意。

《中庸》精选 子思

子程子曰“不偏之谓中，不易之谓庸。中者，天下之正道；庸者，天下之定理。此篇乃孔门传授心法，子思恐其久而差也，故笔之于书，以授孟子。其书始言一理，中散为万事，末复合为一理。放之，则弥六合；卷之，则退藏于密。其味无穷，皆实学也。善读者，玩索而有得焉，则终身用之，有不能尽者矣。”

天命之谓性，率[遵循]性之谓道，修道之谓教。道也者，不可须臾离也；可离，非道也。

君子戒慎乎其所不睹，恐惧乎其所不闻。莫[没有什么更]现乎隐，莫显乎微，故君子慎其独也。

喜怒哀乐之未发，谓之中；发而皆中节[节度]，谓之和。中也者，天下之大本也；和也者，天下之达道也。致中和，天地位焉，万物育焉。

仲尼曰："君子中庸，小人反中庸。君子之中庸也，君子而时中；小人之反中庸也，小人而无忌惮也。"

子曰："道之不行也，我知之矣：知[智]者过之，愚者不及也。道之不明也，我知之矣：贤者过之，不肖者[不贤的人]不及也。"

子曰："舜其大知也与，舜好问而好察迩言，隐恶而扬善。执其两端[过与不及]，用其中于民，其斯以为舜乎！"

子路问"强"。子曰："南方之强与？北方之强与？抑[还是]而强与？宽柔以教，不报无道，南方之强也，君子居之。衽（rèn）金革[以兵器、甲胄为卧席]，死而不厌，北方之强也，而强者居之。故君子和而不流，强哉矫[坚强的样子]。"

子曰："道不远人，人之为道而远人，不可以为道。"

言顾行，行顾言，君子胡[何]不慥（zào忠厚诚实的样子）慥尔！

君子素其位而行，不愿呼其外。素富贵行乎富贵，素贫贱行乎贫贱，素夷狄行乎夷狄，素患难行乎患难。君子无入而不自得焉。

上不怨天，下不尤人，故君子居易以俟命，小人行险以侥幸。

子曰："射[射箭]有似乎君子，失诸正鹄[箭靶子]，反求[怪求]诸其身。"

君子之道，譬如行远，必自迩；譬如登高，必自卑[低处]。

子曰："舜其大孝也与！德为圣人，尊为天子，富有四海之内。宗庙飨（xiǎng）之，子孙保之。故大德，必得其位，必得其禄，必得其名，必得其寿。故天之生物必因其材而笃[厚待]焉。故栽者培之，倾者覆之。诗曰：'嘉乐君子，宪宪[显显]令[美好]德。宜民宜人，受禄于天。保佑命之，自天申[重申]之。'故大德者必受[承受]命。"

哀公问政。子曰："文武之政，布[陈列]在方[木板]策[竹简]。其人存，则其政举；其人亡，则其政息。人道敏政，地道敏树。夫政也者，蒲卢[芦苇]也。"

故为政在人，取人以身，修身以道，修道以仁。仁者，人也，亲亲为大。义者，宜[适宜]也，尊贤为大。亲亲之杀（shài亲疏等杀），尊贤之等，礼所生也。故君子不可以不修身。思修身，不可以不事亲；思事亲，不可以不知人；思知人，不可以不知天。

天下之达道五，所以行之者三。曰：君臣也，父子也，夫妇也，昆弟也，朋友之交也；五者，天下之达道也。知、仁、勇，三者，天下之达德也。所以行之者，一[一样]也。

或生而知之，或学而知之，或困而知之，及其知之，一[一样]也。或安而行之，或利而行之，或勉强而行之，及其成功，一[一样]也。

子曰："好学近乎知，力行近乎仁，知耻近乎勇。知斯三者，则知所以修身；知所以修身，则知所以治人；知所以治人，则知所以治天下国家矣。"

凡事豫[预]则立，不豫则废。言前定，则不跲（jiá说话不通畅）；事前定，则不困；行前定，则不疚；道前定，则不穷。

诚者，天之道也；诚之[追求真诚]者，人之道也。诚者，不勉而中，不思而得，从容中道，圣人也。诚之者，择善而固执之者也。

博学之，审问之，慎思之，明辨之，笃（dǔ）行之。有弗学，学之弗能弗措[停止]也；有弗问，问之弗知弗措也；有弗思，思之弗得弗措也；有弗辨，辩之弗明弗措也；有弗行，行之弗笃弗措也。

人一能之，己百之；人十能之，己千之。果能此道矣，虽愚必明，虽柔必强。

唯天下之至诚，为能尽其性；能尽其性，则能尽人之性；能尽人之性，则能尽物之性；能尽物之性，则可以赞[赞助]天地之化育；可以赞天地之化育，则可以与天地参[并列]矣。

诚者，物之终始；不诚，无物。是故，君子诚之为贵。诚者，非自成己而已也，所以成物也。

君子尊德性而道问学，致广大而尽精微，极高明而道中庸。温故而知新，敦厚以崇礼。是故，居上不骄，为下不倍[背]。国有道，其言足以兴；国无道，其默[沉默]足以容。诗曰："既明且哲[智慧]，以保其身"，其[大概]此之谓与！

子曰："愚而好自用，贱而好自专，生乎今之世，反[返]古之道，如此者，灾及其身者也。"

万物并育而不相害，道并行而不相悖。小德川[河水]流，大德敦化。此天地之所以为大也。

君子之道，淡而不厌，简而文，温而理；知远之近，知风之自，知微之显，可与入德矣。

君子内省不疚，无恶于志。君子之所不可及者，其唯人之所不见乎！

诗云："相[注视]在尔室，尚不愧于屋漏[神明]。"故君子不动而敬，不言而信。

《孟子》精选　孟子

孟子曰："爱人不亲，反其仁；治人不治，反其智；礼人不答，反其敬；行有不得者皆反求诸己，其身正而天下归之。《诗》曰：'永言配[合]命，自求多福。'"

君子有三乐，而王天下不与存焉。父母俱在，兄弟无故，一乐也；仰不愧于天，俯不怍（zuò）于人，二乐也；得天下英才而教育之，三乐也。

人告之以有过，则喜。

君子莫大乎与人为善。

民之归仁也，犹水之就下、兽之走圹（kuàng）也。故为渊驱鱼者，獭（tǎ）也；为丛驱爵[雀]者，鹯（zhān）也；为汤、武驱民者，桀与纣也。

仲尼不为[做]已甚[过]者。

食色，性也。

国人皆曰可杀。

西子蒙不洁，则人皆掩鼻而过之；虽有恶[丑]人，斋戒沐浴，则可以祀上帝。

出于其类，拔乎其萃。

永言孝思，思孝惟则。

顺天者存，逆天者亡。

志，气之帅也。

居移气，养移体。

世俗所谓不孝者五：惰其四支，不顾父母之养，一不孝也；博奕好欲酒，不顾父母之养，二不孝也；好货财，私妻子，不顾父母之养，三不孝也；从[放纵]耳目之欲，以为父母戮[羞辱]，四不孝也；好勇斗狠，以危父母，五不孝也。

恻隐之心，人皆有之；羞恶之心，人皆有之；恭敬之心，人皆有之；是非之心，人皆有之。恻隐之心，仁也；羞恶之心，义也；恭敬之心，礼也；是非之心，智也。仁义礼智，非由外铄[熔化]我也，我固[本来]有之也，弗思耳矣。故曰："求则得之，舍则失之。"

仁，人心也；义，人路也。舍其路而弗由，放其心而不知求，哀哉！人有鸡犬放，则知求之；有放心而不知求。学问之道无他，求其放心而已矣。

登泰山而小天下。

天下殆哉，岌（jí）岌乎。

拱把之桐梓，人苟欲生之，皆知所以养之者。至于身，而不知所以养之者，岂爱身不若桐梓哉？弗思甚也。

贼[伤害]仁者谓之贼，贼义者谓之残。残贼之人谓之一[独]夫。

穷不失义，达不离道。

体有贵贱，有大小。无以小害大，无以贱害贵。养其小者为小人，养其大者为大人。

目之于色也，有同美焉。

摩[磨]顶[头顶]放踵（zhǒng脚跟）利天下，为之。

从流下而忘反[返]谓之流，从流上而忘反谓之连，从兽无厌[足]谓之荒，乐酒无厌谓之亡。

人不可以无耻，无耻之耻，无耻矣。

孝子之至，莫大乎尊亲。

惟孝顺父母，可以解忧。

人若无志，与禽兽同类。

饥者甘食，渴者甘饮，是未得饮食之正也，饥渴害之也。岂惟口腹有饥渴之害？人心亦皆有害。人能无以饥渴之害为心害，则不及人不为忧矣。

不以规矩，不成方圆。

枉[扭曲]己者，未有能直[正直]人者也。

上有好者，下必有甚焉者矣。

权，然后知轻重；度，然后知长短。

劳心者治人，劳力者治于人。

孔子成《春秋》而乱臣贼子惧。

大人者，不失其赤子之心者也。

徒[只]善不足以为政，徒法不足以自行。

志士不忘在沟壑，勇士不忘丧其元[脑袋]。

是故君子有终身之忧，无一朝之患也。

虽有天下易生之物，一日暴之，十日寒之，未有能生者也。

如欲平治天下，当今之世，舍我其谁也。

三代之得天下也，以仁；其失天下也，以不仁。

天油然作云，沛然下雨，则苗浡（bó）然兴之矣。

其交也以道，其接也以礼，斯孔子受之矣。

人之相识，贵在相知，人之相知，贵在知心。

心之官[功能]则思，思则得之，不思则不得也。此天之所与我者，先立乎其大者，则其小者弗能夺也。此为大人而已矣。

不以文害辞，不以辞害志；以意逆[迎；揣度]志，是为得之。

言近而指[旨]远者，善言也；守约而施博者，善道也。君子之言也，不下带[腰带]而道存焉；君子之守，修其身而天下平。人病舍其田而芸[除草]人之田——所求于人者重，而所以自任者轻。

不得乎亲，不可以为人；不顺乎亲，不可以为子。

贤者以其昭昭，使人昭昭；今以其昏昏，使人昭昭。

人之患，在好为人师。

挟泰山以超北海，语人曰“我不能”，是诚不能也。为长者折枝，语人曰“我不能”，是不为也，非不能也。

乐民之乐者，民亦乐其乐；忧民之忧者，民亦忧其忧。乐以天下，忧以天下，然而不王者，未之有也。

仁人之于弟也，不藏怒焉，不宿怨焉，亲爱之而已矣。

父子有亲，君臣有义，夫妇有别，长幼有叙，朋友有信。

诸侯之宝三：土地、人民、政事。宝珠玉者，殃必及身。

庖有肥肉，厩有肥马，民有饥色，野有饿莩（piǎo），此率[率领]兽而食人也。

诐（bì偏颇）辞知其所蔽，淫辞知其所陷，邪辞知其所离，遁辞知其所穷。

尊贤使能，俊杰在位。

以力服人者，非心服也，力不赡[足]也；以德服人者，中心悦而诚服也。

尽信书，则不如无书。

民为贵，社稷次之，君为轻。是故得乎丘民而为天子，得乎天子为诸侯，得乎诸侯为大夫。

仁者如射，射者正己而后发。发而不中，不怨胜己者，反求诸己而已矣。

自暴者不可与有言也，自弃者不可与有为也。言非礼义，谓之自暴也；吾身不能居仁由[遵从]义，谓之自弃也。仁，人之安宅也；义，人之正路也。旷安宅而弗居，舍正路而不由，哀哉！

人皆可以为尧舜。

恭者不侮人，俭者不夺人。

夫人必自侮，然后人侮之；家必自毁，而后人毁之；国必自伐，而后人伐之。

养心莫善于寡欲。

仁者无敌。

祸福无不自己求之者。

胸中正，则眸子瞭（liǎo明净）焉；胸中不正，则眸子眊（mào浑浊）焉。听其言也，观其眸子，人焉廋（sōu藏匿）哉？

穷则独善其身，达则兼济天下。

君子不怨天，不尤[责怪]人。

诚者，天之道也；思诚者，人之道也。至诚而不动[感动]者，未之有也；不诚，未有能动者也。

其进锐者，其退速。

故天降大任于是人也，必先苦其心志，劳其筋骨，饿其体肤，空乏其身，行拂乱其所为，所以动心忍性，曾益其所不能。

可[值]欲[爱]之谓善，有诸己之谓信，充实之谓美，充实而有光辉之谓大，大而化之之谓圣，圣而不可知之之谓神。

人少，则慕父母；知好色，则慕少艾（ài）[年轻美丽的女子]；有妻子，则慕妻子；仕则慕君，不得于君则热中。大孝终身慕父母。五十而慕者，予于大舜见之矣。

事，孰为大？事亲为大；守，孰为大？守身为大。不失其身而能事其亲者，吾闻之矣；失其身而能事其亲者，吾未闻也。孰不为事？事亲，事之本也；孰不为守？守身，守之本也。

君子以仁存心，以礼存心。仁者爱人，有礼者敬人。爱人者，人恒爱之；敬人者，人恒敬之。

耻之于人大矣！为机变之巧者，无所用耻焉。不耻不若人，何若人有？

不挟[依仗]长，不挟贵，不挟兄弟而友；友也者，友其德也，不可以有挟也。

杀一无罪非仁也，非其有而取之非义也。

人之易其言也，无责[责备]耳矣。

有不虞[预料]之誉，有求全之毁[诋毁]。

君仁，莫不仁；君义，莫不义；君正，莫不正。

贤者在位，能者在职。

有为者辟若掘井，掘井九轫（rèn）而不及泉，犹为弃井也。

颂其诗，读其书，不知其人可乎？是以论其世也。

老吾老，以及人之老；幼吾幼，以及人之幼。天下可运于掌。

人有恒言，皆曰“天下国家”。天下之本在国，国之本在家，家之本在身。

我善养吾浩[浩荡博大]然之气！

居天下之广居，立天下之正位，行天下之大道；得志与民由[遵从]之，不得志独行其道；富贵不能淫，贫贱不能移，威武不能屈。此之谓大丈夫。

生，我所欲也；义亦我所欲也。二者不可得兼，舍生而取义者也。

生于忧患，死于安乐。

得道多助，失道寡助。

天时不如地利，地利不如人和。

《论语》精选

子曰：“学而时习之，不亦说[悦]乎？有朋自远方来，不亦乐乎？人不知而不愠（yùn怨恨），不亦君子乎？”

子曰：“巧言令[美好]色，鲜（xiǎn很少）矣仁。”

曾子曰：“吾日三省吾身：为人谋而不忠乎？与朋友交而不信乎？传[传授的学业]不习[温习]乎？”

子曰：“弟子，入则孝，出则悌，谨而信，泛爱众而亲仁，行有余力，则以学文。”

子夏曰：“贤[尊重]贤易[轻视]色[女色]；事父母，能竭其力；事君，能致其身；与朋友交，言而有信。虽曰未学，吾必谓之学矣。”

子曰：“君子不重[庄重]则不威，学则不固。主忠信。无友不如己者。过，则勿惮（dàn怕，畏惧）改。”

曾子曰：“慎终[人死]追远[祖先]，民德归厚矣。”

子曰：“君子食无求饱，居无求安，敏于事而慎于言，就[靠近]有道而正焉，可谓好学也已。”

子曰：“不患[担忧]人之不己知，患不知人也。”

子贡曰：“贫而无谄（chǎn），富而无骄，何如？”子曰：“可也。未若贫而乐道，富而好礼者也。”子贡曰：“诗云：‘如切如磋（cuō），如琢如磨’，其斯之谓与？”子曰：“赐也，始可与言诗已矣，告诸往而知来者。”

子曰：“为政以德，譬（pì）如北辰，居其所而众星共[拱，环绕]之。”

子曰：“诗三百，一言以蔽（bì概括）之，曰：‘思无邪。’”

子曰：“道之以政，齐[约束]之以刑，民免而无耻。道之以德，齐之以礼，有耻且格。”

子曰：“吾十有五而志于学，三十而立，四十而不惑，五十而知天命，六十而耳顺[正确对待各种言论]，七十而从心所欲不逾（yú越过）矩。”

孟武伯问孝。子曰：“父母，唯其疾之忧。”

子游问孝。子曰：“今之孝者，是谓能养。至于犬马，皆能有养；不敬，何以别乎？”

子夏问孝。子曰：“色[和颜悦色]难。有事，弟子服其劳；有酒食，先生馔（zhuàn吃喝），曾是以为孝乎？”

子曰：“视其所以，观其所由，察其所安。人焉廋（sōu隐藏，隐匿）哉？人焉廋哉？”

子曰：“温故而知新，可以为师矣。”

子曰：“君子不器[器具]。”

子曰：“君子周而不比，小人比而不周。”

子曰：“学而不思则罔[迷惑]，思而不学则殆。”

子曰：“攻乎异端，斯害也已。”

子曰：“由，诲汝知之乎？知之为知之，不知为不知，是知[智]也。”

子曰：“非其鬼而祭之，谄[谄媚]也。见义不为，无勇也。”

子张学干禄。子曰：“多闻阙（quē缺）疑，慎言其余，则寡尤[过错]；多见阙（quē缺）殆，慎行其余，则寡悔。言寡尤，行寡悔，禄在其中矣。”

子曰：“人而无信，不知其可也。大车无輗（ní），小车无軏（yuè），其何以行之哉！”

哀公问曰：“何为则民服？”孔子对曰：“举[选拔]直[正直公平]错[措，放置]诸枉[邪恶不正]，则民服；举枉错诸直，则民不服。”

季康子问：“使民敬、忠以劝[勉励]，如之何？”子曰：“临之以庄则敬，孝慈则忠，举善而教不能则劝。”

或[有人]谓孔子曰：“子奚[为什么]不为政？”子曰：“《书》云：‘孝乎惟孝，友于兄弟，施于有政’。是亦为政，奚其为为政？”

孔子谓季氏：“八佾（yì一佾八人）舞于庭，是可忍也，孰不可忍也！”

子曰：“人而不仁，如礼何？人而不仁，如乐何？”

林放问礼之本。子曰：“大哉问！礼，与其奢也，宁俭；丧，与其易也，宁戚[悲哀]。”

子曰：“君子无所争。必也射[射箭]乎！揖（yī拱手行礼）让而升，下而饮，其争也君子。”

子夏问曰：“‘巧笑倩（qiàn好看）兮，美目盼[黑白分明]兮，素[素粉]以为绚兮。’何谓也？”子曰：“绘[画]事后[后于]素[白底]。”曰：“礼后乎？”子曰：“起[启发]予[我]者商也！始可与言《诗》已矣。”

祭如在，祭神如神在。子曰：“吾不与祭，如不祭。”

子曰：“《关雎》，乐而不淫，哀而不伤。”

子语鲁太师乐，曰："乐其可知也：始作，翕（xī合、聚、协调）如也；从之，纯如也，皦（jiǎo音节分明）如也，绎（yì连续不断）如也，以成。"

子谓《韶》："尽美矣，又尽善也。"

子曰："居上不宽，为礼不敬，临丧不哀。吾何以观之哉！"

子曰："里[住处]仁为美。择不处[居住]仁，焉得知（zhì智）！"

子曰："不仁者，不可以久处约[穷困]，不可以长处乐。仁者安[安于]仁，知者利仁。"

子曰："富与贵，是人之所欲也，不以其道得之，不处也。贫与贱，是人之所恶也，不以其道得之，不去也。君子去仁，恶（wū怎么）乎成名？君子无终食[一顿饭]之间违仁，造次[仓促]必于是，颠沛必于是。"

子曰："我未见好仁者，恶（wù）不仁者。好仁者无以尚之，恶不仁者其为仁矣，不使不仁者加乎其身。有能一日用力于仁矣乎，我未见力不足者。盖[大概]有之矣，我未之见也。"

子曰："唯仁者能好[喜爱]人，能恶（wù憎恶）人。"

子曰："苟志于仁矣，无恶（è）也。"

子曰："人之过[错误]也，各于其党。观过，斯知仁矣！"

子曰："朝闻道，夕死可矣。"

子曰："士志于道，而耻恶（è）衣恶食者，未足[值得]与议也。"

子曰："君子之于天下也，无适也，无莫也，义之与比。"

子曰："君子怀[思念]德，小人怀土[乡土]；君子怀刑[法制惩罚]，小人怀惠。"

子曰："放（fǎng仿）于利而行，多怨。"

子曰："不患[担忧]无位，患所以立。不患莫己知，求为可知也。"

子曰："参乎，吾道一以贯之。"曾子曰："夫子之道，忠恕而已矣。"

子曰："见贤思齐[看齐]焉，见不贤而内自省也。"

子曰："君子喻[明白]于义，小人喻于利。"

子曰："事父母几（jī轻微、婉转）谏[劝说]，见志不从，又敬不违，劳[烦劳]而不怨。"

子曰："父母在，不远游，游必有方。"

子曰："父母之年[年纪]，不可不知也。一则以喜，一则以惧。"

子曰："古者言之不出，耻躬之不逮（dài做到）也。"

子曰："以约[约束]失之者鲜（xiǎn少）矣。"

子曰："君子欲讷（nè谨慎）于言而敏于行。"

子曰："德不孤，必有邻。"

子游曰："事君数（shuò），斯辱矣。朋友数，斯疏矣。"

子谓南容："邦有道，不废；邦无道，免于刑戮（lù）。"以其兄之子[女]妻[嫁给]之。

子曰："道不行，乘桴（fú木筏子）浮于海，从[随从]我者其由与！"子路闻之喜。子曰："由也，好勇过我，无所取材[才能]。"

子谓子贡曰："女[汝]与回也，孰愈[胜过]？"对曰："赐也何敢望回？回也闻一以知十，赐也闻一以知二。"子曰："弗如也。吾与女弗如也。"

宰予昼寝，子曰："朽木不可雕也，粪土之墙不可圬（wū粉刷墙壁）也。于予[宰予]与何诛[责备、批评]？"子曰："始吾于人也，听其言而信其行；今吾于人也，听其言而观其行。于予[宰予]与改是。"

子贡曰："我不欲人之加[强加]诸我也，吾亦欲无加诸人。"子曰："赐也，非尔所及也。"

子贡曰："夫子之文章，可得而闻也；夫子之言性[人性]与天道，不可得而闻也。"

子贡问曰："孔文子何以谓之文也？"子曰："敏而好学，不耻下问，是以谓之文也。"

子谓子产："有君子之道四焉。其行己也恭，其事上也敬，其养民也惠，其使民也义。"

子曰："晏平仲善与人交，久而敬之。"

子张问曰："令尹子文三仕为令尹，无喜色；三已[罢免]之，无愠色。旧令尹之政，必以告新令尹。何如？"子曰："忠矣！"曰："仁矣乎？"子曰："未知，焉得仁？""崔子弑（shì）齐君，陈文子有马十乘，弃而违之。至于他邦，则曰：'犹吾大夫崔子也。'违之。至一邦，则又曰：'犹吾大夫崔子也。'违之。何如？"子曰："清矣。"曰："仁矣乎？"曰："未知。焉得仁？"

季文子三思而后行。子闻之，曰："再[两次]，斯[就]可矣！"

子曰："宁武子，邦有道，则知；邦无道，则愚[装傻]。其知可及也，其愚不可及也。"

子曰："伯夷叔齐，不念旧恶[过去的仇恨]，怨[怨恨]是用希[稀]。"

子曰："巧言令色，足恭，左丘明耻之，丘亦耻之。匿怨而友其人，左丘明耻之，丘亦耻之。"

颜渊、季路侍。子曰："盍各言尔志。"子路曰："原车马，衣轻裘，与朋友共，敝之而无憾。"颜渊曰："愿无伐善，无施劳。"子路曰："愿闻子之志。"子曰："老者安之，朋友信之，少者怀之。"

子曰："已矣乎[完了]！吾未见能见其过而内自讼[责备]者也。"

子曰："十室之邑[小村子]，必有忠信如丘者焉，不如丘之好学也。"

哀公问："弟子孰为好学？"孔子对曰："有颜回者好学，不迁怒，不贰[重复]过，不幸短命死矣！今也则亡，未闻好学者也。"

子曰："君子周[救济]急不继富。"

原思为之宰，与之粟九百，辞。子曰："毋！以与尔邻里乡党乎？"

子曰："贤哉回也！一箪（dān）食，一瓢（piáo）饮，在陋巷，人不堪其忧，回也不改其乐。贤哉回也！"

冉求曰："非不说[同"悦"]子之道，力不足也。"子曰："力不足者，中道而废。今汝画[划定界限，停止前进]。"

子曰："质[朴实]胜文[文采]则野，文胜质则史[华丽浮夸]，文质彬彬，然后君子。"

子曰："人之生[生存]也直[正直]，罔（wǎng诬罔不直的人）之生也幸[侥幸]而免。"

子曰："知之者不如好（hào）之者，好之者不如乐之者。"

子曰："中人以上，可以语（yù）上[高深的学问]也；中人以下，不可以语上也。"

樊迟问知。子曰："务民之义，敬鬼神而远之，可谓知[智]矣。"问仁。子曰："先难[做难做的事]而后获[收获]，可谓仁矣。"

子曰："知者乐水，仁者乐山；知者动，仁者静；知者乐，仁者寿。"

宰我问曰："仁者，虽告之曰：'井有仁[人]焉'，其从之也？"子曰："何为其然也？君子可逝[速往]也，不可陷也；可欺[被欺骗]也，不可罔[被迷惑]也。"

子曰："君子博学于文，约之以礼，亦可以弗畔[叛]矣夫。"

子曰："中庸之为德也，其至[最高]矣乎！民鲜[缺少]久矣。"

子曰："夫仁者，己欲立而立人，己欲达而达人。能近取譬（pì）[能够就自身打比方]，可谓仁之方也已。"

子曰："述[传述]而不作[创作]，信而好古，窃[私下]比我于老彭。"

子曰："默而识（zhì记住）之，学而不厌，诲人不倦，何有[有什么困难]于我哉？"

子曰："德之不修，学之不讲，闻义不能徙[迁移]，不善不能改，是吾忧也。"

子之燕居，申申[衣冠整洁]如也，夭夭[行动迟缓、斯文舒和]如也。

子曰："甚矣，吾衰也！久矣，吾不复梦见周公！"

子曰："志于道，据于德，依于仁，游于艺。"

子曰："自行束脩（xiū干肉）以上，吾未尝无诲焉。"

子曰："不愤不启，不悱（fěi想说又不能明确说）不发，举一隅（yǔ）不以三隅反，则不复也。"

子食于有丧者之侧，未尝饱也。

子于是日哭，则不歌。

子谓颜渊曰："用之则行，舍之则藏，惟我与尔有是夫！"子路曰："子行三军，则谁与[在一起共事]？"子曰："暴虎[赤手空拳和老虎搏斗]冯（píng）河[徒步涉水过河]，死而无悔者，吾不与也。必也临事而惧，好谋而成者也。"

子曰："富而可求也，虽执鞭之士[执皮鞭开路的人]，吾亦为之，如不可求，从吾所好。"

子之所慎：齐[斋]，战，疾。

子在齐闻《韶》，三月不知肉味，曰："不图[想到]为乐之至于斯也。"

子曰："饭疏食，饮水，曲肱（gōng胳膊）而枕之，乐亦在其中矣。不义而富且贵，于我如浮云。"

子曰："加我数年，五十以学易[《周易》]，可以无大过矣。"

子所雅言，《诗》、《书》、执礼，皆雅言也。

叶（shè）公问孔子于子路，子路不对。子曰："汝奚[为什么]不曰：其为人也，发愤忘食，乐以忘忧，不知老之将至云尔。"

子曰："我非生而知之者，好古，敏以求之者也。"

子不语：怪、力、乱、神。

子曰："三人行，必有我师焉，择其善者而从之，其不善者而改之。"

子以四教：文、行、忠、信。

子钓而不纲[系许多鱼钩的大绳]，弋[用带绳子的箭来射鸟]不射宿[归巢歇宿的鸟]。

子曰："盖有不知而作[创造]之者，我无是也。多闻择其善者而从之，多见而识之，知[智]之次也。"

互乡难与言，童子见，门人惑。子曰："与[赞许]其进[进步]也，不与其退也。唯何甚？人洁己以进，与[赞许]其洁也，不保其往也。"

子曰："仁远乎哉？我欲仁，斯仁至矣。"

子曰："若圣与仁，则吾岂敢！抑[不过]为之不厌，诲人不倦，则可谓云尔已矣。"公西华曰："正唯弟子不能学也。"

子曰："奢则不孙[逊]，俭则固[鄙陋]。与其不孙也，宁固。"

子曰："君子坦荡荡[心胸宽广]，小人长戚戚[忧愁、烦恼]。"

子温而厉，威而不猛，恭而安。

子曰："恭而无礼则劳，慎而无礼则葸（xǐ畏惧），勇而无礼则乱，直而无礼则绞[说话尖刻]。君子笃于亲，则民兴于仁；故旧[老朋友]不遗，则民不偷[淡薄]。"

曾子有疾，孟敬子问之。曾子言曰："鸟之将死，其鸣也哀；人之将死，其言也善。君子所贵乎道者三：动容貌，斯远暴慢矣；正颜色，斯近信矣；出辞气，斯远鄙[粗野]倍[背理]矣。笾（biān）豆之事[祭祀]，则有司[主管祭祀、礼仪事务的官吏]存。"

曾子曰："以能问于不能，以多问于寡；有若无，实若虚；犯而不校（jiào计较）。昔者吾友尝从事于斯矣！"

曾子曰："可以托六尺之孤，可以寄百里之命[掌握国家政权和命运]，临大节而不可夺也。君子人与？君子人也。"

曾子曰："士不可以不弘毅，任重而道远。仁以为己任，不亦重乎？死而后已，不亦远乎？"

子曰："兴于《诗》，立于礼，成于乐。"

子曰："民，可使由之，不可使知之。"

子曰："好勇疾[憎恨]贫，乱也。人而不仁，疾之已甚，乱也。"

子曰："如有周公之才之美，使[如果]骄且吝，其余不足观也已。"

子曰："笃信好学，守死善道。危邦不入，乱邦不居。天下有道则见（xiàn），无道则隐。邦有道，贫且贱焉，耻也；邦无道，富且贵焉，耻也。"

子曰："不在其位，不谋其政。"

子曰："学如不及[追赶不上]，犹恐[担心]失之。"

子曰："狂而不直，侗（tóng幼稚；无知）而不愿，悾悾（kōng诚恳的样子）而不信，吾不知之矣。"

子曰："巍巍[崇高]乎，舜禹之有天下也，而不与焉。"

子曰："大哉，尧之为君也。巍巍乎，唯天为大，唯尧则[效法]之。荡荡乎，民无能名[形容]焉。巍巍乎其有成功也，焕[光辉]乎其有文章。"

舜有臣五人而天下治。武王曰："予有乱臣[治国之臣]十人。"孔子曰："才[人才]难，不其然乎？唐虞之际，于斯为盛，有妇人焉，九人而已。三分天下有其二，以服事殷。周之德，其可谓至德也已矣。"

子曰："禹，吾无间[挑剔]然矣。菲[不丰厚]饮食而致孝乎鬼神，恶衣服而致美乎黻（fú祭祀时穿的礼服）冕[帽子]，卑宫室而尽力乎沟洫（xù沟渠）。禹，吾无间然矣。"

子罕言利，与[赞同]命与仁。

子绝四：毋（wú）意、毋必、毋固、毋我。

太宰问于子贡曰："夫子圣者与？何其多能也？"子贡曰："固天纵之将圣，又多能也。"子闻之，曰："太宰知我乎？吾少[少年时]也贱[地位低贱]，故多能鄙事[卑贱的技艺]。君子多乎哉？不多也。"

子曰："吾有知乎哉？无知也。有鄙夫问于我，空空如也，我叩[叩问]其两端[正反、始终、上下方面]而竭[尽力追究]焉。"

子曰："凤鸟不至，河不出图，洛不出书，吾已矣夫[完了]！"

颜渊喟（kuì）然叹曰："仰之弥高，钻之弥坚。瞻之在前，忽焉在后。夫子循循然善诱人，博我以文，约我以礼，欲罢不能。既竭吾才，如[好像]有所立卓[高大]尔。虽欲从之，末由[没有办法]也已。"

子贡曰：“有美玉于斯，韫（yùn）椟（dú）而藏诸？求善贾（gǔ）而沽（gū出卖）诸？”子曰：“沽之哉，沽之哉！我待贾者也。”

子欲居九夷。或曰：“陋，如之何？”子曰：“君子居之，何陋之有？”

子曰：“出则事公卿，入则事父兄，丧事不敢不勉，不为酒困，何有于我哉？”

子在川上曰：“逝者如斯夫，不舍昼夜。”

子曰：“吾未见好德如好色者也。”

子曰：“譬如为山[用土堆山]，未成一篑（kuì），止，吾止也。譬如平地，虽覆一篑，进，吾往也。”

子曰：“苗而不秀者有矣夫，秀而不实者有矣夫。”

子曰：“后生可畏[敬畏]。焉知来者之不如今也？四十、五十而无闻[默默无闻]焉，斯亦不足畏也已。”

子曰：“法[礼仪规则]语之言，能无从乎？改之[改正自己的错误]为贵。巽（xùn恭顺）与之言，能无说[悦]乎？绎[推究]之为贵。说而不绎，从而不改，吾未如之何也已矣。”

子曰：“三军可夺帅也，匹夫不可夺志也。”

子曰：“衣敝缊（yùn）袍，与衣狐貉（hé）者立，而不耻者，其由也与？‘不忮（zhì嫉妒）不求[贪求]，何用不臧[好]？’”子路终身诵之[这句诗]。子曰：“是道也，何足以臧？”

子曰：“岁寒，然后知松柏之后凋也。”

子曰：“知者不惑，仁者不忧，勇者不惧。”

子曰：“可与共学，未可与适[追求]道；可与适道，未可与立；可与立，未可与权[权衡轻重]。”

“唐棣（dì）之华，偏其反而[花摇动的样子]。岂不尔思，室是远而[只是住的地方太远了]。”子曰：“未之思也，夫何远之有？”

孔子于乡党，恂恂（xún严肃恭谨）如也，似不能言者。其在宗庙朝廷，便（pián）便言，唯谨尔。

朝，与下大夫言，侃侃如也；与上大夫言，訚訚（yín中正，和悦）如也。君在，踧（cù）踖（jí）[恭敬]如也，与与[威仪适中]如也。

执圭，鞠躬如也，如不胜。上如揖，下如授。勃如战色[战栗的样子]，足蹜（sù小步走路）蹜，如有循。享礼，有容色。私觌（dí会见），愉愉如也。

食不厌[嫌]精，脍[鱼、肉]不厌细。食饐（yì食物腐败变味）而餲（ài食物经久而腐臭变味），鱼馁（něi腐烂变质）而肉败，不食。色恶，不食。失饪（rèn），不食。不时，不食。肉虽多，不使胜食气。惟酒无量，不及乱。

食不语，寝不言。

厩（jiù）焚，子退朝，曰："伤人乎？"不问马。

朋友死，无所归，曰："于我殡（bìn丧事）。"

朋友之馈（kuì），虽车马，非祭肉，不拜。

寝不尸，居不客。

迅雷风烈，必变。

子曰："先进于礼乐[先学习礼乐而后再做官的人]，野人[乡野平民]也；后进于礼乐[先做官后学习礼乐的人]，君子也。如用之，则吾从先进。"

德行：颜渊、闵子骞、冉伯牛、仲弓。言语：宰我、子贡。政事：冉有、季路。文学：子游、子夏。

子曰："回也，非助我者也。于吾言无所不说。"

颜渊死，子曰："噫！天丧予！天丧予！"

颜渊死，子哭之恸（tòng哀伤过度）。从者曰："子恸矣。"曰："有恸乎？非夫人之为恸而谁为？"

季路问事鬼神。子曰："未能事[事奉]人，焉能事鬼？"曰："敢问死？"曰："未知生，焉知死？"

闵子侍侧，訚訚（yín中正，和悦）如也；子路，行行（hàng刚强的样子）如也；冉有、子贡，侃侃如也。子乐。"若由也，不得其死然。"

子贡问："师[子张]与商[子夏]也孰贤？"子曰："师也过，商也不及。"曰："然则师愈与？"子曰："过犹不及。"

季氏富于周公，而求[冉求]也为之聚敛而附益之。子曰："非吾徒也。小子鸣鼓而攻之可也。"

柴[高柴]也愚，参[曾参]也鲁，师[子张]也辟（pì偏激），由[子路]也喭（yàn鲁莽）。

子曰："回也其庶[接近于完善]乎，屡（lǚ屡屡）空[贫困、匮乏]。赐不受命，而货殖[做买卖]焉，亿[臆行情]则屡中[猜中]。”

子张问善人之道，子曰：“不践迹[踩着前人的脚印走]，亦不入于室[达到了精深地步]。”

子路问：“闻斯行诸？”子曰：“有父兄在，如之何其闻斯行之？”冉有问：“闻斯行诸？”子曰：“闻斯行之。”赤也惑，敢问。子曰：“求也退，故进之；由也兼人[好勇过人]，故退之。”

司马牛忧曰：“人皆有兄弟，吾独亡。”子夏曰：“商闻之矣，死生有命，富贵在天。君子敬而无失，与人恭而有礼，四海之内，皆兄弟也。君子何患乎无兄弟也。”

子张问明。子曰：“浸润之谮（zèn说别人的坏话，诬陷，中伤），肤受之愬（sù诉：诉说，倾诉），不行焉，可谓明也已矣。浸润之谮，肤受之愬，不行焉，可谓远也已矣。”

子贡问政，子曰：“足食，足兵，民信之矣。”子贡曰：“必不得已而去，于斯三者何先？”曰：“去兵。”子贡曰：“必不得已而去，于斯二者何先？”曰：“去食。自古皆有死，民无信不立。”

棘子成曰：“君子质而已矣，何以文为？”子贡曰：“惜乎，夫子之说君子也！驷（sì）不及舌。文，犹质也；质，犹文也。虎豹之鞟（kuò去毛的兽皮），犹犬羊之鞟。”

子张问崇德辨惑。子曰：“主忠信，徙义，崇德也。爱之欲其生，恶之欲其死，既欲其生，又欲其死，是惑也。‘诚不以富，亦祗以异。’”

子张问政。子曰：“居之无倦，行之以忠。”

子曰：“君子成人之美，不成人之恶。小人反是。”

季康子问政于孔子。孔子对曰：“政者正也，子帅以正，孰敢不正。”

季康子患盗，问与孔子。孔子对曰：“苟子之不欲，虽赏之不窃。”

季康子问政于孔子曰：“如杀无道，以就有道，何如？”孔子对曰：“子为政，焉用杀。子欲善，而民善矣。君子之德风，小人之德草，草上之风，必偃[倒]。”

子曰：“夫达[通达]也者，质直而好义，察言而观色，虑以下人。在邦必达，在家必达。夫闻[虚假名声]也者，色取仁而行违，居之不疑，在邦必闻，在家必闻。”

樊迟从游于舞雩之下，曰：“敢问崇德、修[修正]慝（tè把心隐藏起来，存有邪念）、辨惑？”子曰：“善哉问。先事后得，非崇德与？攻其恶，无攻人之恶，非修慝与？一朝之忿，忘其身，以及其亲，非惑与？”

樊迟问仁。子曰：“爱人。”问知。子曰：“知人。”樊迟不达，子曰：“举直错诸枉，能使枉者直。”

子贡问友。子曰：“忠告而善道之，不可则止，毋自辱焉。”

曾子曰：“君子以文会友，以友辅仁。”

子路问政。子曰：“先之，劳之。”请益。子曰：“无倦。”

仲弓为季氏宰，问政。子曰：“先有司，赦小过，举贤才。”曰：“焉知贤才而举之？”曰：“举尔所知；尔所不知，人[别人]其[难道]舍诸？”

子曰：“名不正则言不顺，言不顺则事不成，事不成则礼乐不兴，礼乐不兴则刑罚不中，刑罚不中则民无所措手足。故君子名之必可言也，言之必可行也。君子于其言，无所苟[苟且，马马虎虎]而已矣。”

樊迟请学稼[种庄稼]，子曰：“吾不如老农。”请学为圃（pǔ）[种菜]，曰：“吾不如老圃。”樊迟出，子曰：“小人哉，樊须也。上好礼，则民莫敢不敬；上好义，则民莫敢不服；上好信，则民莫敢不用情。夫如是，则四方之民襁（qiǎng）负其子而至矣。焉用稼？”

子曰：“诵《诗》三百，授之以政，不达；使于四方，不能专对。虽多，亦奚以为？”

子曰：“其身正，不令而行；其身不正，虽令不从。”

子谓卫公子荆：“善居室，始有，曰苟[差不多]合矣；少有，曰苟完[完备]矣；富有，曰苟美矣。”

子适卫，冉有仆，子曰：“庶[人口众多]矣哉。”冉有曰：“既庶矣，又何加焉？”曰：“富之。”曰：“既富矣，又何加焉？”曰：“教之。”

子曰：“苟有用我者，期（jī周）月[十二个月]而已可也，三年有成。”

子曰：“善人为邦百年，亦可以胜残[残暴]去杀[杀戮]矣。诚哉是言也！”

子曰："如有王者，必世[三十年]而后仁[实现仁政]。"

子曰："苟正其身矣，于从政乎何有？不能正其身，如正人何？"

叶公问政。子曰："近者说，远者来。"

定公问："一言而可以兴邦，有诸？"孔子对曰："言不可以若是其几也。人之言曰：'为君难，为臣不易。'如知为君之难也，不几乎一言而兴邦乎？"曰："一言而丧邦，有诸？"孔子对曰："言不可以若是其几也。人之言曰：'予无乐乎为君，唯其言而莫予违也。'如其善而莫之违也，不亦善乎？如不善而莫之违也，不几乎一言而丧邦乎？"

子夏为莒（jǔ）父宰，问政。子曰："无欲速，无见小利。欲速则不达，见小利则大事不成。"

叶公语孔子曰："吾党[乡党]有直[正直]躬者，其父攘[偷]羊，而子证[告发]之。"孔子曰："吾党之直者异于是，父为子隐，子为父隐，直在其中矣。"

樊迟问仁。子曰："居处恭，执事敬，与人忠，虽之夷狄，不可弃也。

子曰："不得中[中庸]行而与之，必也狂狷（juàn拘谨）乎！狂者进取，狷者有所不为也。"

子曰："君子和而不同，小人同而不和。"

子贡问曰："何如斯可谓之士矣？"子曰："行己有耻，使于四方，不辱君命，可谓士矣。"曰："敢问其次。"曰："宗族称孝焉，乡党称悌焉。"曰："敢问其次。"曰："言必信，行必果，硁（kēng）硁然小人哉，抑亦可以为次矣。"曰："今之从政者何如？"子曰："噫！斗筲（shāo）之人[器量狭小的人]，何足算也。"

子贡问曰："乡人皆好[喜欢]之，何如？"子曰："未可也。""乡人皆恶[厌恶]之，何如？"子曰："未可也。不如乡人之善者好之，其不善者恶之。"

子曰："君子易事[易与共事]而难说[难于取得他的欢喜]也。说[悦]之不以其道，不说也；及其使人也，器之[量才使用他]。小人难事而易说也。说之虽不以道，说之；及其使人也，求备[求全责备]焉。"

子曰："刚、毅、木、讷，近仁。"

子曰："君子泰而不骄，小人骄而不泰。"

子路问曰："何如斯可谓之士矣？"子曰："切切偲（sī诚恳）偲，怡怡[亲切]如也，可谓士矣。朋友切切偲偲，兄弟怡怡。"

宪问耻。子曰："邦有道，谷[做官者的俸禄]；邦无道，谷，耻也。"

子曰："士而怀居[家居的安逸生活]，不足以为士矣。"

子曰："邦有道，危[正直]言危行；邦无道，危行言孙[逊]。"

子曰："有德者必有言，有言者不必有德；仁者必有勇，勇者不必有仁。"

南宫适（kuò）问于孔子曰："羿（yì）善射，奡（ào）荡舟[水战]，俱不得其死然；禹稷躬稼而有天下。"夫子不答。南宫适出，子曰："君子哉若人，尚德哉若人。"

子曰："君子而不仁者有矣夫，未有小人而仁者也。"

子曰："爱之，能勿劳乎？忠焉，能无诲乎？"

子曰："贫而无怨难，富而无骄易。"

子路问成人[完人]。子曰："若臧武仲之知，公绰之不欲，卞庄子之勇，冉求之艺，文之以礼乐，亦可以为成人矣。"曰："今之成人者何必然？见利思义，见危授命，久要[长久处于穷困中]不忘平生之言，亦可以为成人矣。"

子曰："晋文公谲（jué诡诈）而不正，齐桓公正而不谲。"

子路曰："桓公杀公子纠，召忽死之，管仲不死。未仁乎？"子曰："管仲九合诸侯，不以兵车，管仲之力也。如其仁，如其仁！"

子贡曰："管仲非仁者与？桓公杀公子纠，不能死，又相之。"子曰："管仲相[辅佐]桓公，霸诸侯，一匡天下，民到于今受其赐。微[没有]管仲，吾其披发左衽（rèn）矣。岂若匹夫匹妇之为谅[小节小信]也，自经[上吊自杀]于沟渎（dú小沟渠）而莫之知也。"

子曰："其言之不怍（zuò惭愧），则为之也难。"

子路问事君，子曰："勿欺也，而犯[犯颜直谏]之。"

子曰："君子上达，小人下达。"

子曰："古之学者为己，今之学者为人。"

子曰："不在其位，不谋其政。"

子曰："君子耻其言而过其行。"

子曰："君子道者三，我无能焉。仁者不忧，知者不惑，勇者不惧。”

子曰：“不患人之不己知，患其不能也。”

子曰：“不逆[迎，预先猜测]诈，不亿[臆，猜测]不信，抑[然而]亦先觉者，是贤乎！”

或曰：“以德报怨，何如？”子曰：“何以报德？以直报怨，以德报德。”

子曰：“不怨天，不尤人，下学而上达，知我者其天乎！”

子曰：“贤者辟世，其次辟地，其次辟色，其次辟言。”

子路宿于石门，晨，门曰：“奚自？”子路曰：“自孔氏。”曰：“是知其不可而为之者与？”

子曰：“上好礼，则民易使也。”

原壤夷[双腿分开而坐]俟[等待]。子曰：“幼而不孙弟[逊悌]，长而无述焉，老而不死，是为贼。”以杖叩其胫。

子曰：“君子固[固守]穷，小人穷斯滥矣。”

子曰：“赐也，女以予为多学而识之者与？”对曰：“然。非与？”曰：“非也。予一以贯之。”

子曰：“无为而治者，其舜也与？夫何为哉。恭己正南面而已矣。”

子曰：“可与言而不与之言，失人；不可与言而与之言，失言。知者不失人，亦不失言。”

子曰：“志士仁人，无求生以害仁，有杀身以成仁。”

子贡问为仁。子曰：“工欲善其事，必先利其器。居是邦也，事其大夫之贤者，友其士之仁者。”

子曰：“人无远虑，必有近忧。”

子曰：“躬自厚而薄责于人，则远怨矣。”

子曰：“不曰‘如之何，如之何’者，吾未如之何也已矣。”

子曰：“群居终日，言不及义，好行小慧，难矣哉！”

子曰：“君子义以为质，礼以行之，孙以出之，信以成之。君子哉！”

子曰：“君子病无能焉，不病人之不己知也。”

子曰：“君子疾[担心]没世而名不称焉。”

子曰：“君子求诸己，小人求诸人。”

子曰："君子矜而不争，群而不党。"

子曰："君子不以言举人，不以人废言。"

子贡问曰："有一言而可以终身行之者乎？"子曰："其恕乎！己所不欲，勿施于人。"

子曰："巧言乱德，小不忍则乱大谋。"

子曰："众恶之，必察焉；众好之，必察焉。"

子曰："人能弘道，非道弘人。"

子曰："过而不改，是谓过矣。"

子曰："吾尝终日不食，终夜不寝，以思，无益，不如学也。"

子曰："君子谋道不谋食。耕者，馁（něi饥饿）在其中矣；学也，禄在其中矣。君子忧道不忧贫。"

子曰："知[智]及之，仁不能守之，虽得之，必失之。知及之，仁能守之，不庄以莅之，则民不敬。知及之，仁能守之，庄以莅之，动之不以礼，未善也。"

子曰："君子不可小知，而可大受也；小人不可大受，而可小知也。"

子曰："民之于仁也，甚于水火。水火，吾见蹈而死者矣，未见蹈仁而死者也。"

子曰："当仁，不让于师。"

子曰："君子贞[正道]而不谅[小信]。"

子曰："事君，敬其事而后其食[食禄]。"

子曰："有教无类。"

子曰："道不同，不相为谋。"

子曰："辞，达[表达意思]而已矣。"

孔子曰："益者三友，损者三友。友直，友谅[诚信]，友多闻，益矣。友便（pián）辟[惯于走邪道]，友善柔，友便佞（nìng），损矣。"

孔子曰："益者三乐，损者三乐。乐节礼乐，乐道人之善，乐多贤友，益矣。乐骄乐，乐佚（yì）游，乐宴乐，损矣。"

孔子曰："侍于君子有三愆（qiān罪过；过失）：言未及之而言谓之躁，言及之而不言谓之隐，未见颜色而言谓之瞽（gǔ没有识别力）。"

孔子曰："君子有三戒：少之时，血气未定，戒之在色；及其壮也，血气方刚，戒之在斗；及其老也，血气既衰，戒之在得。"

孔子曰："君子有三畏：畏天命，畏大人，畏圣人之言。小人不知天命而不畏也，狎大人，侮圣人之言。"

孔子曰："君子有九思：视思明，听思聪，色思温，貌思恭，言思忠，事思敬，疑思问，忿思难，见得思义。"

孔子曰："生而知之者上也，学而知之者次也，困而学之又其次也。困而不学，民斯为下矣。"

孔子曰："见善如不及，见不善如探汤。"

子曰："割鸡焉用宰牛刀。"

阳货曰："怀其宝，而迷其邦。可谓仁乎？"曰："不可。""好从事而亟（qì屡次）失时，可谓知乎？"曰："不可。""日月逝矣，岁不我与。"孔子曰："诺。吾将仕矣。"

子曰："性相近也，习相远也。"

子曰："唯上智与下愚不移。"

子曰："恭宽信敏惠。恭则不侮，宽则得众，信则人任焉，敏则有功，惠则足以使人。"

佛（bì）肸（xī）召，子欲往。子路曰："昔者由也闻诸夫子曰：'亲于其身为不善者，君子不入也。'佛肸以中牟畔[叛]，子之往也，如之何？"子曰："然，有是言也。不曰坚乎，磨而不磷[损伤]；不曰白乎，涅[染]而不缁（zī黑色）。吾岂匏（páo）瓜[葫芦]也哉？焉能系而不食？"

子曰："好仁不好学，其蔽也愚；好知不好学，其蔽也荡；好信不好学，其蔽也贼[害]；好直不好学，其蔽也绞[说话尖刻]；好勇不好学，其蔽也乱；好刚不好学，其蔽也狂"。

子曰："小子，何莫学夫诗？诗可以兴，可以观，可以群，可以怨[讽谏上级]。迩之事父，远之事君。多识于鸟兽草木之名。"

子曰："色厉而内荏，譬诸小人，其犹穿窬（yú洞）之盗也与？"

子曰："乡愿[谁也不得罪的老好人]，德之贼也。"

子曰："道听而途说，德之弃也。"

子曰："鄙夫，可与事君也与哉？其未得之也，患得之；既得之，患失之。苟患失之，无所不至矣。"

子曰："古者民有三疾，今也或是之亡[无]也。古之狂也肆，今之狂也荡；古之矜也廉，今之矜也忿戾（lì）；古之愚也直，今之愚也诈而已矣。”

子曰：“天何言哉？四时行焉，百物生焉，天何言哉？”

子曰：“饱食终日，无所用心，难矣哉！不有博弈者乎，为之犹贤乎已。”

子路曰：“君子尚勇乎？”子曰：“君子义以为上，君子有勇而无义为乱，小人有勇而无义为盗。”

子贡曰：“君子亦有恶（wù）乎？”子曰：“有恶。恶称人之恶者，恶居下流而讪上者，恶勇而无礼者，恶果敢而窒者。”曰：“赐也亦有恶乎。”“恶徼（jiāo 窃取，抄袭）以为知者，恶不孙[逊]以为勇者，恶讦（jié揭发别人的隐私或攻击别人的短处）以为直者。”

子曰：“唯女子与小人为难养也。近之则不孙（xùn逊），远之则怨。”

子曰：“年四十而见恶（wù）焉，其终也已。”

微子去之，箕（jī）子为之奴，比干谏而死。孔子曰：“殷有三仁焉。”

柳下惠为士师，三黜（chù罢免），人曰：“子未可以去乎？”曰：“直道而事人，焉往而不三黜；枉道而事人，何必去父母之邦。”

楚狂接舆歌而过孔子，曰：“凤兮凤兮，何德之衰。往者不可谏[匡正，挽回]，来者犹可追。已而，已而，今之从政者殆而。”孔子下，欲与之言，趋而避之，不得与之言。

夫子怃（wǔ）然曰：“鸟兽不可与同群，吾非斯人之徒与而谁与？天下有道，丘不与易也。”

周公谓鲁公曰：“君子不施其亲，不使大臣怨乎不以[用]。故旧[旧友老臣]无大故，则不弃也。无求备于一人。”

子张曰：“士见危致命，见得思义，祭思敬，丧思哀，其可已矣。”

子张曰：“君子尊贤而容众，嘉善而矜不能。”

子夏曰：“虽小道，必有可观者焉；致远恐泥（nì妨碍），是以君子不为也。”

子夏曰：“日知其所亡，月无忘其所能，可谓好学也已矣。”

子夏曰：“博学而笃志，切问而近思，仁在其中矣。”

子夏曰：“百工居肆以成其事，君子学以致其道。”

子夏曰："小人之过也必文[掩饰]。"

子夏曰："君子有三变：望之俨然，即之也温，听其言也厉。"

子夏曰："君子信而后劳其民，未信则以为厉[虐待]己也；信而后谏，未信则以为谤[诽谤]己也。"

子夏曰："大德不逾闲[界限]，小德出入可也。"

子夏曰："仕而优则学，学而优则仕。"

子游曰："丧致乎哀而止。"

曾子曰："吾闻诸夫子：人未有自致者也，必也亲丧乎？"

子贡曰："纣之不善，不如是之甚也。是以君子恶（wù）居下流，天下之恶（è）皆归焉。"

子贡曰："君子之过也，如日月之食焉。过也，人皆见之；更也，人皆仰之。"

子贡曰："譬之宫墙。赐之墙也及肩，窥见室家之好。夫子之墙数仞，不得其门而入，不见宗庙之美，百官[房舍]之富。得其门者或寡矣。"

叔孙武叔毁仲尼，子贡曰："无以为也。仲尼不可毁也。他人之贤者，丘陵也，犹可逾也。仲尼，日月也，无得而逾焉。人虽欲自绝，其何伤于日月乎？多见其不知量也。"

子贡曰："君子一言以为知，一言以为不知，言不可不慎也。夫子之不可及也，犹天之不可阶而升也。夫子之得邦家者，所谓立之斯立，道[通"导"]之斯行，绥（suí安抚）之斯来，动之斯和。其生也荣，其死也哀。如之何其可及也？"

子曰："宽则得众，信则民任焉，敏则有功，公则说。"

子曰："君子惠而不费，劳而不怨，欲而不贪，泰而不骄，威而不猛。"

子曰："不教而杀谓之虐；不戒视成谓之暴；慢令致期谓之贼；犹之与人也，出纳之吝谓之有司。"

子曰："不知命，无以为君子也；不知礼，无以立也；不知言，无以知人也。"

《道德经》 老子

第一章

道可道，非常[恒久]道；名可名，非常名。无，名天地之始；有，名万物之母。故常无，欲以观其妙；常有，欲以观其徼（jiào终极，归终）。此两者同出而异名，同谓之玄。玄之又玄，众妙之门。

第二章

天下皆知美之为美，斯恶矣；皆知善之为善，斯不善矣。故有无相生，难易相成，长短相形，高下相倾，音声相和，前后相随……是以圣人处无为之事，行不言之教，万物作[兴起]焉而不辞[推托畏避]，生而不有，为而不恃[仗恃]，功成而弗居。夫唯弗居，是以不去。

第三章

不尚贤，使民不争；不贵难得之货，使民不为盗；不见可欲，使民心不乱。是以圣人之治，虚其心，实其腹，弱其志，强其骨。常使民无知无欲，使夫智者不敢为也。为无为，则无不治。

第四章

道冲[虚无]，而用之或不盈。渊兮，似万物之宗。挫其锐，解其纷，和其光，同其尘。湛兮，似或存。吾不知谁之子，象帝之先。

第五章

天地不仁[偏爱]，以万物为刍（chú）狗；圣人不仁，以百姓为刍狗。天地之间，其犹橐（tuó风箱）籥（yuè通风管）乎？虚而不屈，动而愈出。多言数穷，不如守中。

第六章

谷神[道]不死，是谓玄牝（pìn母）。玄牝之门，是谓天地根。绵绵若存，用之不勤。

第七章

天长地久。天地所以能长且久者，以其不自生[是因为它们不为了自己的生存而自然地运行着]，故能长生。是以圣人后其身而身先，外其身而身存。非以其无私邪（yé）？故能成其私。

第八章

上善若水。水善利万物而不争，处众人之所恶（wù不喜欢的地方），故几[接近]于道。居善地，心善渊，与善仁，言善信，政善治，事善能，动善时。夫唯不争，故无尤[过失，怨恨]。

第九章

持而盈之，不如其已；揣（zhuī捶击）而锐之，不可长保。金玉满堂，莫之能守；富贵而骄，自遗其咎。功遂身退，天之道也。

第十章

载[装载]营[血液和养分]魄[精神]抱一，能无离乎？抟（tuán聚结）气致柔，能婴儿乎？涤（dí）除玄览，能无疵乎？爱国治民，能无为乎？天门开阖（hé），能为雌乎？明白四达，能无知乎？生之，畜（xù）之，生而不有，为而不恃（shì），长而不宰，是谓玄德。

第十一章

三十辐，共一毂（gǔ），当其无，有车之用。埏（shān糅和）埴（zhí黏土）以为器，当其无，有器之用。凿户[门]牖（yǒu窗）以为室，当其无，有室之用。故有之以为利，无之以为用。

第十二章

五色令人目盲，五音令人耳聋，五味令人口爽。驰骋畋（tián打猎）猎，令人心发狂；难得之货，令人行妨。是以圣人为腹不为目，故去彼取此。

第十三章

宠辱若惊，贵大患若身。何谓宠辱若惊？宠为下，得之若惊，失之若惊，是谓宠辱若惊。何谓贵大患若身？吾所以有大患者，为吾有身，及吾无身，吾有何患？故贵以身为天下，若可寄天下；爱以身为天下，若可托天下。

第十四章

视之不见，名曰夷；听之不闻，名曰希；搏之不得，名曰微。此三者不可致诘，故混而为一。其上不皦（jiǎo明亮），其下不昧，绳（mǐn）绳[接连不断]不可名，复归于无物，是谓无状之状。无物之象，是谓恍惚，迎之不见其首，随之不见其后。执古之道，以御[驾驭]今之有，能知古始[初始]，是谓道纪[规律]。

第十五章

古之善为士者，微妙玄通，深不可识。夫唯不可识，故强[勉强]为之容：豫兮若冬涉川，犹兮若畏四邻，俨[恭敬郑重]兮其若客，涣（huàn洒脱）兮若冰之将释，敦兮其若朴，旷兮其若谷，浑兮其若浊。孰能浊以静之徐清？孰能安以动之徐生？保此道者不欲盈。夫唯不盈，故能蔽而新成。

第十六章

致虚极，守静笃（dǔ），万物并作，吾以观其复[往复]。夫物芸芸，各复归其根。归根曰静，是曰复[复归]命。复命曰常[自然]，知常曰明。不知常，妄作凶。知常容，容乃公[公正]，公乃王，王乃天，天乃道，道乃久，没身不殆。

第十七章

太上[最好的统治者]，不知有之；其次，亲之、誉之；其次，畏之；其次，侮之。信不足焉，有不信焉，悠[悠闲]兮其贵言。功成事遂，百姓皆谓“我自然”。

第十八章

大道废，有仁义；智慧出，有大伪；六亲不和，有孝慈；国家昏乱，有忠臣。

第十九章

绝圣弃智，民利百倍；绝仁弃义，民复孝慈；绝巧弃利，盗贼无有。此三者以为文[巧饰]，不足，故令有所属[归属]：见素抱朴，少私寡欲。

第二十章

绝学无忧。唯[应诺]之与阿[呵斥]，相去几何？善之与恶，相去若何？人之所畏，不可不畏？荒兮其未央哉！众人熙熙，如享太牢，如春登台。我独泊兮其未兆[尚未显出迹象]，如婴儿之未孩，儽儽（lěi疲惫、颓丧的样子）兮，若无所归。众人皆有余，而我独若遗。我愚人之心也哉，沌（dùn）沌兮！俗人昭昭，我独昏昏。俗人察察，我独闷闷。澹（dàn）兮其若海，飂（jù）兮若无止。众人皆有以，而我独顽似鄙。我独异于人，而贵食母[道]。

第二十一章

孔[大]德之容，惟道是从。道之为物，惟恍惟惚。惚兮恍兮，其中有象；恍兮惚兮，其中有物；窈（yǎo）兮冥兮，其中有精；其精甚真，其中有信。自古及今，其名不去[废除]，以阅[观察]众甫[万物的开始]。吾何以知众甫之状哉？以此。

第二十二章

曲则全，枉则直，洼（wā）则盈，敝则新，少则得，多则惑。是以圣人抱一为天下式[范式]。不自见，故明；不自是，故彰；不自伐，故有功；不自矜，故长（zhǎng）。夫唯不争，故天下莫能与之争。古之所谓“曲则全”者，岂虚言哉？诚全而归之。

第二十三章

希言[少发号令]，自然。故飘风不终朝，骤雨不终日。孰为此者？天地。天地尚不能久，而况于人乎？故从事于道者：道者同于道，德者同于德，失者同于失。同于道者，道亦乐得之；同于德者，德亦乐得之；同于失者，失亦乐得之。信[诚信]不足焉，有不信焉。

第二十四章

企[踮起脚跟]者不立，跨者不行。自见者不明，自是者不彰，自伐者无功，自矜者不长。其在道也，曰余食赘行。物或恶（wù）之，故有道者不处。

第二十五章

有物混成，先天地生。寂兮寥兮，独立而不改，周行而不殆，可以为天下母。吾不知其名，字之曰道，强为之名曰大。大曰逝，逝曰远，远曰反。故道大，天大，地大，人亦大。域中有四大，而人居其一焉。人法地，地法天，天法道，道法自然。

第二十六章

重为轻根，静为躁君。是以圣人终日行而不离辎（zī）重，虽有荣观，燕处超然。奈何万乘之主而以身轻天下？轻则失根，躁则失君。

第二十七章

善行，无辙迹；善言，无瑕谪（zhé）；善计，不用筹策；善闭，无关楗（jiàn）而不可开；善结，无绳约而不可解。是以圣人常善救人，故无弃人；常善救物，故无弃物。是谓袭明[内藏着聪明智慧]。故善人者，不善人之师[师范]；不善人者，善人之资[凭资]。不贵其师，不爱其资，虽智，大迷。是谓要妙。

第二十八章

知其雄，守其雌，为天下溪。为天下溪，常德不离，复归于婴儿。知其白，守其黑，为天下式。为天下式，常德不忒（tè差），复归于无极[未分化态]。知其荣，守其辱，为天下谷。为天下谷，常德乃足，复归于朴[混沌初态]。朴散则为器[器具]，圣人用之则为官长。故大制不割[大道的体制浑然而不断裂]。

第二十九章

将欲取天下而为之，吾见其不得已[达不成目的]。天下，神器，不可为也。为者败之，执者失之。故物或行[独行]或随[从随]，或歔（xū恬柔轻嘘）或吹[迅猛疾吹]，或强或羸（léi），或载[安稳]或隳（huī毁灭）。是以圣人去甚，去奢，去泰。

第三十章

以道佐人主者，不以兵强天下，其事好还。师之所处，荆棘生焉；大军之后，必有凶年。善者果[成就功果]而已，不敢以取强。果而勿矜（jīn），果而勿伐，果而勿骄，果而不得已，果而勿强。物壮则老，是谓不道，不道早已。

第三十一章

夫兵者，不祥之器，物或恶之，故有道者不处。君子居则贵左，用兵则贵右。兵者不祥之器，非君子之器，不得已而用之，恬淡为上。胜而不美，而美之者，是乐杀人。夫乐杀人者，则不可得志于天下矣。吉事尚左，凶事尚右；偏将军居左，上将军居右。言以丧礼处之。杀人之众，以悲哀莅之；战胜，以丧礼处之。

第三十二章

道常无名、朴，虽小，天下莫能臣。侯王若能守之，万物将自宾。天地相合以降甘露，人莫之令而自均。始制[推行建制]有名[名状]，名亦既有，夫亦将知止。知止可以不殆。譬道之在天下，犹川谷之于江海。

第三十三章

知人者智，自知者明。胜人者有力，自胜者强。知足者富，强行者有志。不失其所者久，死而不亡者寿。

第三十四章

大道泛[广泛流通]兮，其可左右。万物恃之以生而不辞[推卸]，功成不名有，衣养万物而不为主，常无欲，可名于小；万物归焉而不知主，可名于大。以其终不自为大，故能成其大。

第三十五章

执大象[奉行大道]，天下往。往而不害，安平太。乐与饵，过客止。道之出言，淡乎其无味。视之不足见，听之不足闻，用之不可既[尽]。

第三十六章

将欲歙（xī合）之，必固张之；将欲弱之，必固强之；将欲废之，必固兴之；将欲取之，必固与之。是谓微明[不引人注意的明道境地]，柔弱胜刚强。鱼不可脱于渊，邦之利器不可以示人。

第三十七章

道常无为而无不为。侯王若能守之，万物将自化[自我化育]。化而欲作，吾将镇[镇住]之以无名之朴。镇之以无名之朴，夫将不欲。不欲以静，天下将自正。

第三十八章

上德不德[不彰显德名]，是以有德；下德不失德，是以无德。上德无为而无以为；下德为之而有以为。上仁为之而无以为，上义为之而有以为。上礼为之而莫之应，则攘臂[伸出手臂]而扔[强力牵引]之。故失道而后德，失德而后仁，失仁而后义，失义而后礼。夫礼者，忠信之薄而乱之首也；前识者[先知先觉者]，道之华[虚华]而愚之始也。是以大丈夫，处其厚，不处其薄；居其实，不居其华。故去彼取此。

第三十九章

昔之得一[道]者：天得一以清，地得一以宁，神得一以灵，谷得一以盈，万物得一以生，侯王得一以为天下正。其致之也[推而言之]。天无以清，将恐裂；地无以宁，将恐发；神无以灵，将恐歇；谷无以盈，将恐竭；万物无以生，将恐灭；侯王无以贵高，将恐蹶（jué失败）。故贵以贱为本，高以下为基。是以侯王自谓孤、寡、不谷。此非以贱为本邪？非乎？故致数誉，无誉。不欲琭（lù玉美）琭如玉，珞（luò石坚）珞如石。

第四十章

反者道之动，弱者道之用。天下之物生于有，有生于无。

第四十一章

上士闻道，勤而行之；中士闻道，若存若亡；下士闻道，大笑之——不笑，不足以为道。故建言有之：明道若昧，进道若退，夷道若颣（lèi崎岖不平），上德若谷，大白若辱，广德若不足，建德若偷[惰]，质直若渝[变污]，大方无隅，大器晚成，大音希声，大象无形——道隐无名。夫唯道，善贷[施与]且成。

第四十二章

道生一，一生二，二生三，三生万物。万物负阴而抱阳[背阴而向阳]，冲气以为和。人之所恶，唯孤、寡、不谷，而王公以为称。故物或损之而益，或益之而损。人之所教，我亦教之：强梁者不得其死，吾将以为教父[施教的宗旨]。

第四十三章

天下之至柔，驰骋天下之至坚。无有入于无间[无形的力量能够穿透没有间隙的东西]。吾是以知无为之有益。不言之教，无为之益，天下希[稀]及之。

第四十四章

名与身孰亲？身与货孰多？得[名利]与亡[丧失性命]孰病[有害]？甚爱必大费[耗费]，多藏必厚亡[损失]。故知足不辱，知止不殆，可以长久。

第四十五章

大成[最为完满的东西]若缺，其用不弊。大盈若冲[空虚]，其用不穷。大直若屈，大巧若拙，大辩若讷（nè拙嘴笨舌）。躁胜寒，静胜热，清静为天下正。

第四十六章

天下有道，却走马以粪；天下无道，戎马[战马]生于郊。祸莫大于不知足，咎莫大于欲得。故知足之足，常足矣。

第四十七章

不出户，知天下；不窥牖（yǒu），见天道。其出弥远，其知弥少。是以圣人不行而知，不见而明，不为而成。

第四十八章

为学日益，为道日损。损之又损，以至于无为。无为而无不为矣！取天下常以无事。及其有事[繁苛政举骚扰民生]，不足以取天下。

第四十九章

圣人无常心，以百姓之心为心。善者，吾善之；不善者，吾亦善之——德善。信者，吾信之；不信者，吾亦信之——德信。圣人在天下，歙（xī）歙[收敛意欲]焉为天下浑其心[使人心思化归于浑朴]。百姓皆注其耳目[专注于自己的耳目聪明]，圣人皆孩之[使百姓们都回复到婴孩般纯真质朴的状态]。

第五十章

出生入死。生之徒，十有三；死之徒，十有三；人之生，动之于死地[意外地走向死亡之路]，亦十有三。夫何故？以其生之厚[奉养过厚]。盖闻善摄生者[养生之道]，路行不遇兕（sì）虎，入军不被甲兵；兕无所投其角，虎无所用其爪，兵无所容其刃。夫何故？以其无死地。

第五十一章

道生之，德畜之，物形之，势成之。是以万物莫不尊道而贵德。道之尊，德之贵，夫莫之命[不干涉或主宰万物]而常自然。故道生之，德畜之；长之育之，成之熟之，养之覆[维护]之。生而不有，为而不恃，长而不宰，是谓玄德。

第五十二章

天下有始[道]，以为天下母。既得其母，以知其子；既知其子，复守其母，没身不殆。塞其兑[嗜欲的孔穴]，闭其门，终身不勤[劳作]；开其兑，济其事，终身不救。见小曰明，守柔曰强。用其光[运用其光芒]，复归其明[返照内在的明]，无遗身殃，是谓袭常[袭承常道]。

第五十三章

使我介[微小]然有知，行于大道，唯施[斜行]是畏。大道甚夷，而人好径[小路]。朝甚除，田甚芜，仓甚虚；服文采[穿着锦绣的衣服]，带利剑，厌[饱足]饮食，财货有余。是为盗夸[强盗头子]，非道也哉！

第五十四章

善建者不拔[拔除]，善抱[抱住]者不脱，子孙以祭祀不辍[停止]。修之于身，其德乃真；修之于家，其德乃余；修之于乡，其德乃长；修之于邦，其德乃丰；修之于天下，其德乃普。故以身观身，以家观家，以乡观乡，以邦观邦，以天下观天下。吾何以知天下然哉？以此。

第五十五章

含德之厚，比于赤子；毒虫不螫（shì），猛兽不据，攫（jué）鸟不搏，骨弱筋柔而握固，未知牝牡之合而朘（zuī男孩的生殖器）作，精之至也；终日号而不嗄（shà嗓音嘶哑），和之至也。知和曰常，知常曰明。益生[纵欲贪生]曰祥[妖祥]，心使气曰强[逞强]。物壮则老，谓之不道，不道早已。

第五十六章

知者不言，言者不知。塞其兑，闭其门；挫其锐，解其纷；和其光，同其尘。是谓玄同。故不可得而亲，不可得而疏；不可得而利，不可得而害；不可得而贵，不可得而贱。故为天下贵。

第五十七章

以正治国，以奇用兵，以无事取天下。吾何以知其然哉？以此：天下多忌讳，而民弥贫；民多利器，国家滋昏；人多伎巧，奇物滋起；法令滋彰，盗贼多有。故圣人云：我无为而民自化，我好静而民自正；我无事而民自富，我无欲而民自朴。

第五十八章

其政闷闷，其民淳淳；其政察察[苛刻]，其民缺缺。祸兮，福之所倚；福兮，祸之所伏。孰知其极？其无正[标准]也。正复为奇[邪]，善复为妖。人之迷，其日固久。是以圣人方而不割[割伤]，廉[锐利]而不刿（guì伤害），直而不肆，光而不耀。

第五十九章

治人，事天，莫若啬（sè爱惜）。夫唯啬，是谓早服[准备]。早服谓之重积德，重积德则无不克，无不克则莫知其极。莫知其极，可以有国。有国之母[原则]，可以长久。是谓深根固柢，长生久视之道。

第六十章

治大国，若烹小鲜[小鱼]。以道莅（lì临）天下，其鬼不神[不起作用]。非其鬼不神，其神不伤人。非其神不伤人，圣人亦不伤之。夫两不相伤，故德交归焉。

第六十一章

大国者下流也，天下之牝（pìn）。天下之交也，牝常以静胜牡。为其静也故宜为下。故大国以下小国，则取小国；小国以下大国，则取大国。故或下以取，或下而取。大国不过欲，兼畜人[把人聚在一起加以养护]；小国不过欲，入事人。夫两者各得其所欲，大者宜为下。

第六十二章

道者，万物之奥，善人之宝，不善人之所保。美言可以市尊[尊重]，美行可以加人，人之不善，何弃之有？故立天子，置三公，虽有拱璧[双手捧着贵重的玉]以先驷马，不如坐进此道。古之贵此道者何？不曰：求此得，有罪以免邪？故为天下贵。

第六十三章

为无为，事无事，味无味。大小多少，报怨以德。图难于其易，为大于其细。天下难事，必作于易；天下大事，必作于细。是以圣人终不为大，故能成其大。夫轻诺必寡信，多易必多难。是以圣人犹难之，故终无难矣。

第六十四章

其安易持，其未兆（zhào迹象）易谋；其脆易泮（pàn消解），其微易散（sǎn）。为之于未有，治之于未乱。合抱之木，生于毫末；九层之台，起于垒土；千里之行，始于足下。为者败之，执者失之。是以圣人无为故无败，无执故无失。民之从事，常于几成而败之。慎终如始，则无败事。是以圣人欲不欲，不贵难得之货；学不学，复[补救]众人之所过。以辅万物之自然而不敢为。

第六十五章

古之善为道者，非以明民，将以愚[敦厚]之。民之难治，以其智[巧诈]多。故以智治国，国之贼[伤害]；不以智治国，国之福。知此两者，亦稽（jī）式[准则，法式]。常知稽式，是谓玄德。玄德深矣，远矣，与物反矣，然后乃至大顺。

第六十六章

江海所以能为百谷王者，以其善下之，故能为百谷王。是以圣人欲上民，必以言下之；欲先民，必以身后之。是以处上而民不重[重负]，处前而民不害。是以天下乐推[推戴]而不厌[厌倦]。以其不争，故天下莫能与之争。

第六十七章

天下皆谓我道大，似不肖（xiào里外都像）。夫唯大，故似不肖。若肖，久矣其细[渺小]也夫！我有三宝，持而保之：一曰慈，二曰俭，三曰不敢为天下先。慈，故能勇；俭，故能广；不敢为天下先，故能成器长。今舍其慈，且勇；舍其俭，且广；舍其后，且先，死矣。夫慈，以战则胜，以守则固。天将救之，以慈卫之。

第六十八章

古之善为士者不武，善战者不怒，善胜敌者不与[不正面冲突]，善用人者为之下。是谓不争之德，是谓用人之力，是谓配天古之极[符合自然的道理]。

第六十九章

用兵有言：吾不敢为主而为客，不敢进寸而退尺。是谓行[阵势]无行，攘（rǎng奋臂）无臂，扔无敌，执无兵。祸莫大于轻敌，轻敌几丧吾宝。故抗兵相加，哀者胜矣。

第七十章

吾言甚易知，甚易行。天下莫能知，莫能行。言有宗[主旨]，事有君。夫唯无知，是以不我知。知我者希，则我者贵。是以圣人被褐（hè

粗布）而怀玉。

第七十一章

知不知，上；不知知，病。夫唯病病，是以不病。圣人不病，以其病病，是以不病。

第七十二章

民不畏威，则大威至矣。无狎（xiá）其所居，无厌其所生。夫唯不厌，是以不厌。是以圣人自知不自见，自爱不自贵。故去彼取此。

第七十三章

勇于敢则杀，勇于不敢则活。此两者，或利或害，天之所恶[厌恶]，孰知其故？是以圣人犹难之。天之道，不争而善胜，不言而善应，不召而自来，绰（chǎn坦然，宽舒）然而善谋。天网恢恢[宽广无边]，疏而不失[漏失]。

第七十四章

民不畏死，奈何以死惧之？若使民常畏死，而为奇者，我得执而杀之……孰敢？常有司杀者杀。夫代司杀者杀，是代大匠斫（zhuó）。夫代大匠斫者，鲜有不伤其手者矣。

第七十五章

民之饥，以其上食税之多，是以饥。民之难治，以其上之有为，是以难治。民之轻死，以其上求生之厚[由于统治者奉养过于丰厚奢侈]，是以轻死。夫唯无以生为[不要使生活上的奉养过分奢侈丰厚]者，是贤[超过]于贵生[厚养生命]。

第七十六章

人之生也柔弱，其死也坚强；草木之生也柔脆，其死也枯槁。故坚强者死之徒，柔弱者生之徒。是以兵强则灭，木强则折。强大处下，柔弱处上。

第七十七章

天之道，其犹张弓者欤（yú）？高者抑之，下者举之，有余者损之，不足者补之。天之道，损有余而补不足；人之道则不然，损不足以奉有余。孰能有余以奉天下？唯有道者。是以圣人为而不恃，功成而不处，其不欲见贤也。

第七十八章

天下莫柔弱于水，而攻坚强者莫之能胜，以其无以易之。柔之胜刚，弱之胜强，天下莫不知，而莫能行。是以圣人云：爱国之垢[屈辱]，是谓社稷主；爱国之不祥，是谓天下王。正言若反。

第七十九章

和大怨，必有余怨，报怨以德，安可以为善？是以圣人执左契[契约]而不责于人。有德司契，无德司彻。天道无亲[偏爱]，常与善人。

第八十章

小国寡民。使有什（shí）佰（bǎi）之器而不用，使民重死而不远徙。虽有舟车，无所乘之；虽有甲兵，无所陈之。使民复结绳而用之。甘其食，美其服，安其居，乐其俗。邻国相望，鸡犬之声相闻，民至老死，不相往来。

第八十一章

信言不美，美言不信；善者不辩，辩者不善；知者不博，博者不知。圣人不积。既以为人己愈有，既以与人己愈多。天之道，利而不害；圣人之道，为而不争。

《道德经》新编

寂寥大道，先天地生。万物之宗，众妙之门。
无状之状，无物之象。不皦不昧，惟恍惟惚。
独立不改，周行不殆。天网恢恢，疏而不失。
挫锐解纷，和光同尘。负阴抱阳，冲气为和。
始无母有，有无相生。反者道动，弱者道用。
大制不割，朴散为器。深根固柢，长生久视。
虚极静笃，万物并作。归根曰静，复命曰常。
天长地久，上善若水。万物自化，天下自正。

圣人日行，不离辎重。行于大道，唯施是畏。
重为轻根，静为躁君。以有为利，以无为用。
无为大为，为而不争。利而不害，功成身退。
一宝曰慈，二宝曰俭。莫天下先，是为三宝。
色音味猎，为腹弃目。虚心实腹，弱志强骨。
夫唯不盈，蔽而新成。宠辱若惊，贵患若身。

去甚去奢，去泰去伐。甘食美服，安居乐俗。
常善救人，常善救物。天道无亲，常与善人。
见素抱朴，少私寡欲。曲全枉直，圣人抱一。

九层之台，起于垒土。千里之行，始于足下。
天下难事，必作于易。天下大事，必作于细。
要治大国，若烹小鲜。以正治国，以奇用兵。
有德司契，无德司彻。吉事尚左，凶事尚右。
以其病病，是以不病。慎终如始，则无败事。
大音希声，大象无形。将欲取之，必固与之。
柔能克刚，弱能胜强。祸福相倚，盈虚有数。
知人者智，自知者明。自胜者强，知足者富。
含德之厚，比于赤子。尊道贵德，明白四达。
道大天大，地大人大。多言数穷，不如守中。

《周易》精选

《易传·系辞》选读

天尊地卑，乾坤定矣。卑高以陈[陈列]，贵贱位矣。动静有常，刚柔断矣。方以类聚，物以群分，吉凶生矣。在天成象，在地成形，变化见矣。是故刚柔相摩，八卦相荡，鼓之以雷霆，润之以风雨，日月运行，一寒一暑。乾道成男，坤道成女。乾知大始，坤作成物。乾以易知，坤以简能；易则易知，简则易从；易知则有亲，易从则有功；有亲则可久，有功则可大；可久则贤人之德，可大则贤人之业。易简而天下之理得矣。天下之理得，而成位乎其中矣。

是故君子所居而安者，《易》之序也；所乐而玩者，爻之辞也。是故君子居则观其象而玩其辞，动则观其变而玩其占，是以“自天祐之，吉无不利”。

《易》与天地准[准则]，故能弥纶[包罗]天地之道。仰以观于天文，俯以察于地理，是故知幽明之故；原[推究]始反终，故死生之说；精气为物，游魂为变，是故知鬼神之情状。与天地相似，故不违；知周乎万物而道济天下，故不过；旁行而不流，乐天知命，故不忧；安土敦乎仁，故能爱。范围[包括]天地之化而不过，曲成万物而不遗，通乎昼夜之道而知，故神无方而《易》无体。

一阴一阳之谓道，继之者善也，成之者性也。仁者见之谓之仁，知者见之谓之知，百姓日用而不知，故君子之道鲜矣。显诸仁，藏诸用，鼓万物而不与圣人同忧，盛德大业至矣哉！富有之谓大业，日新之谓盛德。生生[阴阳转化相生]之谓易，成象之谓乾，效法之谓坤，极数知来之谓占，通变之谓事，阴阳不测之谓神。

夫《易》广矣大矣，以言乎远则不御，以言乎迩则静而正，以言乎天地之间则备矣。夫乾，其静也专，其动也直，是以大生焉。夫坤，其静也翕，其动也辟，是以广生焉。广大配天地，变通配四时，阴阳之义配日月，易简之善配至德。

子曰："《易》，其至矣乎！夫《易》，圣人所以崇德而广业也。知崇礼卑，崇效天，卑法地。天地设位，而《易》行乎其中矣。成性存存，道义之门。"

圣人有以见天下之赜（zé深奥），而拟诸其形容，象其物宜，是故谓之象。圣人有以见天下之动，而观其会通，以行其典礼，系辞焉以断其吉凶，是故谓之爻。言天下之至赜而不可恶也，言天下之至动而不可乱也。拟之而后言，议之而后动，拟议以成其变化。

子曰："贵而无位，高而无民，贤人在下位而无辅，是以动而有悔也。"

夫《易》，圣人之所以极深而研几[细微之变]也。唯深也，故能通天下之志；唯几也，故能成天下之务；唯神也，故不疾而速，不行而至。

是故阖（hé合）户谓之坤，辟户谓之乾，一阖一辟谓之变，往来不穷谓之通，见乃谓之象，形乃谓之器，制而用之谓之法，利用出入、民咸用之谓之神。

是故《易》有太极，是生两仪，两仪生四象，四象生八卦，八卦定吉凶，吉凶生大业。是故法象莫大乎天地，变通莫大乎四时，县[悬]象著明莫大乎日月，崇高莫大乎富贵；备物致用，立成器以为天下利，莫大乎圣人；探赜（zé深奥）索隐，钩深致远，以定天下之吉凶，成天下之亹（wěi）亹者，莫大乎蓍龟。

《易》曰："憧（chōng不定）憧往来，朋从尔思。"子曰："天下何思何虑？天下同归而殊途，一致而百虑。天下何思何虑？日往则月来，月往则日来，日月相推而明生焉。寒往则暑来，暑往则寒来，寒暑相推而岁成焉。往者屈也，来者信也，屈信相感而利生焉。尺蠖（huò）之屈，以求信也；龙蛇之蛰，以存身也。精义入神，以致用也；利用安身，以崇德也。过此以往，未之或也；穷神知化，德之盛也。”

《易》之为书也不可远，为道也屡迁，变动不居，周流六虚，上下无常，刚柔相易，不可为典要，唯变所适。其出入以度外内，使知惧。又明于忧患与故，无有师保[师傅]，如临父母。初率[遵循]其辞而揆（kuí揣度）其方，既有典常[规范]。苟非其人，道不虚行。

危者使平，易者使倾。其道甚大，百物不废。惧以终始，其要无咎，此之谓《易》之道也。

变动以利言，吉凶以情迁。是故，爱恶相攻而吉凶生，远近相取而悔吝生，情伪相感而利害生。凡《易》之情，近而不相得则凶；或害之，悔且吝。